司法試験&予備試験
論文5年過去問
再現答案から出題趣旨を読み解く。
憲法

はしがき

本書は，平成27年から令和元年まで実施された司法試験の論文式試験のうち，憲法科目の問題・出題趣旨・採点実感及びその再現答案と，同じく平成27年から令和元年まで実施された司法試験予備試験の論文式試験のうち，憲法科目の問題・出題趣旨及びその再現答案を掲載・合冊した再現答案集です。

論文式試験において「高い評価」を得るためには，「出題趣旨」が求める内容の答案を作成する必要があります。しかし，単に「出題趣旨」を読み込むだけでは，「出題趣旨」が求める内容の答案像を具体的にイメージするのは困難です。出題趣旨の記述量が少ない予備試験では特にそのように言えます。

そこで，本書では，極めて高い順位の答案から，不合格順位の答案まで，バランス良く掲載するとともに，各再現答案にサイドコメントを多数掲載しました。サイドコメントは，主観的なコメントを極力排除し，「出題趣旨」から見て，客観的にどのような指摘が当該答案にできるかという基本方針を徹底したものとなっています。順位の異なる各再現答案を比較・検討し，各再現答案に付されたサイドコメントを読むことによって，**「出題趣旨」が求める内容の答案とはどのようなものなのかを具体的に知ることができます**。そして，再現答案から「出題趣旨」を読み解き，当該答案がどうして高く，又は低く評価されたのかを把握することによって，いわゆる**「相場観」**や**「高い評価」を獲得するためのコツ・ヒントを得ることができる**ものと自負しております。

本書をご活用して頂くことにより，皆様が司法試験・司法試験予備試験に合格なさることを心から祈念致します。

2020年4月吉日

株式会社　東京リーガルマインド
ＬＥＣ総合研究所　司法試験部

目次

【司法試験】

平成 27 年

問題文 …… 4
出題趣旨 …… 8
採点実感等に関する意見 …… 10
再現答案①　5～6位（161.71点，N・Mさん　論文順位105位）…… 16
再現答案②　360～390位（124.63点，A・Tさん　論文順位79位）…… 20
再現答案③　1099～1162位（109.62点，K・Oさん　論文順位461位）…… 24
再現答案④　2072～2160位（97.92点，Y・Sさん　論文順位858位）…… 28

平成 28 年

問題文 …… 32
出題趣旨 …… 38
採点実感等に関する意見 …… 40
再現答案①　**A評価**　97～110位（140.62点，Y・Nさん　論文順位79位）…… 46
再現答案②　**A評価**　491～530位（124.69点，Y・Mさん　論文順位26位）…… 50
再現答案③　**B評価**　888～950位（116.37点，M・Sさん　論文順位317位）…… 54
再現答案④　**C評価**　1395～1470位（109.87点，S・Hさん　論文順位35位）…… 58

平成 29 年

問題文 …… 64
出題趣旨 …… 70
採点実感 …… 73
再現答案①　**A評価**　57～67位（137.13点，T・Sさん　論文順位153位）…… 76
再現答案②　**A評価**　98～109位（133.16点，R・Hさん　論文順位445位）…… 82
再現答案③　**B評価**　993～1053位（105.34点，M・Sさん　論文順位1740位）…… 86
再現答案④　**C評価**　2694位～2747位（79.34点，T・Uさん　論文順位1494位）…… 90

平成 30 年

問題文 …… 94
出題趣旨 …… 102
採点実感 …… 105
再現答案①　**A評価**　20～21位（145.61点，H・Tさん　論文順位211位）…… 110
再現答案②　**A評価**　434～481位（118.36点，T・Iさん　論文順位446位）…… 114
再現答案③　**B評価**　836～897位（109.95点，T・Yさん　論文順位1565位）…… 118
再現答案④　**C評価**　1234～1282位（102.96点，K・Sさん　論文順位1801位）…… 122

令和元年

問題文 …… 128

出題趣旨 …… 134
採点実感 …… 136
再現答案① A評価 13～16位（149.60点，K・Oさん 論文順位43位） …… 142
再現答案② A評価 515～554位（116.77点，K・Iさん 論文順位1126位） …… 146
再現答案③ B評価 304～332位（122.65点，K・Kさん 論文順位923位） …… 150
再現答案④ B評価 678～712位（112.11点，Y・Oさん 論文順位396位） …… 154

【司法試験予備試験】

平成27年

問題文 …… 160
出題趣旨 …… 162
再現答案① A評価（A・Yさん 順位214位） …… 164
再現答案② A評価（A・Kさん 順位59位） …… 166
再現答案③ B評価（Y・Kさん 順位271位） …… 168

＊ 平成27年司法試験予備試験では，再現答案3通のみの掲載となります。

平成28年

問題文 …… 172
出題趣旨 …… 174
再現答案① A評価（T・Kさん 順位50位） …… 176
再現答案② A評価（Y・Nさん 順位91位） …… 178
再現答案③ B評価（S・Iさん 順位323位） …… 180
再現答案④ C評価（J・Oさん 順位1540位） …… 184

平成29年

問題文 …… 188
出題趣旨 …… 190
再現答案① A評価（M・Hさん 順位40位） …… 192
再現答案② A評価（N・Yさん 順位120位） …… 196
再現答案③ B評価（M・Mさん 順位306位） …… 200
再現答案④ C評価（N・Sさん 順位494位） …… 202

平成30年

問題文 …… 206
出題趣旨 …… 208
再現答案① A評価（K・Kさん 順位186位） …… 210
再現答案② A評価（S・Tさん 順位384位） …… 214
再現答案③ B評価（T・Oさん 順位333位） …… 216
再現答案④ C評価（A・Tさん 順位781位） …… 220

令和元年

問題文 …… 224
出題趣旨 …… 226
再現答案①　**A評価**（M・Nさん　順位157位）…… 228
再現答案②　**A評価**（A・Mさん　順位10位）…… 230
再現答案③　**B評価**（K・Mさん　順位293位）…… 234
再現答案④　**C評価**（R・Sさん　順位770位）…… 236

司法試験

平成27年

問題文

［公法系科目］

〔第１問〕（配点：１００）

２０ＸＸ年，Ａ市において，我が国がほぼ全面的に輸入に頼っている石油や石炭の代替となり得る新たな天然ガス資源Ｙが大量に埋蔵されていることが判明し，民間企業による採掘事業計画が持ち上がった。その採掘には極めて高い経済効果が見込まれ，Ａ市の税収や市民の雇用の増加も期待できるものであった。

ただし，Ｙ採掘事業には危険性が指摘されている。それは，採掘直後のＹには人体に悪影響を及ぼす有害成分が含まれており，採掘の際にその有害成分が流出・拡散した場合，採掘に当たる作業員のみならず，周辺住民に重大な健康被害を与える危険性である。この有害成分を完全に無害化する技術は，いまだ開発されていなかった。また，実際，外国の採掘現場において，健康被害までは生じなかったが，小規模の有害成分の流出事故が起きたこともあった。そのため，Ａ市においては，Ｙ採掘事業に関して市民の間でも賛否が大きく分かれ，各々の立場から活発な議論や激しい住民運動が行われることとなった。

ＢとＣは，Ａ市に居住し，天然資源開発に関する研究を行っている大学院生であった。Ｂは，Ｙが有力な代替エネルギーであると考えているが，その採掘には上記のような危険性があることから，この点に関する安全確保の徹底が必要不可欠であると考えている。これに対して，Ｃは，上記のような危険性を完全に回避する技術の開発は困難であり，安全性確保の技術が向上したとしてもリスクが大きいと確信しており，Ｙ採掘事業は絶対に許されないと考えている。

ところで，この頃，Ｂの実家がある甲市でもＹの埋蔵が判明しており，Ｙ採掘事業への賛否をめぐり，甲市が主催するＹに関するシンポジウム（以下「甲市シンポジウム」という。）が開催されていた。甲市シンポジウムは，地方公共団体が主催するものとしては，日本で初めてのシンポジウムであった。Ｂは，実家に帰省した際，甲市シンポジウムに参加し，一般論として上記のような自らの考えを述べた。その上で，Ｂは，Ａ市におけるＹ採掘事業計画を引き合いに出して，作業員や周辺住民への健康被害の観点から安全性が十分に確保されているとはいえず，そのような現状においては当該計画に反対せざるを得ない旨の意見を述べた。

他方で，Ｃは，甲市シンポジウムの開催を知り，その開催がＡ市を含む全国各地におけるＹ採掘事業に途を開くことになると考えた。そこで，Ｃは，甲市シンポジウムの開催自体を中止させようと思い，Ｙの採掘への絶対的な全面反対及び甲市シンポジウムの即刻中止を拡声器で連呼しながらその会場に入場しようとした。そして，Ｃは，これを制止しようとした甲市の職員ともみ合いになり，その職員を殴って怪我を負わせ，傷害罪で罰金刑に処せられた。ただし，この事件は，全国的に大きく報道されることはなかった。

その後，Ｙの採掘の際に上記の有害成分を無害化する技術の改善が進んだ。Ａ市は，そのような技術の改善を踏まえ，Ｙ採掘事業を認めることとした。他方で，それでもなお不安を訴える市民の意見を受け，Ａ市は，その実施に向けて新しい専門部署として「Ｙ対策課」を設置することとした。Ｙ対策課の設置目的は，将来実施されることとなるＹ採掘事業の安全性及びこれに対する市民の信頼を確保することであり，その業務内容は，Ｙ採掘事業に関し，情報収集等による安全性監視，事業者に対する安全性に関する指導・助言，市民への対応や広報活動，異常発生時の市民への情報提供，市民を含めた関係者による意見交換会の運営等をすることであった。

そして，Ａ市は，Ｙ対策課のための専門職員を募集することとした。その募集要項において，採用に当たっては，Ｙ対策課の設置目的や業務内容に照らし，当該人物がＹ対策課の職員としてふさわしい能力・資質等を有しているか否かを確認するために６か月の判定期間を設け，その能力・資質等を有していると認められた者が正式採用されると定められていた。

上記職員募集を知ったＢは，Ｙの採掘技術が改善されたことを踏まえてもなお，いまだ安全性には問題が残っているので，現段階でもＹ採掘事業には反対であるが，少しでもその安全性を高めるために，新設されるＹ対策課で自分の専門知識をいかし，市民の安全な生活や安心を確保するために働きたいと考え，Ｙ対策課の職員募集への応募書類を提出した。

他方，Ｃは，以前同様にＹ採掘事業は絶対に許されないと考えていた。Ｃは，Ｙ対策課の職員になれば，Ｙ採掘事業の現状をより詳細に知ることができるので，それをＹ採掘事業反対運動に役立てようと思い，Ｙ対策課の職員募集への応募書類を提出した。

Ａ市による選考の結果，ＢとＣは，Ｙについてこれまで公に意見を述べたことがなかったＤら７名（以下「Ｄら」という。）とともに，Ｙ対策課の職員として採用されることとなった。しかし，その判定期間中に，外部の複数の者からＡ市の職員採用担当者に対して，Ｂについては甲市シンポジウムにおいて上記のような発言をしていたことから，また，Ｃについては甲市シンポジウムにおいて上記のような言動をして事件を起こし，前科にもなっていることから，いずれもＹ対策課の職員としては不適格である旨の申入れがなされた。そこで，Ａ市の職員採用担当者がＢとＣに当該事実の有無を確認したところ，両名とも，その担当者に対し，それぞれ事実を認めた。その際，Ｂは，Ｙ採掘事業には安全確保の徹底が必要不可欠であるところ，Ａ市におけるＹ採掘事業には安全性にいまだ問題が残っているので，現段階では反対せざるを得ないが，少しでもその安全性を高めるために働きたいとの考えを述べた。また，Ｃは，Ｙ採掘事業の危険性を完全に回避する技術の開発は困難であり，安全性確保の技術が向上したとしてもリスクが大きく，Ｙ採掘事業は絶対に許されないとの考えを述べた。その後，ＢとＣの両名は，判定期間の６か月経過後に正式採用されず，Ｄらのみが正式採用された。

ＢとＣは正式採用されなかったことを不満に思い，それぞれＡ市に対し，正式採用されなかった理由の開示を求めた。これに対して，Ａ市は，ＢとＣそれぞれに，ＢとＣの勤務実績はＤらと比較してほぼ同程度ないし上回るものであったが，いずれも甲市シンポジウムでのＹ採掘事業に反対する内容の発言等があることや，Ｙ採掘事業に関するそれぞれの考えを踏まえると，Ｙ対策課の設置目的や業務内容に照らしてふさわしい能力･資質等を有しているとは認められなかったと回答した。

Ｂは，Ｃと自分とでは，Ａ市におけるＹ採掘事業に関して公の場で反対意見を表明したことがある点では同じであるが，その具体的な内容やその意見表明に当たってとった手法・行動に大きな違いがあるにもかかわらず，Ｃと自分を同一に扱ったことについて差別であると考えている。また，Ｂは，自分と同程度あるいは下回る勤務実績の者も含まれているＤらが正式採用されたにもかかわらず，Ａ市におけるＹ採掘事業に反対意見を持っていることを理由として正式採用されなかったことについても差別であると考えている。さらに，差別以外にも，Ｂは，Ｙ採掘事業を安全に行う上での基本的条件に関する自分の意見・評価を甲市シンポジウムで述べたことが正式採用されなかった理由の一つとされていることには，憲法上問題があると考えている。

そこで，Ｂは，Ａ市を被告として国家賠償請求訴訟を提起しようと考えた。

〔設問１〕（配点：５０）

⑴　あなたがＢの訴訟代理人となった場合，Ｂの主張にできる限り沿った訴訟活動を行うという観点から，どのような憲法上の主張を行うか。（配点：４０）

なお，市職員の採用に係る関連法規との関係については論じないこととする。また，職業選択の自由についても論じないこととする。

⑵　⑴における憲法上の主張に対して想定されるＡ市の反論のポイントを簡潔に述べなさい。（配点：１０）

〔設問２〕（配点：５０）

設問１⑴における憲法上の主張と設問１⑵におけるＡ市の反論を踏まえつつ，あなた自身の憲法上の見解を論じなさい。

MEMO

出題趣旨

【公法系科目】

〔第１問〕

本年は，平等の問題と表現の自由の問題を問うこととした。本年の問題も，憲法上の基本的な問題の理解や，その上での応用力を見ようとするものである。しかし，問題の構成については，次の点で従来のものを変更した。

まず，従来は，「被告の反論」を「あなた自身の見解」を中心とする設問２に置いていたが，それを「原告の主張」と対比する形で設問１に置き，さらに，各設問の配点も明記することにした。これまで出題側としては，「被告の反論」の要点を簡潔に記述した上で，「あなた自身の見解」を手厚く論じることを期待して，その旨を採点実感等に関する意見においても指摘してきたが，依然として「被告の反論」を必要以上に長く論述する答案が多く，そのことが本来であれば手厚く論じてもらいたい「あなた自身の見解」の論述が不十分なものとなる一つの原因になっているのではないかと考えたからである。そこで，本年は，「原告の主張」と「被告の反論」の両者を設問１の小問として論じさせることとし，かつ，配点を明記することによって，「被告の反論」について簡にして要を得た記述を促し，ひいては「あなた自身の見解」の論述が充実したものとなることを期待した。

また，論文式試験においては，設問の具体的事案のどこに，どのような憲法上の問題があるのかを的確に読み取って発見する能力自体も重視される。しかし，本年は，論述の出発点である原告となるＢが憲法との関係で主張したい点を問題文中に記載することとした。これは，後述するように，本問には平等に関してこれまで論じられてきた典型的な問題とは異なる問題も含まれており，この点も含めてひとまず平等に着目した論述を期待する見地からである。また，平等の問題と表現の自由の問題は，いずれも多くの論点を含む憲法上の基本的な問題であるため，着眼点を具体的に示すことで，その分，論述内容の充実を求めたいとの考えもあった。そこで，本年は，原告となるＢが主張したい点につき問題文中で明記するとともに，設問１において，「Ｂの主張にできる限り沿った訴訟活動を行うという観点から」との条件を付した。

本年の問題の一つは平等である。憲法第１４条第１項の「法の下の平等」について，判例・多数説は，絶対的平等ではなく，相対的平等を意味するとしている。この平等に関し，原告となるＢは，Ｄらとの比較において，これまで論じられてきた問題を提起しているほか，Ｃとの比較において，「違う」のに「同じ」に扱われたという観点からの問題も提起している。平等が問題となる具体的事例においては，何が「同じ」で，何が「違う」のかを見分けることが議論の出発点となることから，本問でも，まずは，Ｂの主張を踏まえ，「同じ」点と「違う」点についての具体的な指摘とその憲法上の評価が求められることとなる。その上で，憲法が要請する平等の本質等にも立ち返りつつ，自由権侵害とは異なる場面としての平等違反に関する判断枠組みをどのように構成するかが問われることになる。

そして，典型的な問題であるＤらとの比較については，判定期間中のＢの勤務実績は，正式採用された「Ｄらと比較してほぼ同程度ないし上回るものであった」にもかかわらず，Ａ市は，Ｄらを正式採用する一方で，「Ｙ採掘事業に関する・・・考えを踏まえると，Ｙ対策課の設置目的や業務内容に照らしてふさわしい能力・資質等を有しているとは認められなかった」として，Ｂを正式採用しなかったことについての検討が必要となる。すなわち，Ｂは，「Ｙが有力な代替エネルギーであると考えているが，その採掘には・・・危険性があることから，この点に関する安全確保の徹底が必要不可欠であると考えて」おり，Ｙ採掘事業の必要性や有益性を認めているが，その採掘においては種々の危険があるので，安全性が最重要と考えている者である。この場合，天然資源開発に伴う危険性を踏まえ，その安全性の確保を最重要視する考え自体が不当な考えであるとは言えないはずである。それにもかかわらず，Ａ市が上述のような考えを持つＢを正式採用せず，ほぼ同程度ないし下回る勤務実績のＤらを正式採用したことは，天然資源開発における安全性の確保という言わば当然とも言うべき基本的な考え自体を否定的に評価するもので，憲法第１４条第１項で例示されている「信条」に基づく不合理な差別となるのではないかという検討が必要である。

また，本年の問題で，原告となるＢは，Ｃと「違う」にもかかわらずＣと「同じ」に扱われて正式採用されなかったという点からも問題提起をしている。ここで問題となるのは，ＢとＣはいずれも正式採用されなかったところ，Ｙ採掘事業に関する両者の意見は，結論としては反対意見の表明という共通性があるとしても，その具体的な内容が違うことに加え，ＢとＣがそれぞれの意見表明に当たってとった手法・行動等も違うことである。したがって，ここでは，こうしたＢとＣとの具体的な「違い」を憲法上どのように評価するかを踏まえた論述が求められる。

本年のもう一つの問題は，表現の自由である。すなわち，Ｂは，自分の意見・評価を甲市シンポジウムで「述べたこと」が正式採用されなかった理由の一つとされたことを問題視しているので，そこでは，内面的精神活動の自由である思想の自由の問題よりも，外面的精神活動の自由である表現の自由の問題として論じることが期待される。その際には，意見・評価を述べること自体が直接制約されているものではないことを踏まえつつ，「意見・評価を甲市シンポジウムで述べたこと」が正式採用されなかった理由の一つであることについて，どのような意味で表現の自由の問題となるのかを論じる必要がある。そのような観点からは，上述のような理由により正式採用されないことは，Ｂのみならず，一般に当該問題について意見等を述べることを萎縮させかねないこと（表現の自由に対する萎縮効果）をも踏まえた検討が必要となる。

その上で，この点に関しては，正式採用の直前においてもＢが反対意見を述べていることなどから惹起される「業務に支障を来すおそれ」の有無についての検討も必要となる。その検討に当たっては，外面的精神活動の自由である表現の自由の制約に関する判断枠組みをどのように構成するかが問われることとなるところ，例えば，内容規制と評価し，表現の自由が問題となった様々な判例を踏まえた判断枠組みも考えられるであろう。どのように判断枠組みを構成するかは人それぞれであるが，いずれにしても，一定の判断枠組みを用いる場合には，学説・判例上で議論されている当該判断枠組みがどのような内容であるかを正確に理解していることが必要である。その上で，本問においてなぜその判断枠組みを用いるのかについての説得的な理由付けも必要であるし，判例を踏まえた論述をする際には，単に判例を引用するのではなく，当該判例の事案と本問との違いも意識した論述が必要となる。

採点実感等に関する意見

1　はじめに

本年は，出題の趣旨でも触れたとおり，従来の出題とは問題の構成を変更した。しかし，憲法上の基本的な問題の理解や，その上での応用力を見ようとする問題であることに変わりはない。したがって，本年においても，そうした問題であることを前提に，事案の正確な読解ができているか，憲法上問題となる点をきちんと把握して憲法問題として構成できているか，当該問題に関連する条文や判例に対する理解が十分であるか，実務家としての法的な思考や論述といった観点から見てどうか，などの視点から採点を行っている。その上で，主として答案に欠けているものを指摘するという観点から，採点に当たって気付いた点について述べると，以下のとおりである。これらも参考にしつつ，より良い論述ができるように努力を重ねてほしい。優秀な答案に特定のパターンはなく，良い意味でそれぞれに個性的である。

2　総論

⑴　全体構成等について

・　本年は，原告となるＢの主張が問題文に明記されている。すなわち，①Ｃとの同一取扱い，②Ｄらとの差別的取扱い，③自分の意見等を述べたことで正式採用されなかったことによる憲法上の権利侵害の三点である。これらの三点を憲法上どのような問題として捉えて構成するかはともかくとして，少なくともその三点の検討が求められているわけである。しかし，残念ながら，その一部しか論じていない答案が少なくなかった。また，上記①と②あるいは①②③の三点について，その違いや相互の関係を論じないまま漫然と一括りにして論じている答案や，設問１⑴ではそれぞれ別に論じていたのに，設問１⑵や設問２へと論述を進める中で，問題が混同されていき，判断内容等が分かりにくくなっていく答案も見られた。

・　答案の中には，上記①と②をあえて統合し，一つの憲法第１４条第１項違反として論じようとする答案も散見されたが，残念ながらそれに成功し，説得力のある論述となっている答案は見られなかった。

・　上記①②③を並列的に論じる答案が一般的であったが，中には，「平等」の問題と「自由」の問題との違いを踏まえつつ，「平等」の問題が「表現」（ないし「思想良心」。なお，この点に関しては後記４も参照されたい。）の問題と連動している点を見抜き，両者を密接に関連付けて論じる答案もあり，優れた問題分析能力をうかがわせる答案があったことは印象的であった。

⑵　設問１のＢの訴訟代理人の主張及びＡ市の反論について

・　設問１⑴は原告となるＢの立場から，⑵は被告となるＡ市の立場からの検討を求めているが，当事者の主張とはいえ，明らかに採用の余地がない主張をするのは適切とはいえない。例えば，「本問では『信条』による差別が問題となるところ，憲法第１４条第１項後段列挙事由による差別はおよそ許されないから，違憲である」という主張や，単に「本問では，思想良心の自由の侵害が問題となるところ，思想良心の自由は絶対的に保障されるから，違憲である」という主張がこれに当たるであろう。前者は，憲法第１４条第１項後段列挙事由による差別も許される場合があることを前提に，同事由に特別の意味を持たせる必要があるかが議論されていることを看過し，後者は，思想良心の自由は，「内心にとどまる限り」絶対的に保障されるとされていることを看過している。こうした主張は，基本的な知識や理解がきちんとできていないことが背景にあるように思われる。基本的な知識や理解の重要性を改めて認識してほしい。

・　設問１⑵におけるＡ市の反論について，「区別・取扱いには合理的理由がある」とか「裁量の逸脱・濫用はない」という，いわば結論部分だけを記載し，その理由を明示できていない答案が相当数あった。しかし，いかに「ポイントを簡潔に述べ」るとしても，反論である以上，Ａ市としてその結論につながる積極的・直接的・根本的な理由を簡潔かつ端的に明示する必要がある。

⑶　設問２の「あなた自身の見解」について

・　設問２では，設問１⑵で反論として自ら示した問題点を踏まえつつ，「あなた自身の見解」をきちんと論じるべきである。それにもかかわらず，理由をほとんど記載することなく，「Ｂの見解に賛成である」とか「Ａ市の見解が妥当である」などと記載する例が見られたほか，結論がいずれであるかを問わず，多くの答案において，結論を導く過程で法的構成を事案に即して丁寧に論じることができていなかった。また，被告となるＡ市の反論が妥当でないことを論じるだけでは自己の見解を論じたことにはならないにもかかわらず，Ａ市の反論に対する再反論のみを記載している答案も見られた。

・　答案の中には，判断内容ないし判断理由が前後で矛盾・齟齬しているのではないかと思われるようなものも見られた。例えば，Ｃとの同一取扱いに関する合憲性の検討場面では，「Ｂは，反対意見を有するものの，安全性確保のためにＹ対策課で働きたいという動機があることを重視して，違憲である」としながら，Ｄらとの差別的取扱いに関する合憲性の検討場面では，「Ｂがなお反対意見を有していることから，合憲である」としているものなどである。法律家を志すものとしては，答案全体を通じて論述が一貫しているかについても注意を払う必要がある。

⑷　判断の枠組みの定立について

・　判断の枠組みの定立にばかり気を取られてしまい，事実関係への着眼がおろそかになっている答案が見られた。他方で，事実関係には適切にかつその細部にも着眼できているが，判断の枠組みを定立するという意識を欠いており，結局は本問限りの場当たり的な判断をしているのではないかと疑われるような答案も見られた。本問のような事例問題では，判断の枠組みを適切に定立した上で，事実関係に即して結論を考えていくという両方がきちんとできて初めて説得力のある論述となることを意識してほしい。

・　基本的な知識や理解が不足しているからか，本問限りの独自の枠組みを定立しているかのような答案も見られた。しかし，判断の枠組みの定立に当たっては，判例や学説をきちんと踏まえる必要がある。

・　判断の枠組みを定立するに当たり，「平等」の問題として論じているのか，それとも，「自由」の問題として論じているのかが判然としない答案や両者を混同していると思われる答案も少なくなかった。本問では，「平等」の問題と「自由」の問題が絡み合っている面があり，論述に当たっては様々な切り口が考えられる。このような問題については，「平等」と「自由」の複合的な視点からの論述も考えられるであろうが，その場合には，「平等」の問題と「自由」の問題の違いを踏まえた上での十分な分析や検討が必要である。

(5) その他

・ 憲法上の主張や見解について問われているにもかかわらず，Ａ市の反論や「あなた自身の見解」において裁量論に迷い込み，憲法論から離れてＡ市側の行為の当・不当を長々と論じている答案が散見された。Ａ市側に一定の裁量があり，また，問題文から拾い上げる要素にも大きな違いはないかもしれないとしても，飽くまでも憲法上の主張や見解について論じていることを意識して答案を作成してほしかった。

3 平等について

・ 少なくともＤらとの差別的取扱いは平等に関する典型的な問題であり，相対的平等に関わる問題として論じる必要があることに気付いてほしかったが，「絶対的平等・相対的平等」というキーワードを明示できていた答案は必ずしも多くなかった。この点を「形式的平等・実質的平等」や「機会の平等・結果の平等」などと指摘する答案も相当数あった上，これらと「絶対的平等・相対的平等」を混同していると思われる答案も少なくなかった。このような基本的概念については，キーワードを覚えるだけではなく，具体例に基づいた正確な理解が求められる。受験者におかれては，改めて「基本を大切に」ということを意識してほしい。

・ 「法の下」の意義（法適用の平等に尽きるか，法内容の平等も含むのか）については，本問では論じる必要がないと考えられるにもかかわらず，これを論じているものが散見された。マニュアル的，パターン的に準備してきたものをそのまま書くのではなく，なぜその点を論じる必要があるのかを事案に即して考え，準備してきたものの中から取捨選択して論じていくべきである。なお，現在の実務では，必要のないことに言及するのは無益ではなく有害と評価される場合もあることに留意してほしい。

・ Ｄらとの差別的取扱いについて，勤務実績が同程度あるいは下回る実績の者を採用したことを差別として検討し，反対意見を持っていることが不採用の理由であることがどのような意味を持つのかを検討していない答案，逆に，反対意見を持っていることに触れながら，勤務実績の点については触れていない答案があった。問題文に記載されている事実がどのような意味を持つのか十分に検討して答案に反映してほしい。

・ 平等違反の問題を検討するに当たっては，「何」による差別の問題であるのかをきちんと指摘・検討する必要がある。本問で言えば，憲法第１４条第１項後段の列挙事由である「信条」による差別ではないかという点である。しかし，この点に関する指摘・検討が全くない答案が少なくなかった。

・ Ｃとの同一取扱いについて，Ｂの訴訟代理人であるにもかかわらず，「平等（憲法第１４条第１項）違反を構成する余地がないから，諦める」などとして，この点に関する主張をあえてしないという答案が少ないながらもあった。確かに，Ｃとの同一取扱いの問題を憲法上の問題としてどのように構成するかには悩ましい面があるかもしれない。しかし，将来弁護士になれば，明らかに採用の余地がない主張はすべきでないことを前提としつつも，不利な事実関係にも配慮しながら，何とか裁判所に受け入れてもらえるような説得的な法律構成がないかと思い悩み，考えなければならないであろう。そのような悩みを見せずに簡単に諦めるべきではない。

4　表現の自由について

・　表現の自由について論じることなく，その代わりに憲法第１９条の思想良心の自由の問題として論じる答案が多数あった（なお，そのような答案の中には，思想良心の自由の問題であるとしながら，外部への表現行為の制約を論ずる答案も散見された。）。しかし，本問において，Ｂは，Ａ市がＢの「甲市シンポジウムでのＹ採掘に反対する内容の発言等があること」を不採用の理由の一つとしたことを前提に，「自分の意見・評価を甲市シンポジウムで述べたことが正式採用されなかった理由の一つとされていることには，憲法上問題があると考えている」のであるから，思想良心の自由の問題を別途検討することはともかくとして，ここでは自分の意見・評価を述べたこと，すなわち，憲法第２１条の表現の自由の問題についてまず論じてもらいたかった。

・　甲市シンポジウムでの意見表明を理由として不採用になった点につき，表現の自由の問題であるとしつつも，安易に「表現の自由が制約されている」と記載している答案が目に付いた。しかし，本問の場合，表現行為そのものが制約されているわけではないから，それにもかかわらずなぜ表現の自由の制約に当たるのかを論じてほしかった。

・　表現の自由の問題を考えるに当たっては，Ｂの意見が公共の利益に関わるものである点が重要になるが，この点をきちんと指摘する答案は少なかった。

・　表現活動への萎縮効果を論じるに当たっては，Ｂのみならず，その他の者も含めて一般に与える影響という観点が重要であるが，多くの答案がＢ自身の表現活動への萎縮効果を論じるにとどまっていた。

5　その他一般的指摘事項

⑴　論述のバランス

・　本年は，各問の配点を明記することで答案における記述量の配分の目安を示し，それに応じたバランスのよい記載で，かつ，最後までしっかりと書くことを求めたところである。しかし，例年のように，途中答案が相当数あったほか，一応最後まで書いている答案も，設問２について配点に相応しい分量になっていないものが多かった。また，設問１⑴について簡単な記述で済ませている答案や，逆に，設問１⑵について長々と論じている答案（そのような答案は，設問２の論述が非常に薄いものとなる傾向があった。）も見られた。

⑵　問題文の読解及び答案の作成一般

・　Ｂ，Ｃ，Ｄらがそれぞれどのような立場の人間であるのかについて事実関係を混同・混乱している答案があった。また，その誤記等（ＢをＸと記載したり，文章内容からはＣを指していると思われる者をＤと記載したりする例）も散見された。単なる書き間違いかもしれないが，判断の前提となる事実関係を的確に把握できていないのではないかと疑われかねないので，問題文に即して正確に論述してほしい。

・　問題文で与えられた事実に憲法的な評価を加えることなく，問題文の単なる引き写しや単に羅列するだけの答案が一定数見られた。また，問題文で与えられた事実を超えて必要以上の推測をし，それ（問題文にない事実）を答案に反映させている答案も見られた。このような答案は説得力に欠け，また，後者については「問題文はそのようなことを言っていない」と否定的に評価される可能性があることに注意してほしい。

・　憲法の条文の解釈（本問では特に第１４条）について，これをせず，あるいは，これができていない答案が散見された。また，条文は誤りなく示す必要があるが，これができていない答案もあった（表現の自由を第２２条第１項あるいは第２３条第１項とする例が少ないながらもあった。）。条文の表記や解釈を大切にしてほしい。

・　設問１(1)の問題文において職業選択の自由については論じないこととする旨明示してあるにもかかわらず，これに反して，正面から職業選択の自由について論じる答案があった。

(3)　形式面

・　普段手書きで文書を作成する機会が少ないためであろうか，誤字や脱字がかなり目に付いた。特に法律用語の誤記については，法律家としての資質自体が疑われかねないので注意してほしい。また，略字を使用する答案もあったが，他人に読ませる文章である以上，略字の使用は避けるべきである。

・　解読が困難な字で書かれた答案も散見された。例えば，字が雑に書かれたり，小さかったりして読みづらいもの，加除や挿入がどのようになされているのか判読し難いものなどである。時間がなくて焦って書いているのは分からないではないが，他人に読ませる文章である以上，読み手のことを考えて，上手な字でなくても読みやすい，大きな字で，また，加除や挿入は明確に分かるような形での答案作成を望む。

MEMO

再現答案①　5～6位（161.71点，N・Mさん　論文順位105位）

第１　設問１
１　小問(1)
(1)　ＢとＣを同じに扱ったことについて
　Ａ市がＢをＣと同一に扱ったことは，平等原則（憲法１４条１項）に反し，国賠法上違法とならないか，検討する。
ア　同一に取り扱ったこと
　本来平等とは差別の禁止であり，別異取り扱いを禁止するものである。しかし，個人の尊重（憲法１３条）の観点からは，違った者を違って取り扱われるべき要請があるといえるから，このことも憲法１４条１項が要請するものである。
　そして，Ａ市は，ＢとＣでは下記のような違いがあるにもかかわらず，両者に対して同様に不採用としている。
イ　同一取扱いの許否
　上記のような取扱いが許されるには，合理的根拠が必要であり，本件ではＹ対策課というＡ市固有の職務という非代替的な地位が問題となっているから，合理的根拠があるかは慎重に判断すべきである。
　本件では，ＢＣともに甲市シンポジウムでの言動が問題視されて不採用となっているが，Ｃは甲市シンポジウムの開催自体を中止させようと，拡声器で連呼しながら会場に押し入り，職員に怪我を負わせて傷害罪で罰金刑にも処せられている。他方，Ｂは平穏にシンポジウムに参加し，反対の意見を述べているのであり，Ｃのような攻撃的な言動をしているわけではない。また，Ｙ対策課職員へ志望した動機も，ＣはＹ採掘反対運動に役立てるというものであるのに対し，Ｂは自分の専門知識を活かし，市民の安全を確保するためというのであり，純粋に市民のために働こうとしている。
　とすると，ＢはＣと言動・動機の点で異なっており，職員としての適格性に相当程度違いがあるはずであるのに，いずれも不採用としているのであるから，同一に扱ったことに合理的理由はなく，違法である。
(2)　Ｄらと異なって扱ったこと
　Ｄらを正式採用とし，Ｂを不採用としたことは平等原則に反し，違憲・違法でないか，検討する。
ア　別異取扱い
　上記のとおり，Ａ市はＤらを採用とし，Ｂを不採用としているから，両者の間で別異取扱いをしているといえる。
イ　上記取扱いの許否
　もっとも，憲法は個人の尊重を旨とするものであるから，事柄に応じた別異取扱いを許容するものであり，それが合理的根拠を欠く場合に限り，違憲となる。
　本件では，Ｙ対策課の職員という非代替的な地位が問題となっているのに加え，Ｂを不採用としたのはＢがＹについて特定の意見を表明しているためであるから，Ｂの信条という１４条１項後段列挙事由に基づく差別であり，歴史的に不合理な差別であるため，合理的根拠があるかは慎重に判断すべきである。

● 同一取扱いが14条1項の要請である理由を，平等の本質に立ち返って端的に摘示している。

● 原告であるＢが争っている地位に着目し，平等違反に関する判断枠組みを設定できている。

● 出題趣旨では，「同じ」点と「違う」点についての具体的な指摘とその憲法上の評価が求められているところ，ＢＣの同じ点と，違う点を具体的に指摘した上で，憲法上の評価がなされており，出題趣旨に合致した論述になっている。また，「反対意見の表明という共通性があるとしても，……意見表明に当たってとった手法・行動等も違う」という出題趣旨の記載ともほぼ一致する流れで論述できている。

● ＢとＣの「違い」が，採用との関係で意味を持つことを指摘できている。

● 14条１項で例示されている「信条」に基づく差別であることを的確に摘示しており，出題の趣旨に沿う。

本件では，Bの勤務成績はDらと同程度またはBの方が上であり，職員の採用は原則として能力によるべきという能力主義からすれば，Dらを採用したのに，Bを採用しないことは不合理である。また，Bは大学院で天然資源開発の研究をしており，Yについて専門知識を有し，それを市民のために活かそうとしているのであり，その点でもBがY対策課職員の適性を欠くとは考えにくい。さらに，A市が問題視したBの言動については，確かにBは現状のままYを採掘することに反対しているが，安全性を高めることに関心をもっており，甲市シンポジウムでの発言も平穏なものであったから，職員としての適格性を欠くとまではいえない。

とすると，A市がDらを採用してBを不採用としたことは，合理的根拠のない差別であり，違憲・違法である。

(3) 意見を不利に考慮したこと

A市がBの採用に関して，Bの意見を不利に考慮したことは表現の自由（憲法２１条１項）を侵害し違憲でないか，検討する。

ア 憲法上の権利

Bが甲市シンポジウムで意見を表明することは，表現行為であり，「その他一切の表現」として憲法上保障される。

そして，表現行為はそれをすることで，自己の人格を発展させ，また本件の表現については，日本初の地方公共団体開催のシンポジウムが開催され，またA市の税収・雇用・市民の安全にもかかわる社会的問題であり，政治的な表現であるから自己統治の価値も有する重要なものである。

● 職員としての適格性との関係で，BとDらを区別することの合理性につき，十分な検討がなされている。

● 「内面的精神活動の自由である思想の自由の問題よりも，外面的精神活動の自由である表現の自由の問題として論じることが期待される」との出題趣旨と合致している。

イ 上記権利の制限

シンポジウムでの発言を採用において不利に考慮すると，Bは自由に発言をすることができなくなるという萎縮的効果が生じるから，表現の自由の制約となる。

そして，A市は発言内容に基づいてBを不採用としているのであるから，内容に基づく制約であり，他の表現チャンネルがないから強度の制限である。

ウ 上記制約の許否

上記のように重要な権利に対する強度の制約が許されるには，その制約に合理性が認められなければならない。

先述のとおり，BはYについての専門知識を有し，Bの勤務成績は採用された者と同程度またはそれ以上であり，A市が不利に考慮した甲市シンポジウムでの発言も平穏なもので問題視するほどのものではないことからすれば，Bを採用しなかったことは不合理であるといわざるを得ない。

よって，Bの採用に関してBの発言を不利に考慮したことは，違憲・違法である。

2 小問(2)

(1) Cとの平等について

憲法１４条は差別すなわち別異取扱いを禁止するものであって，違った者を違って扱うことまで要請するものではない。

よって，BとCをともに不採用としても，平等原則に反しない。

(2) Dらとの平等について

● 出題趣旨では，「どのよう意味で表現の自由の問題となるのかを論じる必要がある」とした上，「(表現の自由に関する萎縮効果）をも踏まえた検討」が求められている。本答案も，萎縮効果という点から表現の自由に対する制約を導いており，出題趣旨と合致する記述といえる。

● 「被告の反論」の要点を簡潔に記述している。

A市がBを不採用にしたのは，Bが甲市シンポジウムでYに反対する旨の意見を表明していることから，Y対策課職員としての適格性を欠くとみられるためであり，それらを総合的に考慮すると，BがY対策課職員として必要な能力・資質を備えていないためである。

とすると，A市はBの能力や資質に照らして不採用としたのであるから，不合理であるとはいえない。

(3) 表現の自由について

A市はBの表現行為を採用に際して不利に扱っているだけであり，表現行為自体を禁止しているわけではないから，不採用としたことによりBの表現活動が萎縮的になるとしても，それは間接的・付随的な制約にとどまり，制約は弱い。

よって，より緩やかに審査し，著しく不合理でなければ適法であると解すべきである。

そして，本件では，BがYについて特定の考え方を持っているということは，Y対策課職員としての中立性を欠く事情であり，それを不利に考慮して不採用としても著しく不合理であるとはいえない。

(4) 以上より，Bを不採用としたことは適法である。

第2 設問2

1 Cとの関係

憲法14条は差別してはならないと規定しており，典型的には別異取扱い禁止を想定している。もっとも，憲法は個人の尊重も旨とするのであり，人の個性を尊重することは憲法が要請するところである。

とすると，本件のようにBとCとで言動の態様に差異があるにもかかわらず，それを十分に考慮しなかった結果，その判断が不合理であるとみられる場合には，国賠法上違法になると解すべきである。

本件では，原告の主張するとおり，BとCの甲市シンポジウムでの行動には顕著な差異があり，またY対策課職員に応募した動機も，Bは市民のためであるのに対して，Cは自分の運動に役立てるためであるというのであるから，職員としての適格性にはかなりの差異がある。

にもかかわらず，A市が，Bが反対の発言をしていること自体を重視し，Bの真意を十分考慮しなかったことは，判断の過程に誤りがあるといえ，能力では採用者より勝るBを不採用としたというのであるから，不合理な判断であったといえる。

よって，この点でBを不採用としたことは違法である。

2 Dらとの関係

確かに，Bは甲市シンポジウムにおいてYの採掘に反対する旨の意見を述べているが，これはYの安全性を考えてのことであり，むしろYの安全性に関心があるということであるから，Y対策課職員としての適格性があるはずである。

加えて，Bは大学院で天然資源の研究をし，また勤務成績もDら以上であるというのであるから，Y対策課職員としての適格性はDらを上回るはずである。

にもかかわらず，A市はBを不採用としたのであり，合理的理由が

● 「意見・評価を述べること自体が直接制約されているものではない」という点を指摘できており，原告の主張する萎縮的効果について，適切に反論している。

● BとCの違いについて，具体的事実を挙げた上で丁寧な評価がなされている。

● Cとの関係を論じるに当たり,「採用者より勝るBを不採用とした」と論述して「採用者」とBの能力を比べる必要があるかは，疑問の余地がある。

● 被告の反論に対応する形で私見が述べられている。

● 「適格性がある」という抽象的な記述にとどまらず，「業務に支障を来すおそれ」がない等の具体的な評価を加えることができれば，さらに出題趣旨に合致する論述となった。

あるということはできない。

よって，Ｂを不採用としたことは違法である。

3　表現の自由

確かに，Ａ市の反論のとおり，Ｂを不採用としたことは表現行為自体を制限するものではなく，表現の自由に対する間接的な制約であるから，制約の程度が弱い。よって，著しく不合理でない限り適法であると解すべきである。

本件では，確かにＢは勤務成績が良好で，専門知識を有しているが，Ｙ採掘事業について特定の考えを持っており，それは職務の中立性を害しうる事情である。とすると，中立性を維持するためにＢを不採用とすることは著しく不合理であるということはできない。

よって，この点では，Ｂを不採用としたことは適法である。

以　上

●「間接的な制約である」という理由をもって「著しく不合理でない限り適法」というレベルにまで審査基準を緩めている点については，疑問の余地がある。また，Ｂの意見が公共の利益に関わるものであること，表現活動の萎縮効果はＢのみならず，その他の者も含めて一般に影響を与え得ること，といった点も踏まえた論述ができれば，さらに高く評価されたものと思われる。

再現答案②　360～390位（124.63点，A・Tさん　論文順位79位）

第１　設問１(1)について

１　ＢとＣとの差異について

(1)　まず，Ｂとしては，自らがＣと同一に扱われて正式採用されなかったこと（以下，Ｂの正式採用拒否を「本件不採用」という）は，平等原則（憲法１４条１項）に反する違憲な処分であるとして，これによって生じた損害の賠償（国家賠償法１条１項）を求めることが考えられる。以下，Ｂの主張を記す。

(2)　平等原則は，全ての区別を禁止するものではなく，不合理な差別を禁止するものである。そして，対象者ごとに異なる事情があるときには，寧ろその差異を考慮し，実質的平等を実現することを求めているものである。

本件で，Ｃは平和的に開催されていた甲市シンポジウムに際し，その開催自体を中止させることを企図し，Ｙの採掘への反対と甲市シンポジウムの即刻中止を拡声器で連呼しながら会場に侵入しようとしたばかりでなく，それを止めようとした甲市の職員に対し傷害行為を行うなど，その表現活動の態様は刑法典にも触れる過激なものである。Ｃによる採掘反対の訴えは，平和的説得の域を超えており，暴力的なものになっている。

これに対し，Ｂはあくまでも平和的なシンポジウムにおいて，パネリストとして公式に意見を述べている。その意見の内容としても，一般論として自らの考えを述べ，安全性が確保されていない現段階では計画に反対せざるを得ない旨を述べるなど，論理性を有したものと言える。

● 出題趣旨では，「平等違反に関する判断枠組み」をどのように構成するかが問われているが，本答案では，「平等違反に関する判断枠組み」が提示されていないまま当てはめがなされている。

● 出題趣旨では，「同じ」点と「違う」点についての具体的な指摘とその憲法上の評価が求められているところ，本答案では，ＢＣの違う点については具体的に指摘できているものの，同じ点については明確に指摘できているとは言い難い。

このような事情に照らせば，ＢとＣの意見表明の態様は大きく異なるところ，Ａ市はこのような差異を考慮することなく，両者を同一に扱って正式採用を拒否しているのである。これは，対象者ごとの差異を考慮せず，実質的平等を要求した平等原則の精神に反する違憲な処分である。

よって，これによって生じたＢの損害を賠償すべきである。

２　ＢとＤらとの差異について

(1)　Ｂは，Ｄらは自らよりその勤務実績において劣るか，同程度であるにも拘らず，ＢらがＹ採掘事業に反対意見を持っていることを理由として本件不採用を行ったことについても，憲法１４条１項に反する違憲な処分であることを主張することが考えられる。以下，Ｂの主張を記す。

(2)　憲法１４条１項後段列挙事由について，このような事由に基づく差別は違憲の疑いが強いとして，列挙事由による差別の合憲性については，厳格に審査しなければならない。

本件では，ＢのＹ採掘事業に対する反対意見が理由となって本件不採用が行われている。Ｙ採掘事業に対する賛否は現在市民の間でも賛否が大きく分かれ，活発な議論や激しい住民運動が行われているところであり，これに対する意見はその人の人格形成に大きく寄与するものとして，「信条」に当たるものである。

とすれば，このような差別の合憲性については厳格に審査すべきであり，具体的には，差別の目的がやむにやまれぬ利益の保護にあり，その手段が目的達成のために必要最小限度と言える場合にの

● 意見表明の態様だけでなく，ＢとＣの考え方自体の違いにも触れるべきである。

● 14条１項の「信条」による差別であることを，その理由とともに的確に摘示している。

● 「信条」による差別であることを踏まえ，平等違反の判断枠組みを記述している。

み，合憲となる。

これを本件について見れば，本件不採用の目的は，Ｙ対策課に対するＡ市民の信頼を確保することにあると考えられるが，このような目的は，漠然とした不安感などの保護という，具体性・切迫性を欠いたものであり，やむにやまれぬ利益と言うことはできない。

仮に目的がやむにやまれぬ利益の保護と認められるとしても，その手段として，Ｙ採掘に反対意見を有している者を全て不採用とすることについては，必要最小限度性を欠く。何故ならば，反対意見と言ってもその内容には様々あり，本件のＢのような慎重派的意見も中には含まれている。また，Ｙ対策課の職務内容からしても，寧ろ賛成派のみを採用するのではなく，必ずしも採掘に賛成していない者を採用することによって，活発な議論が生じることもあるなど，メリットさえ認められるところである。

このように考えれば，本件の目的に対し，Ｙ採掘反対派すべてを本採用しないという方法は，必要最小限度の手段とは言えない。

よって，本件不採用は違憲である。

3　思想・良心を理由とする不利益取り扱いについて

(1)　また，Ｂとしては，正式採用の決定に際して，甲市シンポジウムで自らの意見を述べたことを考慮し，不採用としたことは，思想良心の自由（１９条）を制約するものとして違憲であるとの主張を行うことが考えられる。

(2)　思想良心の自由は，内心においては絶対的保障であり，これに対する制約は許されない。

本件不採用は，Ｙ採掘事業に対する意見を甲市シンポジウムで述べたことを理由としているものであるが，これはＢがＹ採掘事業に対して有している見解を理由とした不利益取り扱いである。

Ａ市の対応によって，Ｂは本来正式採用されて得られるはずであった地位を奪われれることとなっており，これはＢの思想・良心を理由とする不利益取り扱いとして，思想良心の自由に対する制約となる。

よって，本件不採用は絶対的に保障されるべき思想良心の自由を侵害するものとして，違憲である。

第２　設問１(2)について

1　ＢとＣとの差異について

これに対し，Ａ市としては，まず，正式採用の決定は，人物の評価などのプロセスを含むものであり，これは採用者側の裁量が広く認められるべき領域であるから，その審査は緩やかに行われるべきである。

そして，ＢとＣとでは，その発表の態様如何に関わらず，議論の対象となっているＹ採掘事業に対して政治的意見を述べていること自体が，市民の信頼を損ない得るものとして問題なのであるから，ＢとＣを共に不採用としたことについては合理的な理由があり，裁量権の行使として適法である。

2　ＢとＤとの差異について

Ｄとの差異については，後段列挙事由は判例上例示列挙とされており，必ずしも厳格な審査は妥当しない。

● Ｂを不採用とすることの不合理性が説得的に論じられている。

● Ｂの意見のみならず，Ｂの能力が「Ｄらと比較してほぼ同程度ないし上回るものであった」点についても言及できていれば，さらに出題趣旨に合致した論述となった。

● 出題趣旨では，Ｂは自分の意見を甲市シンポジウムで「述べたこと」が正式採用されなかった理由の１つとされたことを問題視しており，外面的精神活動の自由である表現の自由の問題として論じることが期待されていた。

● 「審査は緩やかに行われるべき」で終わるのではなく，審査基準の内容を具体的に論じる必要がある。設問１(2)のとおり，「反論のポイントを簡潔に」述べるとしても，「反論」である以上，Ａ市としての結論につながる重要な理由・論理については明らかにすることが必要と思われる。

● この反論は，「ＢのＹ採掘事業に対する賛否は例示列挙事由としての

そして，目的については，現に市民からＢがＹ対策課の人員として不適格であるとの申し入れがなされており，抽象的なおそれに留まってるとは言えず，このような不信感を払しょくするという目的は重要であると言える。

また，公務員については，政治的に中立であることが求められており，公務員による政治的意見の表明は，公務の政治的中立性に対する信頼を損なうものであるから，その意見がいかなるものであろうと許されるものではなく，意見表明を行ったこと自体について不利益に評価することについては，合理的な理由がある。

３　思想良心を理由とする不利益取り扱いについて

思想良心の自由は，外部的行動を伴う場合には絶対不可侵のものではない。

本件で問題とされたＢの行為は，シンポジウムでの意見の表明という外部的行為であるから，これを理由にした不利益取り扱いは，絶対的保障を受けない。

第３　設問２について

１　ＢとＣとの違いについて

⑴　確かに，正式採用の決定は人物評価などの裁量的判断を含み，そこにおいては採用者たるＡ市に裁量が認められる。

もっとも，かかる裁量にも限界があり，要考慮事項の不考慮，考慮すべきでない事項の考慮などによって，社会通念上著しく妥当性を欠くような場合には，裁量権の逸脱・濫用として，当該裁量処分が違法となり得る。

⑵　本件のＢとＣとでは，Ａ市の反論するように，Ｙ採掘事業に対する反対意見を述べたことでは一致している。しかし，このような発言がＹ対策課の職員としての市民の信頼に与える影響は，その発言の内容や，発言の態様によって異なると言わなければならない。

そして，本件ではＢの主張する通り，Ｂの主張内容はあくまでも現状の安全性への警鐘であるのに対し，Ｃは理由を示すことなく無条件に反対しており，内容の点でも論理性の程度に大きな違いがある。また，発言の態様も，Ｂはシンポジウムのパネリストとしての公式な発言を穏当に行っているのに対し，Ｃは刑法典に触れるような強引な方法によって自らの主張を発表している。

にも拘らず，Ａ市はこのような事情の違いを考慮することなく，ＢとＣを同一の理由によって不採用としており，ここにおいて要考慮事項の不考慮があり，社会通念上著しく妥当性を欠く結果となっていることが認められる。

よって，Ａ市の本件不採用は憲法１４条１項に反する違法な処分であると言える。

２　ＢとＤらとの違いについて

⑴　憲法１４条１項後段列挙事由については，判例は例示列挙であるとする。もっとも，このように考えたとしても，差別取扱いの合憲性は，その差別の理由，差別が生じている権利・利益の性質・程度などを考慮して審査の厳格さを決定すべきものである。

これを本件について見れば，本件の差別理由は信条という，憲法１９条に保障される重要な利益によるものである。そして，差別の

『信条』に当たらないから，厳格な審査基準は妥当しない。」という趣旨なのか，「『信条』に当たるとしても，14条１項後段列挙事由には特別な意味はないから，必ずしも厳格な審査基準に基づいて違憲審査を行う必要はない。」という趣旨なのか分からない。いずれにしても，Ｂの『信条』であるという主張に対する認否を論じていないので，不十分な反論になっている。

● 原告は，「本件の不採用処分はＢの思想良心に基づく不利益取扱いである」旨主張しているため，被告としては，「本件の不採用処分はＢの思想内容を理由としたものではない」旨の反論をする必要があったが，「思想良心の自由は，外部的行動を伴う場合には絶対不可侵のものではない」という反論をしてしまうと，議論がかみ合わなくなる。

● 憲法上の主張・見解について問われている以上，憲法論から離れて，「裁量論」を14条１項違反かどうかの判断基準の主軸に据えてＡ市の行為の当・不当を論じることには問題がある。

● ＢとＣの違いについて，事実は摘示されているものの，その摘示された事実に対する評価が十分に論述されていない。

● 違法の理由を要考慮事項の不考慮に求めるのならば，当該事項が本件処分において，なぜ要考慮事項といえるのか，すなわちＢとＣの違いが，そもそも採用につき考慮されるべき事情であったのかを検討すべきであった。

結果生じている差異は，A市職員としての地位であり，人の人格的生存に大きく関わる重大なものである。

他方，正式採用の決定にはA市に一定の裁量が認められるべきであることも否定できない。

このような観点から，本件のような差別の合憲性審査は，中間的な基準によって行われるべきである。具体的には，差別の目的が重要であり，その手段が目的達成のために実質的関連性を有する場合にのみ，合憲となる。

(2) 本件における差別取扱いの目的は，Y対策課への市民の信頼を確保することにある。公務員の政治的中立性は，民主主義を実質化するために重要であり，また現にA市民からその適格を疑う旨の申し入れがなされるなど，その信頼は現実に危殆化していると言える。現状Y採掘事業に対する意見が国民の中で活発に議論されているという状況も鑑みれば，このような事態を止めるという目的は重要であると言える。

もっとも，Y採掘事業に対して賛成か，反対か，という二分法によって，本採用の可否を決定することは，実質的関連性を欠く。何故ならば，Bのように安全性について強い関心を持ち，現状では必ずしもY採掘に賛同できないというような慎重派的意見を有する者を採用することは，寧ろY対策課が盲目的にY採掘事業を推進するという事態に歯止めをかけるものとして，却って市民の信頼確保に資するものと言える。

よって，このような二分法による差別は，その手段としての実質的関連性を欠いた違法なものであると解する。

(3) よって，BとDらとを差別した本件不採用は，憲法14条1項に反し，違憲である。

3 思想良心を理由とする不利益取り扱いについて

甲市シンポジウムでY採掘事業に対する意見を述べたことは，確かに外部的行為である。しかし，このような行為は，あくまでも公務員として採用される以前の出来事であり，これを理由に正式採用を見送ることの真の意図は，その思想内容自体を問題としたものであることが推認される。

とすれば，本件不採用はまさに思想内容自体に着目した差別であると言え，これは思想良心に基づく不利益取り扱いとして，憲法19条に反し違憲である。

以 上

● なぜ「A市職員としての地位」が「人格的生存に大きく関わる」といえるのか，説明が必要である。

● 問題文の事情を適切に摘示・評価しながら私見を論述している。

● Bの「安全性の確保を最重要視する考え自体が不当な考えであるとは言えない」という点を指摘できている。

● 公務員採用以前の発言行為を理由に正式採用を見送ることが，なぜ思想内容自体を問題としたものとなるのかの説明が不十分である。

再現答案③　1099～1162位（109.62点，K・Oさん　論文順位461位）

第１［設問１］
１　小問⑴
⑴　Ｃと同一に扱った点について
ア　Ａ市が，Ｙ採掘事業に対して反対意見を公の場で表明したことがあるという点でＢとＣを同一に取り扱った点について，正式採用しなかったことが憲法１４条１項に反し違憲であると主張する。
イ　ＢはＤらと同じくＹ対策課の職員として６カ月の判定期間にわたってＹ対策課に勤務していたが，Ｄらが正式採用された一方，Ｂは採用されなかった。Ｂは勤務実績においてＤらと同程度上回っているというのだから，Ｂも正式採用されるべきであったのに，公の場で反対意見を表明したという点でＤらと区別されている。これは，不採用理由でＡ市が述べているところからも明らかである。

●　ＢとＣを同一に扱った点について論ずべきところで，ＢとＤとの比較の論じるべきではない。

ウ　そして，かかる区別には合理性が認められない。
　区別が合憲であるか否かは，区別の目的に合理性が認められるか，当該目的との関係で具体的な区別に合理性が認められるか，によって判断する。
　まず目的は，反対運動等に携わったものを採用しないことで，Ｙ対策課における事務の円滑な遂行を確保する点にあると考えられ，これは合理性が認められるとは言える。
　しかし，この目的と具体的な区別との関連性がない。確かに，ＢとＣとでは公の場で反対意見を表明したという点では共通している。しかし，Ｂは甲市シンポジウムにおいて意見を述べたにすぎないのに対し，Ｃは拡声器を所持して会場に乱入して実力でシンポジウムを中止させようとしたうえ，甲市職員を殴ってけがを負わせている。これらの行為では，明らかに危険性が異なり，これらの行動から推測される，Ｙ対策課での事務の円滑な遂行に対する危険の程度も大きく異なる。
　したがって，具体的な区別が目的との関係で合理的とは言えず，正式採用しなかったことは違憲である。

●　平等違反に関する判断枠組みの提示が唐突にされており，「憲法が要請する平等の本質等」に立ち返った検討がなされていない。また，Ｄらとの区別ではなく，Ｃと「『違う』のに『同じ』に扱われた」点に合理性が認められるかを検討すべきである。

●　区別の目的の設定が必ずしも適切とはいえず，目的と区別の関連性も説得力を欠く。

●　意見表明の態様だけでなく，意見の「具体的内容が違う」ことにも言及すべきである。

⑵　反対意見を持っていることを理由とした点について
ア　ＢがＹ採掘事業に対する反対意見を有していることを理由として正式採用しなかったことは，憲法１４条１項に反し違憲であると主張する。

●　問題提起時点で，誰と誰との区別か明示することが望ましい。

イ　上述の通り，ＢとＤらでは勤務実績だけ見た場合には同様に採用されるべきである。しかし，Ａ市はＢが反対意見を有していることを理由として正式採用をしていないから，この点についても区別が生じている。

●　この点については，14条１項で例示されている「信条」に基づく不合理な差別となるのではないか，という検討が必要である。

ウ　そして，この区別は合理的であるとはいえない。
　まず，区別の目的はＹ採掘事業反対派の人間をＹ対策課に採用しないことで，Ｙ対策課によって反対運動を一方的に抑え込み，Ｙ採掘事業を推進することにあるが，これは合理的な目的とは言えない。
　次に，具体的な区別について検討する。仮に目的が市民の安全・安心の確保に出たもので合理的であるとしても，そのために

●　ここまで目的を言い切るためには，いかなる事実からこのような目的と評価できるのか，その思考過程を明確に示すことが求められる。また，目的について，事実と評価が峻別されていない。

反対意見を有していることをもってＢを差別することは合理的とは言えない。なぜならば，ＢはＹ採掘事業に対して反対意見を有しているとしても，それは現時点では安全が確保されていないために推進すべきでないというもので，ＢとしてはＹ採掘事業の安全性を高めるために働きたいというのであるが，これは寧ろ上記目的に合致するものだからである。反対意見を有しているからといって，むやみに市民の不安をあおったりすることは考え難く，目的に反することはない。

よって，この点の差別も違憲である。

(3) 甲市シンポジウムでの発言を理由とした不採用について

ア　Ｂが甲市シンポジウムで発言したことを理由として不採用としたことは，憲法１９条に反し違憲である。

イ　Ｂは，Ｙ採掘事業はより安全性を高めるまでは実行してはならないという信念を有しているが，これは憲法１９条によって保護される思想良心である。そして，その思想の現れである甲市シンポジウムにおける発言を理由として不採用としているのだから，Ｂが上記思想を維持することを制約していると言える。

ウ　そして，かかる制約は憲法上正当化されない。思想良心の自由は，自己の人格を形成していく上で極めて重要な価値を有していることから，合憲性は厳格に審査すべきであり，制約の目的がやむにやまれぬ利益の保護にあり，目的を実現するための手段が必要最小限でなければ違憲となると解する。

まず目的は，Ｙ採掘事業を推進することでそれによって生ずる

● 出題趣旨によれば，内面的精神活動の自由である思想の自由の問題よりも，外面的精神活動の自由である表現の自由の問題として論じることが期待される。その上で，表現の自由に対する萎縮効果についての検討や，意見・評価を述べること自体が直接制約されているものではないことを踏まえた検討が求められていたが，本答案は思想良心の自由の問題としているため，これらの検討ができていない。

経済的利益を得る点にあると考えられるが，これは個人の生命身体等に比してやむにやまれぬ利益とは言えない。

よって，この点についても違憲である。

２　小問(2)

(1) Ｃと同一に取り扱った点については，Ｂが公に反対意見を表明したことがある以上，業務の遂行において賛成派の職員や市民と衝突し，業務が円滑に遂行されなくなってしまう恐れがあり，Ｄらとの区別は合理的であると反論する。

(2) 反対意見を持っていることを理由とした不採用は差別であるという主張に対しては，まず区別の目的は真に市民の安心・安全確保のためであると反論する。また，具体的な区別についても，反対意見を有している者はＹ採掘事業を阻止するため，むやみに市民の不安をあおる等の可能性があり，そのようなものを採用しないことは合理的な区別であると反論する。

(3) １９条違反であるという主張に対しては，そもそもＹ採掘事業を行うべきでないという信念は，１９条により保護される思想良心ではないと反論する。また，不採用という処分は，過去の行動を参照して行われたものであり，何ら思想良心に対する制約とはなっていないと反論する。

第２［設問２］

１　ＢとＣを同様に取り扱った点について

この点については，公に反対意見を表明したことをもってＢとＤらを区別したことは合理的な区別とは言えない。確かに，Ｃは上述のよ

● 出題趣旨によれば，「違う」点と「同じ」点に着目した記述が期待されていたが，被告の反論として焦点が定まっていない。また，Ｃとの同一取り扱いの問題であるのに，ここでもＤが登場している。

● なぜ「過去の行動を参照して行われたもの」ならば「思想良心に対する制約」にならないのか，その理由が示されていない。

● ＢとＣとの関係を論じているのだから，ここでＢとＤらとの関係に言

うな過激な方法で反対意見の表明活動をしており，ＣがＹ対策課において業務に携わった場合には，推進派の職員や市民と激しく衝突しＹ対策課における事務の遂行に支障が生じる恐れがある。しかし，ＢはＣと異なりシンポジウムにおいて平穏に発言したにすぎず，このような支障が生ずる恐れは少ない。

よって，原告の主張する通り，この点は違憲であると考える。

２　反対意見を持っていることを理由とした点について

まず，区別の目的は原告の主張するような目的ではなく，真に市民の安心・安全の確保にあると考える。なぜならば，Ｙ対策課はＹ採掘事業の推進を前提として事務を行っていくところ，反対派の職員がいた場合にはこの前提が共有できず，Ｙ採掘事業を阻止すべく市民の不安をあおる等の危険があるからである。

しかし，具体的な区別はかかる目的との関係で合理的とは言えない。確かに，ＢはＹ採掘事業に対し反対ではあるが，Ｙ対策課での就業に当たっては，Ｙ採掘事業を進めることを前提として，ただその安全性を厳格にチェックして行きたいと考えているのである。したがって，原告の主張する通り，Ｂは市民の安心・安全を確保するという目的に照らして寧ろ採用されるべき考えを持っているのである。

よって，この点についても違憲である。

３　シンポジウムで発言したことを理由とした不採用について

⑴　Ａ市は，Ｙ採掘事業を行うべきでないという信念は憲法１９条によって保護される思想良心でないとの反論をしている。しかし，Ｂのこの信念は，自らの研究を基礎として，Ｙ採掘事業によって得られる利益と危険性とを衡量した結果の判断であって，一定の世界観として憲法１９条による保護に値するものであると考える。

⑵　次に，制約の有無について検討する。確かに過去の行動に対して否定的な評価を下し，採用しないということによってＢが信念を維持することを直接的に否定されているとは言えない。しかし，シンポジウムにおける発言はＢの信念の現れであり，それを不採用の材料にするということは，Ｂが信念を保持することを間接的に制約していると言える。

⑶　そこで，不採用処分については，その目的が重要であり，目的とそれを達成するための手段との間に実質的関連性がある場合に合憲となると考える。

まず，目的は，Ｙ採掘事業を推進することにある。確かに，Ｙ採掘事業については危険性も指摘されているが，極めて高い経済効果も見込まれるのであり，この経済効果を確保しようとすることは重要な目的であると言える。

ただ，上述の通り，Ｂは反対意見を有しつつもＹ対策課においてＹ採掘事業の実行を前提として業務を行っていく考えであり，Ｂを採用しないこととＹ採掘事業を推進することの間には関連性が認められない。

⑷　よって，この点も違憲である。

以　上

及すべきではない。

●　「業務に支障を来すおそれ」の有無について検討できている点は，出題趣旨に合致している。

●　目的に合理性が認められるかの検討及びその結論が論述されていない。

●　被告の反論の理由（Ｙ採掘事業を行うべきでないというＢの信念が19条によって保障されない理由）が論述されていないため，何の争点について論じているのかが不明確である。

●　本答案は，「シンポジウムにおける発言」を「Ｂの信念の現れ」としているが，端的に21条の表現の自由の問題として検討することが求められていた。

●　この点に関しても，「業務に支障を来すおそれ」の有無を検討することが望まれた。

MEMO

再現答案④　2072～2160位（97.92点，Y・Sさん　論文順位858位）

第１　設問１
１　Ｂの主張
(1)　まず，ＢとＣを同一に扱ったことが１４条１項に反し違憲であり，「違法」（国家賠償法１条１項）であると主張する。以下，具体的に述べる。

「法の下に平等」とは，同一に扱われないことをも意味する。本来ならば別個に扱われるべき場合に，個々の個性に着目せずに同一に扱われる場合も不平等な事態は生じるからである。

本件で，ＢとＣは公の場で表明した反対意見の手法や行動に大きな違いがあるにもかかわらずに同一に扱われ，職員として正式採用されていない。よって，この点において区別が生じている。

そして，区別は合理的な理由がある場合にのみ許容され，合理的な理由がない場合は差別であり１４条１項に反し違憲である。

Ｂのように少数派の意見を有する者は民主政の過程でその地位を回復することが著しく困難である。また，採用されないというのはＢの利益を著しく害するものである。よって，合理的な理由があるかは，目的が重要であるか，手段が実質的な関連性を有するかで判断される。

本件で，目的は，ＢのＹ採掘事業に対する考えをもって，Ｂが危険な人物であると判断し，そのＢを採用しないことによってＹ採掘事業の安全性及び市民の信頼を確保することにある。しかし，Ｂが危険な人物であるという判断はあくまでも抽象的なものであり，根拠に乏しいものである。よって，このような目的は重要であるとはいえない。

仮に目的が重要であったとしても，実質的な関連性は以下の理由から認められない。

Ｂの反対意見の方法は，甲市シンポジウムという公の場で，過激な表現等を用いない通常の意見表明方法であった。

他方，Ｃの反対意見の方法は，シンポジウムの開催自体を中止させるような方法で，さらに，職員を殴り怪我を負わせ，傷害罪で罰金刑に処されるといった社会的におよそ許容することのできない方法であった。

これらの方法を比較すると，ＢとＣの方法は著しく異なることがわかる。このようなＢとＣを同一に扱うことは，具体的な事情を一切顧みないという点で過剰なものであるといえる。

よって，実質的な関連性はない。

以上より，違憲である。

(2)　つぎに，Ｂを不採用にし，Ｄらを正式採用したことが１４条１項に反し違憲であり，「違法」であると主張する。以下，具体的に述べる。

この場合，Ｂを不採用にし，Ｄらを正式採用したという点で区別が生じている。

そして，上記と同様の理由から，目的が重要であるか，手段に実質的な関連性があるかで合理的な理由に基づく区別かを判断する。

目的は，上記と同様に重要ではない。

手段は，ＢはＤらと同程度あるいは上回る勤務実績を有してい

●　平等の本質に立ち返った論述をしようという姿勢が見受けられる。

●　「市民の間でも賛否が大きく分かれ」ていたとあるのみでＢが少数派であるとの事実はない。

●　Ａ市がＢを危険な人物であると判断しているとまで言い切るためには，いかなる事実からそのように評価できるのか，その思考過程を示す必要がある。そうでなければ，「問題文はそのようなことを言っていない」と否定的に評価される可能性がある。

●　問題文に「反対意見……の具体的な内容やその意見表明に当たってとった手法・行動に大きな違いがある」との誘導があり，出題趣旨でもこの点の検討が求められているので，手法・行動だけでなく意見内容の検討も必要だった。

●　ＢとＣの違いが，目的達成（採掘事業の安全性及び市民の信頼確保）とどのように関連し，あるいは関連しないのかが示されておらず，当てはめとして不十分である。

●　ＢとＤとの区別については，ＢとＣとの区別と全く同様に考えるのではなく，Ｂの天然資源開発についての基本的な考え自体を否定的に評価するもので，14条１項で例示されて

る。また，Ｂの意見表明方法は上記のように社会的に許容されるものである。そのようなＢを不採用にしても目的達成のために役に立たないといえる。

よって，実質的な関連性は認められない。

以上より，違憲である。

(3) 最後に，Ｂが反対意見を表明したことを正式採用しなかった理由とすることは，Ｂの「思想」「良心」を害するものであり１９条に反し違憲であり，「違法」であると主張する。

反対意見を表明したことをもって不採用とすることは，採用されるためには市の意見に従わなければならないことを意味する。これは，Ｂの思想良心を直接制約するものであり，違憲である。

また，直接制約するものではないとしても，Ｂの反対意見は社会的に妥当性を欠くものではないのだから，その反対意見をもって不採用とすることは，手段として著しく過剰であり違憲である。

２　Ａ市側の反論

(1) まず，誰を採用するかといった雇用制度の構築には市に広範な裁量が認められる。よって，合理的な関連性があれば合理的な区別といえる。

本件で，Ｂの反対意見は通常の者と比べて異質なことは明らかである。よって，ＢとＣを同一に扱うことも，Ｄらと区別することも合理的な関連性がある。

(2) Ｂの思想ではなく，客観的にＢが危険性を有する者であるということを理由として不採用にしているだけである。よって，Ｂの思想良心を侵害するものではない。

(3) 以上より，合憲である。

第２　設問２

１　ＢとＣを同一に扱った点について

たしかに，Ａ市の主張の通り，誰を採用するかといった雇用制度においては裁量が認められる。しかし，単に採用をするかの場合と異なり，本件のように６か月間の判定期間のあとに不採用をする場合は，採用に対する期待が存在しており，その期待を大きく裏切ることとなる。これは不採用される者にとって不利益が大きい。よって，裁量が働くとしても，合理的な理由に基づく区別化は慎重に判断しなければならない。したがって，目的が正当であり，手段が合理的な関連性を有する場合は，合憲である。もっとも，合理的な関連性を有するかは慎重に判断すべきである。

本件の目的は，採掘事業の安全性及び市民の信頼を確保することにある。Ｙの採掘事業は採掘技術が改善されたことを踏まえてもなお，未だに安全性には問題が残っているものである。よって，安全性の確保と市民の信頼を確保することは，採掘事業を行ううえで必要なものである。よって，目的は正当である。

上記のように，ＢとＣの意見表明方法は全く方法態様において異なるものである。また，Ｂは，少しでも安全性を高めるために働きたいというように，Ｙ採掘事業について真剣に考えている。Ｂは，天然資源開発に関する研究を行っている大学院生であり，その考えには相当の根拠があるといえる。そして，ＢはＹ対策課に管理職として採用さ

いる「信条」に基づく不合理な差別となるのではないかという検討が必要である。

● 出題趣旨によれば，内面的精神活動の自由である思想の自由の問題よりも，外面的精神活動の自由である表現の自由の問題として論じることが期待される。その上で，表現の自由に対する萎縮効果についての検討や，意見・評価を述べること自体が直接制約されているものではないことを踏まえた検討が求められていたが，本答案は思想良心の自由の問題としているため，これらの検討ができていない。

● 出題趣旨でも「天然資源開発における安全性の確保という言わば当然とも言うべき基本的な考え」とされているように，Ｂの意見が「通常の者と比べて異質なことは明らかである」とのＡ市側の反論には無理がある。

● 本件不採用によるＢの不利益の重大性を認め，慎重に判断しなければならないとする一方，目的の正当性と手段の合理的関連性の有無で合憲性を判断するという，Ａ市側の反論における基準とほぼ同一の基準を定立することには疑問の余地がある。

● 出題趣旨によると，ＢとＣの「『同じ』点と『違う』点についての具体的な指摘とその憲法上の評価」が求められていた。しかし，本答案の論述はＢの事情ばかりで，Ｃとの比較がほとんどされていない。とはいえ，

れるわけではなく，Ｂの行動によって著しく危険性が左右されるということにはなりにくい。このようなＢの事情を考慮すると，ＢがＹ採掘事業にとって危険な人物であるとは考えられず，かえって安全性に資する者であるといえる。そのようなＢを不採用にすることは目的に反するものともいえ，合理的な関連性はおよそ認められない。

以上より，違憲である。

2　ＢとＤらを区別した点について

上記と同様の基準により，合理的な理由に基づく区別かを判断する。

まず，目的は正当である。

ＢはＤらと同程度あるいは上回る勤務実績を有している。また，Ｂの意見は特に危険性を有するといった事情はない。このＢを不採用としても目的達成に資さない，または目的達成を阻害するものともいえる。よって，合理的な関連性は認められない。

以上より，違憲である。

3　Ｂが反対意見を表明したことを正式採用しなかった理由とした点について

採用にあたって，どのような人物であるかを判断する資料の一部として，その者の意見を考慮することは許されると考える。もっとも，政治的中立性を害する場合か，明らかな危険性を有する場合でない限り，その意見を理由として不採用とすることは思想良心の自由を害するものとして許されないと考える。

本件で，Ｂは上記のようにＹ採掘事業に対して明らかな危険性を有する者ではない。よって，Ｂの持つ意見を理由として不採用とすることはＢの思想良心の自由を侵害するものといえる。

以上より，違憲である。

以　上

目的とＢを不採用にすることの合理的関連性の有無に関する検討自体は，具体的に論述されている。

● 目的の認定及び評価がなされていない。

● 当てはめにおいて，具体的な事実の摘示が十分にできていない。

● 判断枠組みをこのように設定した根拠が不明のため，説得力を欠く。

● 当てはめが不十分である。

平成28年

問題文

［公法系科目］

〔第１問〕（配点：１００）

２０＊＊年５月，連続して発生した次の２つの事件により，性犯罪者に対する再犯防止に社会の関心が集まることとなった。

① ３０歳の男性Ｍが，幼稚園から帰宅途中の女児を誘拐し，自宅でわいせつな行為をした後で殺害し，死体を山林に遺棄した事件（Ｍは，６年前にも幼稚園から帰宅途中の女児を誘拐して自宅でわいせつな行為をしたわいせつ目的誘拐及び強制わいせつ事件により，懲役５年の実刑判決を受けて服役し，半年前に刑期満了により釈放されていた。）。

② ３５歳の男性Ｐが，学校から自転車で帰宅途中の女子高校生を道路脇の森に連れ込み，強姦した後で殺害した事件（Ｐは，１０年前に深夜の公園での成人女性に対する強姦未遂事件により懲役２年の実刑判決を受けて服役したほか，７年前には学校から帰宅途中の女子中学生に対する強姦事件により懲役６年の実刑判決を受けて服役し，１年前に刑期満了により釈放されていた。）。

これら２つの事件に関する報道では，心理学の専門家等が，「一定の類型の性犯罪者は，心理的，生理的，病理的要因等により同種の性犯罪を繰り返すおそれが大きく，処罰による特別予防効果に期待することは現実的でない。このような性犯罪者の再犯を防止するためには，出所後の行動監視が必要である。」旨の所見を述べた。

こうした経緯を受けて，超党派の「性犯罪被害の予防を促進するための議員連盟」が結成され，性犯罪者の再犯防止に関する具体的方策を講じるために必要な法整備についての検討が進められ，翌年，議員提出法案として「性犯罪により懲役の確定裁判を受けた者に対する継続監視に関する法律」（性犯罪者継続監視法）案が国会に提出された。

同法律案では，刑法第１７６条から第１７９条まで（強制わいせつ，強姦，準強制わいせつ及び準強姦，集団強姦等，未遂罪）又は第１８１条（強制わいせつ等致死傷）の罪により懲役の確定裁判（その刑の執行猶予の言渡しをするものを除く。）を受けた者が，その心理的，生理的，病理的要因等により再び性犯罪を行うおそれが大きいと認められる場合は，検察官の申立てに基づく裁判所の決定により，２０年以内の期間を定めて，当該確定裁判を受けた者が刑期満了，仮釈放等により刑事施設（刑務所）から釈放された日から，その者の継続監視を行うこととされた。

この継続監視とは，監視対象者の体内に埋設された位置情報発信装置（ＧＰＳ）から送信される位置情報を警察において継続的に取得して監視対象者の現在地を把握することをいい，これを実施するため，警察署には，管轄地域の地図を表示する大型モニターが導入され，同モニターには，監視対象者の現在地が表示されるとともに，同人の前科等の参考情報が表示され，同人が性犯罪やその準備行為を行っている疑いがある場合には警察官が現場に急行できる態勢が整えられることが想定されていた。

さらに，同法律案では，継続監視のみならず，監視対象者が性犯罪を行う危険性があると認めるときは，特定の区域に一定期間立ち入ってはならない旨の警告を行うことができ，警告を受けたにもかかわらず監視対象者が特定の区域に立ち入り，当該区域内において性犯罪を行う危険性が高いと認められるときは，当該区域に立ち入ってはならない旨の禁止命令の措置を採ることもできることとされ，禁止命令違反に対する罰則も規定された。

なお，同法律案の作成過程では，継続監視の方式として，監視対象者に対し，取り外すことができない小型のブレスレット型位置情報発信装置（ＧＰＳ）の装着を義務付ける案も検討されたが，「外部から認識可能な装置を装着させると監視対象者に対する社会的差別を引き起こしかねない」との懸念が強く示されたため，最終的に，同法律案は，監視対象者に対し，超小型の位置情報発信装置（ＧＰＳ）を外科手術によって体内に埋設することを義務付ける内容のものとされ，国会に提出された。この点については，かかる外科的手術を受けたとしても，いかなる健康上・生活上の不利益も生じず，手術痕も外部から認識できない程度に治癒し，継続監視の期間が終了した後に当該装置を取り外す際も同様であるとの医学的知見が得られている。

国会審議における中心的な論点は，同法律案の憲法適合性であった。参考人として意見を求められた弁護士Ｔは，同法律案に反対する立場から，「本法律案における継続監視及び警告・禁止命令の仕組みが人権を侵害することは明らかである。また，政府の統計によれば，強姦や強制わいせつの再犯率は他の犯罪類型に比べて特に高いものではなく，これらの犯罪に限って本法律案にあるような継続監視を行うことは正当化されない。」旨の意見を述べた。これに対し，参考人として意見を求められた犯罪心理学の専門家Ｕは，同法律案に賛成する立場から，「確かに，強姦や強制わいせつの再犯率は，他の犯罪類型に比べて特に高いものではないが，本法律案は，性犯罪を行った者全てを対象とするものではない。心理的，生理的，病理的要因等により特定の性的衝動に対する抑制が適正に機能しにくい者が存在し，そのような者が再び同様の性犯罪に及ぶリスクの高さは，専門家によって判定することができるから，リスクが特に高いと判定された者を継続監視の対象として再犯を防止することには，極めて高い必要性と合理性が認められる。」旨の意見を述べた。そして，同法律案は，審議の結果，衆議院及び参議院で可決されて成立した【参考資料】。

性犯罪者継続監視法が施行された後，２５歳の男性Ａは，公園で遊んでいた女児Ｂに声を掛けて自宅に誘い入れ，服を脱がせてわいせつな行為をし，後日，これが発覚して警察に逮捕された。なお，Ａは，３年前にも公園のトイレ内で女児に対して行った強制わいせつ事件により懲役２年の実刑判決を受けて服役し，１年前に刑期満了により釈放されていた。

Ａに対する起訴を受けて審理が行われた結果，第一審の地方裁判所は，わいせつ目的誘拐罪及び強制わいせつ罪により，Ａに懲役６年の判決を言い渡し，これが確定した。その後，検察官は，心理的，生理的，病理的要因等によりＡが再び性犯罪を行うおそれが大きいと認め，性犯罪者継続監視法に基づき，地方裁判所に対し，Ａに対して継続監視を行う旨の決定をすることを申し立てた。

〔設問１〕

あなたが弁護士としてＡの付添人に選任されたとして，性犯罪者継続監視法が違憲であることを訴えるためにどのような主張を行うかを述べなさい。その際，参考人Ｕの意見（心理的，生理的，病理的要因等により特定の性的衝動に対する抑制が適正に機能しにくい者が存在し，そのような者が再び同様の性犯罪に及ぶリスクの高さは，専門家によって判定することができるとするもの）には，科学的見地から根拠があると仮定して論じなさい。

なお，同法が憲法第３１条及び第３９条に違反するとの主張については，他の付添人が起案を担当しているため，論じる必要はない。

〔設問２〕

〔設問１〕で述べられたＡの付添人の主張に対する検察官の反論を想定しつつ，憲法上の問題点について，あなた自身の見解を述べなさい。

【参考資料】性犯罪により懲役の確定裁判を受けた者に対する継続監視に関する法律（抜粋）

第１章　総則

（目的）

第１条　この法律は，刑法（明治４０年法律第４５号）第１７６条から第１７９条まで又は第１８１条の罪（以下「性犯罪」という。）により懲役の確定裁判（その刑の執行猶予の言渡しをするものを除く。以下同じ。）を受けた者であって，再び性犯罪を行うおそれが大きいと認められるものに対し，継続監視を行うことにより，性犯罪の再発の防止を図り，もってその社会復帰を促進するとともに，地域社会の安全の確保を推進することを目的とする。

（定義）

第２条　この法律において「継続監視」とは，監視対象者の体内に埋設した位置情報発信装置から送信される位置情報を電子計算機を使用して継続的に取得し，これを電子地図（電磁的方式により記録された地図をいう。）の上に表示させて監視対象者の現在地を把握することをいう。

２　この法律において「監視対象者」とは，第１４条の決定を受けた者をいう。

（一般的危険区域の指定）

第３条　都道府県知事は，当該都道府県内の次に掲げる区域のうち，性犯罪が発生する危険性が一般的に高いと認める区域を一般的危険区域として指定しなければならない。

一　幼児を保育する施設又は学校及びそれらの周辺道路

二　公園又は山林及びそれらの周辺道路

第２章　審判

（検察官による申立て）

第１０条　検察官は，性犯罪により懲役の確定裁判を受けた者（刑事施設に収容されているものに限る。）について，その心理的，生理的，病理的要因等により再び性犯罪を行うおそれが大きいと認めるときは，地方裁判所に対し，第１４条の決定をすることを申し立てなければならない。

２　検察官は，前項の申立てをした場合は，必要な資料を提出しなければならない。

（調査）

第１１条　前条第１項の申立てを受けた裁判所は，必要な調査をすることができる。

２　前項の調査のため必要があると認めるときは，犯罪学，心理学，精神保健学，精神医学等について学識経験のある者に被申立人の鑑定を命じ，証人尋問，検証，押収，捜索，通訳及び翻訳を行い，並びに官公署その他の公私の団体に対し資料の提出その他の協力を求めることができる。

（必要的付添人）

第１２条　被申立人は，弁護士を付添人に選任することができる。

２　被申立人が付添人を選任しないときは，裁判所は，職権で，弁護士である付添人を付さなければならない。

（審判期日）

第１３条　裁判所は，審判期日を開き，被申立人及び付添人から意見を聴かなければならない。

（継続監視の決定）

第１４条　裁判所は，第１０条第１項の申立てがあった場合において，第１１条第１項の調査を基礎とし，被申立人がその心理的，生理的，病理的要因等により再び性犯罪を行うおそれが大きいと認めるときは，２０年以内の期間を定めて，被申立人が刑事施設から釈放される日から被申立人に対する継続監視を行う旨の決定をしなければならない。

（抗告）

第１５条　被申立人及び付添人は，前条の決定に対し，１週間以内に抗告をすることができる。

第３章　継続監視の措置

（埋設）

第２１条　監視対象者は，継続監視が開始される日の１０日前までに，医師による位置情報発信装置を体内に埋設する手術を受けなければならない。

２　監視対象者は，継続監視の期間が終了するまでの間，体内に埋設された位置情報発信装置を除去し，又は破壊してはならない。

（継続監視）

第２２条　継続監視は，監視対象者が釈放された後，国家公安委員会規則に基づき，警視総監若しくは道府県警察本部長又は警察署長（以下「警察本部長等」という。）がこれを行う。

（警告）

第２３条　警察本部長等は，監視対象者が一般的危険区域に立ち入った際の行動その他の事情により，当該監視対象者が性犯罪を行う危険性があると認めるときは，一般的危険区域のうち特定の区域を特定危険区域として指定し，当該監視対象者に対し，１年以下の期間を定めて，当該特定危険区域に立ち入ってはならない旨を警告することができる。

２　警察本部長等は，前項の規定による警告をしたときは，速やかに，警告の内容及び日時その他国家公安委員会規則で定める事項を都道府県公安委員会（以下「公安委員会」という。）に報告しなければならない。

（禁止命令）

第２４条　公安委員会は，監視対象者が，前条第１項の規定による警告を受けたにもかかわらず，なお当該特定危険区域に立ち入った場合において，当該特定危険区域内において性犯罪を行う危険性が高いと認めるときは，監視対象者に対し，１年以下の期間を定めて，当該特定危険区域に立ち入ってはならないことを命ずることができる。

２　公安委員会は，前項の規定による命令（以下「禁止命令」という。）を発するときは，行政手続法（平成５年法律第８８号）第１３条第１項の規定による意見陳述のための手続の区分にかかわらず，聴聞を行わなければならない。

第４章　罰則

（罰則）

第３１条　次の各号のいずれかに該当する者は，１年以下の懲役又は１００万円以下の罰金に処する。

一　第２１条第１項の規定に違反して，位置情報発信装置を体内に埋設する手術を受けなかった者

二　第２１条第２項の規定に違反して，位置情報発信装置を除去し，又は破壊した者

三　禁止命令に違反して，特定危険区域に立ち入った者

MEMO

出題趣旨

【公法系科目】

〔第１問〕

本年は，犯罪予防目的の行動監視を想定した架空立法を素材に，基本的人権に関わる基本的な法理が予防的権力行使を前にした場合にどのような形で妥当するかを問うこととした。被侵害利益を憲法上の基本権として正確に構成し，その侵害を正当化し得べきものとして問題文中に示される規制目的の性質を読み解いた上で，適切な違憲審査枠組みを自ら設定し，具体的な規制態様に関わる関係事実の中から法的評価にとって重要な要素をより出し，具体的な審査過程を通じて適切な権利侵害性の評価に関する結論を得る，という過程を経た論述が必要になる。この点は近時の司法試験の出題と共通しており，本年の問題も基本的な狙いはこれまでの出題意図を踏襲している。ただ，近未来における予防的権力行使の事例が想定されていることとの関係で，判例や学説に関する知識だけでなく，基礎的な法理の内容や規範構造に関する理解と，そうした法理を応用する能力が試されることになる。

監視に関わる問題であることから，まず，公権力によって自らが所在する位置情報を強制的に収集されない権利をどのように構成するかが問われる。この権利は，判例に多く現れた「私生活をみだりに公開されない権利」としてのプライバシー権とは異質な構造を持つ。本問で侵害された権利を特定するためには，公権力による情報収集に対抗する意味におけるプライバシー権を組み立て，監視という権力的状況を意識化することによって監視対象者において生じる行動制限が実体的な自由の権利を害するという点をしっかり把握することが必要となる。

なお，被侵害利益という観点からは，警告・禁止命令（以下「禁止命令等」という。）という後の段階における直接の行動制限が生じ得る点も考察の対象となり得るが，ここでは具体的な禁止命令等の効力を争う段階ではないため，禁止命令等の可能性は単に先取り的な仮想論点であるに留まることに注意すべきである。また，本問の架空立法における身体的侵襲という設定はかなりショッキングなものであり，一読したところで違憲の印象をかき立てるかも知れない。しかし，問題文における限定を通じて「監視措置及びそのための身体的侵襲は刑罰か？」という問いから独立して正当化可能性それ自体を問う文脈に乗せた場合，身体的侵襲による被侵害利益を憲法のどの条項に位置付け，どの程度の保障を与えるかはかなり難しい点となるだろう。

次に，プライバシーや実体的な自由の権利という形で被侵害利益が特定されたとして，そうした権利侵害の正当化可能性を問うためにどのような違憲審査基準を設定するのかに関しても，判例・学説上の手掛かりは少ない。一般的には，本問における被侵害利益との関係で厳格な審査が当てはまると主張するのは容易ではなく，適切な違憲審査の土俵設定自体をどのように説明するのかについても，違憲審査基準一般に関する受験生の深い理解が問われることになる。具体的には，アメリカ型の議論にいう厳格審査なのか，厳格な合理性なのか，合理性審査なのか，何らかのモデルに基づく利益衡量的審査なのか，他方，ヨーロッパ型の議論にいう比例性審査なのかなど，様々な審査枠組みが提唱可能である。したがって，答案の評価は，どのような枠組みを採用したかという点よりも，どのような理由で審査基準の採用が説得的に説明されているかを軸に行われることになる。

この違憲審査基準を適用する際には，まず，本件規制にあっては，法による「既遂の行為に対する制裁」の威嚇を通じた伝統的な基本権制限が問題となっているのではなく，将来における害悪発生を予防するために現時点において個人の行為に制限を課す，いわゆる「規制の前段階化」と呼ばれる傾向の権力行使の憲法上の正当性が問われていることが問題となる。「被害が発生してからでは遅すぎる」という発想で，被害発生を不可能にすることを狙った公権力行使が行われるわけだが，それは，基本権保障との関係でどのように評価されるべきか。害悪の発生につながり得る行為を包括的に制限し得ると考える「予防原則」を，犯罪予防との関係でも採用し得るのか。伝統的な基本権保障の枠組みでは，もともと，権利行使の結果として害悪が発生する（ことが立証可能な）場合に限って権利制限が正当化されると考え，その限りにおいて権利保障が原則，権利制限が例外であると位置付けられるが，予防原則を全面的に採用した場合には，この原則・例外関係が逆転し，害悪発生の可能性だけで権利制限が広範に正当化されることになる。

なお，以上に述べた「予防原則」や「規制の前段階化」等の用語を表記することは解答上必須ではないが，本問規制の目的や，その目的がどの範囲における手段を正当化するかを考慮する際には，予防目的を掲げることによって国家の在り方に根本的な変容が生じることを見越した予防目的の位置付けが必要になる。ここまでの論証水準に到達することは容易ではないとしても，少なくとも，違憲論を唱えるならば「再犯は国家として予測可能であり，それを放置したことによって生じた被害に対して国はどのような責任の取り方ができるのか」という被害者側の視点を，他方，合憲論を採るならば「現行の犯罪防止システムでは一定範囲の再犯被害については妥協するという社会的決断が前提になっているのであり，潜在的な確率論的リスクによる概括的な正当化によっては過酷な監視措置の憲法上の許容性は基礎付けられない」という監視対象者側の視点を，それぞれ織り込むところまで掘り下げが行われているかどうかが，採点上の重要な分かれ目となる。

違憲審査基準の適用に当たって評価の対象となるのは，まず，自らの設定した違憲審査枠組みが正確かつ一貫した形で記述されているか否かである。さらに，被侵害利益ごとに，権利侵害の度合いを決定する事実や，当該権利制限が規制目的の達成に貢献する度合いを評価する上での重要な事実など，本問の事実関係の中で法的評価を行う際に比重の判定を行うべき事実要素が適切に取り上げられているかどうかも重要な採点基準となる。具体的には，問題文中で示され，かつ侵害度が高いものとされたブレスレット型という他の代替的規制手段の評価や，最長監視期間が２０年と長期にわたることに対する評価などにおいて，多面的な侵害状況に対する信頼できる議論の展開が求められる。

配点については，〔設問１〕において原告の主張を，〔設問２〕において被告の主張を，それぞれ想定した上での私見の展開を求める形を採った。私見を重視したいという意図は昨年の問題を踏襲しているが，論点提示を〔設問１〕でまとめる形を採ることによって，〔設問２〕では自説の説明に集中することを期待したものである。

採点実感等に関する意見

1　はじめに

本年は，出題の趣旨でも触れたとおり，犯罪予防目的の行動監視を想定した架空立法を素材として，基本的人権に関わる基本的な法理が予防的権力行使を前にした場合にどのような形で妥当するのかを問うものであるが，憲法に関する基礎的理解や応用力を試す問題であることは従来の出題と何ら変わりはない。

したがって，本年においても，そうした問題であることを前提として，①被侵害利益を憲法上の基本権として正確に構成しているか，②その侵害を正当化し得るものとして問題文中に示された規制目的の性質を読み解いた上で適切な違憲審査枠組みを自ら設定しているか，③具体的な規制態様に関わる関係事実の中から法的評価にとって重要な要素をより出すことができているか，④具体的な審査過程を通じて適切な権利侵害性の評価に関する結論を得られているか，⑤基礎的な法理の内容や規範構造に関する理解とそうした法理を応用する能力が備わっているかなどの視点から採点を行っている。もとより，採点に関する考査委員会申合せ事項にいう「優秀」「良好」「一応の水準」「不良」の評価は画一的に定まるものではなく，上記の視点から見て，問題文中の事案に正面から対峙して深く洞察し，説得的に論じているかを総合的に判断して評価した。

以下では，こうした視点を踏まえ，採点・評価に当たって気付いた点を中心に述べることとする。これらをも参考にしつつ，憲法的視点に立ち，より説得的な論述ができるように努力を重ねることを期待したい。

2　総　論

- 本問では，架空の性犯罪継続監視法がいかなる憲法上の人権をどのような形で制約することになるのかを正確に読み取り，被侵害利益を特定して，その重要性や規制の程度等を論じて違憲審査基準を定立し，問題文中の事実に即して適用するなどして結論を導かねばならない。その際，当該権利（自由・利益）を憲法上の人権として保障すべき理由，これに一定の制限を課す必要がある理由（反対利益への配慮），これらを踏まえて当該違憲審査基準を採用した理由，同基準を適用して合憲又は違憲の結論を導いた理由について，いかに説得的に論じているかが，評価の分かれた一つのポイントとなる。
- 特に，問題文中には，被侵害利益を特定する手掛かりとなる事実，違憲性審査基準を選択する説得的な理由になり得る事実，審査基準に当てはめて結論を導くための要素となる事実等が数多く記載されているので，それらの意味を憲法的視点から構成し，付添人及び検察官双方の立場から，結論を導く理由について説得的に論じることを期待した。これらの理由について，自分の頭で考え，自分の言葉で論じている答案は評価が高かった。
- また，本問は，全面的に直接に依拠できる判例が存在する事案ではないが，参考となる判例の射程を正確に理解し，本問事例との相違を指摘しつつ議論の展開を可能な限り判例に基づいたものにしようとする答案は，論述も説得的なものとなり，評価が高かった。
- 他方，被侵害利益の特定や，違憲審査基準の定立及び適用等を論ずるに当たり，問題文中の重要な事実を指摘できず，淡白な記述にとどまっている答案や，問題文中の事実を詳細に指摘したものの単なる羅列にすぎず，憲法的視点が伴っていない答案については，高い評価を与えられなかった。

3　被侵害利益

・　本問では，性犯罪者継続監視法による継続監視の仕組みがプライバシー権を侵害し，かつ同法による警告・禁止命令の仕組みが移動の自由（又は行動の自由）を侵害する，という観点から解答する答案が多かった。そして，プライバシー権については憲法第１３条に，移動の自由（又は行動の自由）については憲法第１３条又は第２２条第１項に，それぞれ位置付けて論ずるものが多数であった。また，位置情報発信装置（ＧＰＳ）の埋設行為を身体への侵襲を伴うものとして憲法第１３条との関係で問題とする答案も相当数あった。いずれの被侵害利益を特定する上でも，本件法律の仕組みを憲法的視点から正確に読み取り，問題文中の事実関係に即して，どのような権利利益の侵害といえるかを具体的に論ずる必要がある。

・　すなわち，本問で問題となるプライバシー権は，判例に多く現れた「私生活をみだりに公開されない権利」とは異質の構造を持ち，公権力による情報収集に対抗する意味におけるプライバシー権をどのように特定すべきか，そして特定された被侵害利益がどのような性質のものかが問題となる。こうした問題意識を持って，事案に即して論述を深めている答案は評価が高かったが，単に「憲法第１３条はプライバシー権を保障している」といった論述にとどまる答案や，多くの判例で問題となった事案との相違を考慮に入れることなく「私生活をみだりに公開されない権利」という意味でのプライバシー権の侵害を論じた答案も相当数見受けられた。

・　また，移動の自由（又は行動の自由）について，性犯罪継続監視法に基づく継続監視によって取得される個人の位置情報は，単なる「位置（点）」の情報にとどまるものではなく，その立ち回り先によっては個人の主義・信仰・趣味・嗜好等が推知されるおそれがあるとか，これを継続的に取得すること（「線」として把握すること）により個人の行動パターンが知られるなどと，事実に即して具体的検討がなされている答案が相当数あり，こうした答案には高い評価を与えた。さらに，こうした視点を発展させ，継続監視が移動の自由や，ひいては表現活動等に対する萎縮的効果を与えるのではないかという点に着目して移動の自由の侵害を論じた答案にも高い評価を与えた。なお，警告・禁止命令による移動の自由の侵害を論じた答案も相当数見られたが，本問においては，Ａが継続監視の対象とされるか否かという段階にあり，未だ警告・禁止命令の効力を争う段階ではない点に留意する必要がある。

・　性犯罪者継続監視法は，法目的を達成するためにＧＰＳを体内に埋設するという身体への直接的侵襲を伴う手段を用いるものであるから，これを独立の権利侵害として位置付けて検討するにせよ，継続監視の手段の一内容として位置付けて手段審査の中で検討するにせよ，その重大性に着目した論述を期待したが，この点に全く言及されていない答案も少なからず存在した。

・　平等について論じる答案も一定数あったが，問題となる権利侵害が比較的はっきりしている本問においては，あえて平等まで論じなくとも正面からプライバシー権等の侵害を論じれば足りる。実際には，このような答案の多くが，平等を問題としながら，平等に固有の審査をしておらず，プライバシー侵害等があるか否かの審査をしているにすぎなかった。

・　また，明確性の原則を述べるものもあったが，問題文中で憲法第３１条に関する論点を除外していることを踏まえると，例えば，行動の自由に対する萎縮的効果を論じる中で言及するなど，論じ方に工夫が必要であり，単に明確性の原則に反するから違憲無効であるとの記述では評価の対象とすることはできなかった。

4　違憲審査基準の定立及び適用

・　本問では，性犯罪者継続監視法の憲法適合性を論じる上で，まず，被侵害利益の性質や重要性，規制の程度等について問題文中の事実に即して具体的に検討して違憲審査基準を定立するとともに，その適用場面において，問題文中から必要な事実を読み取って憲法的視点から構成し，反対利益にも配慮しつつ理由を付して結論を導くことができて初めて説得力のある論述となる。

・　これらの論述に際し，性犯罪者継続監視法を正しく読み取り，法目的は何であるのか，その仕組みが目的達成のために本当に役に立つのか，役に立つとしてどの程度役立つのかといった点にも配慮して具体的に論じた答案は，それほど多くはなかったものの，よく考えられた説得力のあるものとして高い評価を与えた。例えば，継続監視決定に至る手続への専門家の関与が任意的である点（法第１１条）や，継続監視が比較的長期の２０年以内とされ（法第１４条），必要に応じて期間途中で監視を打ち切ったり，期間を延長したりするための手続規定が用意されていない点等について言及しつつ，本件規制の内容・程度を論じているものなどである。

・　これに対して，上記の点に関する論述が不十分な答案については，高い評価を与えることができなかった。例えば，一般的危険区域（法第３条）について対象者の立入りが禁止されているなどと，本件規制内容を正しく読み取っていないもの，違憲審査基準の定立ばかりに気を取られてしまい，その適用場面において問題文中から憲法上意味のある事実関係を十分読み取っていないもの，逆に，事実関係についてはある程度読み取ってはいるが，違憲審査の枠組みを適切に定立するという意識を欠き，結局は本問限りの場当たり的な判断をしていると評価せざるを得ないもの，「継続監視はプライバシーの制限であり，プライバシーは重要な人権であるから厳格審査が必要である」などと，単にキーワードを羅列するだけで本件事案に即した検討がなされていないものなどである。

・　そもそも，性犯罪者継続監視法における継続監視の仕組みや警告・禁止命令の仕組みにはそれぞれ問題も多い反面，立法過程の議論や法律の内容等に鑑みると，合理性を支える制度や事情も少なからず存在している。したがって，単に被侵害利益の重要性のみを強調するのではなく，当該規制の目的や反対利益を正確に読み取り，これらへの配慮を示した答案は評価が高かった。これに対し，反対利益を抽象的な公共の安全と捉え，特に理由を示さないまま，これと対比すれば公権力に監視されない自由の方が優越すると述べるにとどまる答案や，被侵害利益の重要性の視点からのみ論じて反対利益には配慮を全く示さない答案については，反対利益を事実に即して憲法的視点から正確に把握できないまま，自己に都合の良い結論に導く立論をしているにすぎないと判断され，論述に説得力を欠くものとして，高い評価を与えられなかった。

・　また，違憲審査基準として，いわゆるＬＲＡの基準によるとしても，目的達成のために必要最小限度の制限のみ許されるとする基準を用いるのであれば，より制限的でない他の手段によっても本法の目的を達せられることについて，具体的かつ丁寧に論じる必要がある。例えば，自宅にいるときも含めて常時監視するのではなく，一般的危険区域に立ち入った場合にのみ監視すべきであるとか，最長２０年という長期にわたる監視になり得ることから事後的に継続監視を解除できる手続を設けるべきとか，ＧＰＳの体内埋設の問題性とブレスレット型ＧＰＳを装着させることによる社会的差別の惹起のおそれを考慮して，対象者にそのいずれかを選択させる選択制を採用すべきであるというような，事案に即してよく考えられた答案が相当数見られた。しかし，具体性や実現可能性の困難な代替手段を提示したにすぎないのに，本法が必要最小限度の制約を超えるから違憲であるとする答案も一定数見られた。

・　なお，本件規制は，出題の趣旨でも触れたとおり，将来における害悪発生を予防するために現時点において個人の行為に制限を課すものであり，具体的危険が認識できない段階で個人の人権を制限することがいかなる条件で許容されるかという問題を発生させる。こうした問題意識が推論のいずれかの段階で表れている答案については，本件規制の性質を事実に即して正確に理解するものとして高い評価を与えたが，残念ながら，そのような答案は少なかった。

５　検察官の反論又は私見

・　本年は，昨年と異なり，各設問の配点を明示しなかったが，設問１では付添人の主張を，設問２ではあなた自身の見解を，それぞれ問い，検察官の反論については，あなた自身の見解を述べる中で，これを「想定」すればよいこととした。したがって，検察官の反論については，仮に明示して論じるにしても簡にして要を得た記述にとどめ，あなた自身の見解が充実したものになることを期待したものである。この点では，本問は，従来の出題傾向と何ら変わらない。

・　ただ，その際，検察官の反論を明示する以上は，判断枠組みを定立するだけで終わるのでは不十分であるし，「目的は不可欠で，手段は最小限である」などと結論を記載するだけでも足りず，冗長にならないように留意しつつ，検察官としてその結論につながる積極的・直接的・根本的な理由（判断の骨組みとなる部分）まで端的に示す必要がある。他方，結論的に付添人の主張と同一の結論となるにしても，なぜ検察官の反論を採用できず，付添人の主張と同一の結論に至るのかについて説得的に論じなければ，検察官の反論を踏まえたものとはならないことに留意して欲しかった。

・　しかしながら，例年と同様，検察官の主張を詳細に述べる余り，あなた自身の見解が簡単なものにとどまってしまった答案や，あなた自身の見解が検察官の反論に対する再反論に終始してしまい，そのため，あなた自身の見解について，どのような判断枠組みの下，どのような事実関係に着目して，どのような結論を導いたのかが不明確な答案が相当数あった。また，検察官の反論及びあなた自身の見解に言及されているものの，あなた自身の見解が検察官の反論を踏まえたものになっておらず，付添人の主張を繰り返すだけになってしまっている答案も見られた。

・　また，反論しやすさを考慮したためか，検察官の反論として，法曹としてのセンスを疑われるような答案（例えば，「性犯罪者に対する人権規制に対しては概括的に緩やかな違憲審査で足る」と論じるもの）が散見されたが，違憲審査の基礎的な理解を欠くものと評価せざるを得なかった。

６　その他一般的指摘事項

(1)　問題文の読解及び答案の作成一般

・　設問１は「性犯罪者継続監視法が違憲であることを訴えるため」の主張を問うているのであるから，専ら法令違憲のみを検討すればよく，適用違憲や処分違憲に言及する必要はないのに，これに言及する答案が少なからずあり，中には，法令違憲と適用違憲との違いが的確に理解できていないのではないかと疑われる答案も見られた。

・　違憲審査基準の定立に当たり，付添人の主張では，侵害される権利が重要で，制約態様も重大であるという理由から厳格な基準を導いているのに，あなた自身の見解では，全く同じ理由からそれよりも緩やかな基準を導いている答案が見られた。同様に，違憲審査基準の適用場面でも，付添人の主張では，性犯罪者継続監視法の目的（第１条）は「不可欠でない」としているのに，あなた自身の見解では，特に理由も示さないまま「不可欠である」とした答案が見られた。異なる結論となるのであれば，それぞれに異なる理由があるはずであり，これを省略すると論述全体の一貫性を欠くものと判断されるので，丁寧に書き分けて論述して欲しかった。

・　当然のことながら，条文は誤りなく摘示する必要があるが，例えば，居住移転の自由を憲法第２１条第１項とするものや幸福追求権を憲法第１４条とする答案があった。条文の表記は大切にして欲しい。

(2)　形式面

・　例年指摘しているが，誤字（例えば，幸福追「及」権や必要不可「決」とするもの）や略字が相当数認められるほか，字が雑に書かれたり小さかったりして読みづらいもの，加除や挿入がどの箇所になされているのか判読し難いもの等，文書の体裁上問題のある答案が相変わらず一定数あった。時間がなくて焦って書いたものと推察されるが，このような答案は，受験生としての姿勢や法律家としての資質を疑わせることになりかねない。他人に読ませる文章であることを強く意識して，大きな字で読みやすく，また，加除や挿入が明確に分かるような形での答案作成をお願いしたい。

・　なお，付添人を「原告」，検察官を「被告」と取り違えている答案が少なくなかった。本問は，性犯罪者継続監視法第１０条の規定に基づいて，検察官が裁判所に対し，Ａに対し継続監視を行う決定をすることを申し立てた場面の設問であることを問題文からきちんと理解して正確に記述して欲しかった。

MEMO

再現答案①　A評価　97～110位（140.62点，Y・Nさん　論文順位79位）

設問１
第１　継続監視について
１　Ａとしては，継続監視を定めた法２２条や，その手続を定めた法１０条ないし１５条，２１条はプライバシー権を保障した憲法１３条後段に反し，違憲であると主張することが考えられる。
２　ここでのプライバシー権とは，具体的にはＧＰＳによって公権力に対象者の居場所や行動を知られない自由をいう。
　それでは，上記自由が憲法１３条後段によって保障されているか。憲法１３条後段の保障する人権は，人権のインフレ化や，列挙された人権に匹敵するほど重要な権利のみ憲法によって保障されるべきであることなどからすれば，人格的生存に不可欠な権利のみが保障の対象とされていると解すべきである。
　本件における公権力に居場所や行動を知られない自由は，公権力に居場所や行動を知られることによって，およそ自由に行動することができなくなってしまう。したがって，居場所や行動を知られる者が人間らしい生活を営むことができなくなるといえるから，当該権利・自由は人格的生存に不可欠な権利といえ，憲法１３条後段の保障範囲に含まれるというべきである。
３　居場所や行動を公権力に知られない自由は，法２２条の継続監視によって，制約されることになる。
４(1)　もっとも，当該自由も公共の福祉による制約がありうるが，上記の通り，人間らしい生活がおよそできなくなるという権利の重要性，継続的に監視されるという制約の重大性に鑑みれば，立法目的がやむに已まれぬ目的であって，手段が目的を達成するために必要最小限度であること（関連性，必要性，相当性があること）を要する。
(2)　立法目的は，性犯罪者の社会復帰という点もあるものの，第一次的には性犯罪の再発を防止し，安全を確保することにある。これは，少女など女性の生命身体を保護するという点にあり，生命身体という不可逆的かつ重大な利益を保護するものであるから，やむに已まれぬ目的であるといえる。
　しかし，以下で述べるように，手段については必要最小限度ではないといえる。まず，①政府の統計によれば，強姦や強制わいせつの再犯率は他の犯罪類型に比べて特に高いものではないとされている。したがって，継続監視までする必要性はなく，処罰による予防的効果のみで目的は達成可能であり，必要性を欠く。次に，②法１４条によると，継続監視の期間は最長で２０年とされており，期間として長すぎ，目的達成との関係でもプライバシー権が侵害される程度は非常に大きく，相当性を欠くといえる。加えて，③継続監視の方法として，法２１条は体内にＧＰＳ装置を内蔵させるとしているが，これは身体に対する侵害行為である。わざわざこのようなことをしなくても定期的な巡回等をすれば足り，必要性相当性を欠くといえる。
(3)　以上より，監視継続を定めた法の規定は違憲である。
第２　立入禁止命令について
１　次に，Ａとしては，仮に禁止命令をする場合であっても，禁止命令

● 出題趣旨では，「本問で侵害された権利を特定するためには，公権力による情報収集に対抗する意味におけるプライバシー権を組み立て，監視という権力的状況を意識化することによって監視対象者において生じる行動制限が実体的な自由の権利を害する」点を把握することが求められており，本答案が，制約される権利を「居場所や行動を知られない自由」と特定し，「公権力に居場所や行動を知られない自由は……およそ自由に行動することができなくなってしまう」としている点は，出題趣旨に合致している。

● 「政府の統計によれば，強姦や強制わいせつの再犯率は他の犯罪類型に比べて特に高いものではない」ことや，「継続監視の期間は最長で20年とされて」いること等を指摘した，具体的な論述がなされている。

● 「禁止命令等の可能性は単に先取

を定めた法２４条，３１条３号は，移動の自由を侵害するため，違憲であると主張することが考えられる。
２　移動の自由が憲法上どのように保障されているのかということが問題となる。移動に関しては，表現活動にとって必要不可欠であり，移動が自由にできることによって表現活動も自由にでき，自己の人格の形成発展に資するともいえる。したがって，移動の自由は憲法２１条１項によって保障されている。
３　禁止命令を定めた法２４条，およびそれに反した場合における罰則を定めた法３１条３号によって，対象者は適法に一定の場所に立ち入ることができなくなるのであるから，移動の自由に対する制約が認められる。
４(1)　移動の自由についても公共の福祉による制約が認められうる。移動の自由は表現行為そのものではないこと，制約されるのは特定地域に限定されること（法２３条１項）からすれば，目的が重要であって，手段が目的達成との関係で実質的関連性（関連性および必要性があること）が認められなければならない。
(2)　目的については，前述したように，重要である。
手段としては，まず，特定の区域を立ち入り禁止としたとしても，性犯罪者は他の場所へ行って犯罪をするであろうから，そもそも関連性がない。
仮に関連性が認められるとしても，性犯罪を行う危険性があれば，当該区域を警備警戒すればよく，立入禁止にする必要性が認められない。

(3)　以上より，関連性あるいは必要性が肯定されない以上，違憲である。
設問２
第１　継続監視について
１　制約及び審査基準について
(1)　検察官としては，ＧＰＳの継続監視によって把握できるのはあくまで対象者の居場所のみであり，対象者の行動までは把握することはできない。したがって，Ａが主張する自由のうち「行動を把握されない自由」は継続監視によって制約されない。
そして，行動は把握されない以上，権利制約の程度も軽微になるので，審査基準も緩やかにするべきである。
(2)　私見としては，検察官の意見に反対である。確かに，ＧＰＳから把握できるのは対象者が現在どこにいるかということである。しかし，対象者の居場所がどのような場所かということから，対象者が何をしているかということを推測できるし，監視は継続的であるから，その推測はより確実なものとなる。したがって，場所とのつながり及び監視の継続性から，公権力に対象者の行動も把握されてしまうといえる。
したがって，Ａの主張が認められるべきである。
２　手段について
(1)　検察官としては，①再犯率に関しては，性犯罪者すべてを対象とするのではなく，再犯リスクが特に高いと判定された者に限定している。また，そのリスクの高さは専門家によって判断することが可

取り的な仮想論点であるに留まる」という点を把握できている。論述の量も継続監視の点に比べて少なく抑えられており，分量のバランスがとれている。

● 移動の自由は22条１項の「居住」「移転」の文言によって基礎付けるべきである。移動の自由の重要性を強調するためだとしても，極端な主張や判例及び主要な学説からして筋の通らない主張をすべきでないという点は，過去の採点実感等で指摘されているものであり，注意すべきである。

● 「ＧＰＳの継続監視によって把握できるのはあくまで対象者の居場所のみであり，対象者の行動までは把握できない」旨の反論を行っており，「自由に行動することができなくなってしまう」というＡ側の主張に対する反論として適切である。

● 「対象者の居場所がどのような場所か」ということ，「監視は継続的である」ということから，「対象者が何をしているかということを推測できる」「公権力に対象者の行動も把握されてしまう」旨詳細に論述しており，検察官の反論に対して効果的な再反論ができている点で，適切である。

平成28年・司法

能である。よって，必要性は認められる。②継続監視の期間は，裁判所の裁量によって短くすることも可能であるのだから，相当性を欠くとはいえない。③継続監視の方法として，法２１条は体内にＧＰＳ装置を内蔵することについては，監視しなければ衝動的な再犯を防ぐことはできず，巡回では不十分であり，必要性は認められる。また，内蔵のための外科的手術を受けても，いかなる健康上・生活上の不利益は生じず，手術痕も外見からは明らかではないし，内蔵型を採用することによってかえって社会的差別を防いでいるのだから，相当性も認められる。

(2) これに対して，私見としては検察官の意見に反対である。①については，仮に必要性が肯定されたとしても，最初に犯した犯罪についてはすでに償っているのであり，すでに償った罪を理由として継続監視を課すのは妥当ではない。むしろ，再犯率を低くするようなカウンセリング等の方策を取るべきであるから，継続監視は相当性を欠くといわざるを得ない。②については，裁量によるといっても，２０年という長すぎる継続監視がされる可能性は残っている。③についても，人体的には無害であっても，体内に常にＧＰＳが埋め込まれているということ自体によるかなりの心理的負担は発生するであろうから，やはり相当性を欠き，検察官の主張する理由は相当性を肯定する決定的な事情とはならない。

よって，違憲である。

第２　立入禁止命令について

１　保障の根拠について

●　出題趣旨で挙げられている「他の代替的規制手段」及び「最長監視期間」の双方について言及することができている。

●　「すでに償った罪を理由として継続監視を課すのは妥当ではない」との論述がされているが，法10条，14条の仕組みからすれば，同種前科があることのみを理由として継続監視を課しているわけではないことは明白である。

●　「監視しなければ衝動的な再犯を防ぐことはでき」ないという検察官の反論に答えられていない。

(1) 検察官としては，移動の自由は憲法２１条１項ではなく，２２条１項によって保護されていると反論する。

(2) 私見としては，移動の自由は沿革的に見れば，検察官の主張のとおりであるが，現在においては，表現の自由の側面からも，経済的自由の側面からも意義がある複合的な権利とされているから，どちらの主張も一定の合理性はあるといえる。

もっとも，どちらの主張からも，制約されているのは移動の自由それ自体であることに変わりはないので，違憲審査基準は目的が重要であって，手段が目的との関係で実質的関連性（関連性と必要性が認められること）があることを要する。

２　規制手段について

(1) 検察官としては，立ち入りができなくなる以上，その特定の地域内にいる少女などは被害を受けずに済むことは事実なので，関連性は認められる。

必要性についても，特定地域に警備のための警察官を配置するなどすれば足りるというが，警察官の配置など警備をするには予算がかかり，財源には限界があるのだから，警備が必ずできるとは限らないので，なお，必要性は肯定できる，と反論する。

(2) 私見としては，関連性については，検察官の主張通りであると考える。必要性についても，予算がかかることは事実であるし，いきなり立入禁止を命令するのではなくて，警告を経る必要がある（法２３条）など，段階的措置を踏んでいることなどに鑑みても，必要性は肯定できると考える。

●　移動の自由が，「現在においては，表現の自由の側面からも……意義がある複合的な権利とされている」との記述は正しいが，移動の自由が21条１項により保障される旨の主張に合理性があるかは疑問である。結論も変わらないため，議論の必要性・実益も不明である。

●　関連性・必要性ともに，具体的な例を示した論述がなされている。

よって，立入禁止命令については合憲である。

以　上

再現答案②　A評価　491～530位（124.69点，Y・Mさん　論文順位26位）

〔設問1〕について
第1　継続監視について
1　Aとしては，継続監視の仕組みを定める性犯罪者継続監視法（以下「法」とする）が，憲法13条後段により保障される，Aの自己情報コントロール権を侵害し，違憲であると主張することが考えられる。
2　自己情報コントロール権の制約
(1)　憲法13条後段は，基本的人権として，個人の人格的生存に必要な権利を保障する。高度に情報化された現代社会において，個人に関する情報は，たとえ外延的なものであっても，一片の情報からデータマッチングされ，個人の内面にかかわるセンシティブな情報まで探索される可能性がある。そこで，個人の人格的生存を維持するためには，自己に関する情報を支配し，これをコントロールすることが必要である。以上より，個人が自己情報についてコンロトールする権利は，人格的生存にとり不可欠な権利として，憲法上保障される。
(2)　Aの現在地情報や前科情報も，個人情報にあたるから，これをコントロールする権利がAに保障されている。
(3)　継続監視が決定される（法14条）と，対象者は身体に位置情報発信装置を埋設され（法21条），釈放後より継続監視が開始される（法22条）。これにより，監視対象者の現在地が電子地図に表示され（法2条），その際には，前科情報も表示されるというのだから，法は，これらの情報を秘匿するなどしてコントロールする権を制約するものといえる。
3　判断枠組み

(1)　上述の通り，自己情報コントロール権は人格的生存に不可欠なものであるし，さらに，前科情報についてみれば，人の名誉・信用に直接かかわるものであり，人が他人に最も知られたくない情報の一つである。したがって，これを秘匿する権利の重要性は高い。
(2)　他方，制約としては，現在地情報及び前科情報が24時間継続して，20年間も表示され続けるというものであり，侵害の程度は重大であるといえる。
(3)　そこで，①法の目的が必要不可欠であり，②手段が必要最小限度といえる場合に限り，合憲であるといえる。
4　個別具体的判断
(1)　①について。法1条より，法の目的は，性犯罪の再犯の防止を図り，もって性犯罪者の社会復帰を促進するとともに，地域社会の安全の確保を推進することである。性犯罪の被害にあうことにより女性が被る心理的ストレスは計り知れず，その防止を図ることは必要不可欠である。また，犯罪者も，罪を償えば社会の構成員として復帰させるべきであるから，性犯罪者の社会復帰の促進という目的も必要不可欠であるといえる。よって，①を満たす。
(2)　②について。
ア　確かに，性犯罪者に対して継続監視を行えば，上記目的の関係で関連性はある。継続監視により常に現在地を把握することにより，性犯罪者には，犯罪をしてもすぐに発見され，逮捕されるという心理的圧迫を与えることができるから，犯罪抑止効果が期待できるからである。

●　出題趣旨は，本問で問題となる権利は「『私生活をみだりに公開されない権利』としてのプライバシー権とは異質な構造を持つ」としているところ，本答案は，Aの被侵害利益について，公権力等が個人に関する情報を収集することを脅威と捉える自己情報コントロール権と構成できている点で，出題趣旨に合致した記載がなされている。

●　出題趣旨は，「監視という権力的状況を意識化することによって監視対象者において生じる行動制限が実体的な自由の権利を害するという点をしっかり把握することが必要となる」としているが，本答案は，再現答案①と異なり，この点を答案上で具体的に表現できていない。

●　出題趣旨によれば，違憲審査基準の設定に関する答案の評価は，「どのような理由で審査基準の採用が説得的に説明されているかを軸に行われる」。この点，規制態様の重大性に関して，個別法の条文・本問の具体的事実を摘示した上で自らの評価を加えられると，より説得的であった。

●　個別法の目的規定を詳細に検討し，「性犯罪の再発の防止」と「性犯罪者の社会復帰の促進」のそれぞれの目的について，必要不可欠である旨検討できている。

●　当該規制手段と目的との関連性について，自らの評価を加えて検討できている。さらに，「最長監視期間が20年と長期にわたること」につ

イ　もっとも，政府の統計によれば，強姦や強制わいせつの再犯率は他の犯罪類型に比べて特に高いものではない。したがって，これらの犯罪に限って継続監視を行う必要性は高くない。

ウ　また，継続監視のための位置情報発信装置は体内に直接埋設するものであり，人体への侵襲を伴うものである。位置情報発信装置を体外に付すというより人体への侵襲の程度の低い方法もあった。

エ　以上からすれば，②必要最小限度の手段とはいえず，②をみたさない。

(3)　よって，法は違憲である。

第２　警告・禁止命令について

１　Ａとしては，警告・禁止命令について定める法が，移動の自由（憲法２２条１項）を侵害し，違憲であると主張する。

２　移動の自由の制約

(1)　憲法２２条１項は「移転」の自由を保障しており，Ａが自らの思うままに移動する自由も，「移転」の自由の一内容として，憲法上の保障を受ける。

(2)　法３条は一般的危険区域の指定について定め，この指定を受けた地域に監視対象者が立ち入った場合，１年以内の期間を定めて，一般的危険区域の一部（特定危険区域）に立ち入ってはならない旨の警告がなされる場合があり（２３条１項），これに反して立ち入った場合には，禁止命令がなされる場合がある（２４条１項）。禁止命令は罰則によりその実効性が担保されている（３１条３号）。このような仕組みにより，Ａは自らの思うところに移動する自由が制約されているといえる。

３　判断枠組み

(1)　上記の制約は，Ａの移動の自由の行使に対して，強力な萎縮効果を生じるものである。すなわち，一般的危険区域に立ち入ると，警告，禁止命令ののち，罰則にもつながり得るところ，指定された一般的危険区域は公示されない。そこで，監視対象者には，法３条各号に定める場所に近づけば，警告がなされるおそれがあるとして，これらの地域に近づくこと自体を差し控えるようになる。このように指定がされていない地域についても移動を差し控えるほどの萎縮効果を与えるため，制約の態様は強度であるといえる。

(2)　他方で移動の自由は外部的行為であって，他者の権利を害し得る行為でもあるから，権利の内在的な要請として，一定の規制が必要である。そこで，①目的が重要であり，かつ②より制限的でない手段がないといえる場合であれば，合憲といえるというべきである。

４　個別具体的検討

(1)　①について。目的が必要不可欠であることは第１で述べた通りであり，よって，当然重要といえる。

(2)　②について。一般的危険区域についてあらかじめ対象者に伝える等，より萎縮効果が発生しないように配慮した方法も考えられるのであるから，より制限的でない手段がないとはいえず，②をみたさない。

(3)　よって，違憲である。

〔設問２〕について

第１　継続監視について

いても指摘・検討できると，より具体的な論述となった。

●　装置を体外に付すという方法が，より制限的でない他の選びうる手段であるというためには，当該他の方法によって目的を達成できるか否かについても検討する必要がある。

●　出題趣旨によれば，警告・禁止命令の違憲性については，「先取り的な仮想論点であるに留まることに注意すべきである」から，これを論じる場合には，「継続監視」に関する論述とのバランスに注意して論じる必要がある。

●　移動の自由への制約について，警告・禁止命令が行われる場合や罰則規定の存在について個別法を解釈した上で指摘できている。

●　判断枠組み（違憲審査基準）を決定するには，原則として，制約の対象となる権利の重要性について検討することを要する。この点，本答案は，Ａの移動の自由の重要性に関する論述を欠いているため，判断枠組みを設定する論理展開として，適切なものとはいえない。

●　違憲審査基準を設定する理由が，移動の自由は「他者の権利を害し得る行為」であることという抽象的な理由のみとなっているが，「公共の福祉」（13後段）といった憲法上の根拠を示さなければ，説得的な論述とはいえない。

●　「より萎縮効果が発生しないように配慮した方法」が目的を達成できるか否かについて検討を加えられていない。

1　判断枠組みについて
(1)　検察の反論
ア　現在地情報については，尾行等されていれば把握されるものである。よって，現在地情報を把握されても，その侵害の程度は重大ではない。
イ　また，前科情報については社会的関心が高いものであるから，その秘匿への期待は大きくない。さらに，前科情報に接するのは警察署職員に過ぎず，一般市民に知られるわけではないから，侵害の程度は重大でない。以上より，より緩やかに合憲性を判定すべきである。
(2)　私見
ア　尾行等においても現在地情報が把握されうるが，その場合でも，目視により把握されるに過ぎない。法のもとでは，２４時間継続して現在地情報が取得され，それが電子計算機上にデータとして残るのであるから，尾行等における場合に比べ，侵害の程度が重大であるといえる。したがって，検察の反論はあたらない。
イ　前科情報は一般に社会的関心が高いとしても，時間の経過によってそれは薄れるものである。にもかかわらず，法は２０年にわたり前科情報を表示し続ける点で侵害の程度は重大である。前科情報に触れるのが警察署職員に過ぎないとしても，これは変わらない。警察署職員が前科者をマークすること自体も社会的関心の１つであるし，この関心は時間の経過とともに薄れていくべきものだからである。よって，検察の反論は当たらない。

● 尾行等と位置情報の継続監視とを同列に捉えることは困難であり，後に否定することを前提とする反論といえ，適切とはいえない。

● 判例（最判昭56.4.14／百選Ⅰ［第７版］〔17〕）の伊藤補足意見によれば，前科は個人のプライバシーのうちで最も他人に知られたくないものの１つであるから，「前科情報については社会的関心が高いものであるから，その秘匿への期待は大きくない」との記述には無理があり，検察の反論として不適切である。

● 出題趣旨が求める「最長監視期間が20年と長期にわたることに対する評価」に関する論述ができている。

ウ　したがって，A主張の通りの判断枠組みで合憲性を判定すべきである。
2　具体的検討
①目的の必要不可欠性についてはAも認めるところであるから，②手段について論じる。
(1)　検察の主張
ア　法は，性犯罪を行った者すべてを対象とするのではないから，必要以上の制約をするものではない。
イ　外部から認識可能な装置を装着させると，監視対象者に対する社会的差別を引き起こしかねないため，位置情報発信装置を体内に埋設する方法は，必要最小限度の方法といえる。
ウ　体内に埋設するための外科的手術を施しても，健康上・生活上の不利益は生じないし，手術痕も外部から認識できない程度に治癒し，継続監視の期間終了後に装置を取り外す際の手術も同様である。
エ　以上から，手段としての必要最小限度といえる。
(2)　私見
ア　性犯罪を行った者すべてではなく，再犯の可能性がある一定の者を監視対象とする仕組みになっていることから，この点では，必要最小限度を超える規制をしているとはいえない。
イ　外部から認識可能な装置を装着させると，外部的に監視対象者であることが認識できるため，確かに，社会的差別を惹起し得るとも思える。しかし，やはり体内に埋設するという方法が

● 問題文における弁護士Ｔと専門家Ｕの意見の違いを，答案上の主張・反論に利用できている。

● 問題文における「社会的差別を引き起こしかねない」という事情を用いた反論ができている。

● 専門家Ｕの意見を引用した上で，評価できるとなお良かった。

● 出題趣旨の「侵害度が高いものとされたブレスレット型という他の代替的規制手段の評価」という要求に

人体への侵襲を生じるという点は看過できない。埋設手術によって健康上・生活上の不利益等が生じないとしても，体内に監視のための機材を埋め込まれるということ自体が人体への侵襲なのだから，この点は変わらない。よって，やはり体外に装着するというより緩やかな手段を取るべきであったといえる。社会的差別を惹起し得るという点については，装置の外観を工夫することで対応が可能である。以上を考えると，やはり必要最小限度の手段とは言えず，②をみたさない。

ウ　よって，継続監視の仕組みは違憲である。

第２　警告・禁止命令について

１　憲法上の保障・判断枠組みについて

(1)　検察官の主張

ア　憲法２２条１項は，「居住，移転」の自由は保障するが，移動の自由については保障していない。

イ　仮に移動の自由を保障するとしても，移動の自由の制約は，精神的自由に比べ，人格的自律に関わる要素が少ないため，その要保護性は精神的自由に劣る。よって，より緩やかな判断基準でその合憲性を判定すべきである。

(2)　私見

ア　憲法２２条１項の「居住，移転」の自由は確かに，直接には居所を定める自由を保障するものと解される。その意義は，伝統的には，身分や職業と結びついた居所制限を解放する点にある。しかし，現代社会においては，居住・移転の自由には，人が様々な場所に赴き，多様な価値・見解に触れ，自己の思想・人格の実現や発展を図っていくことの前提になるという，人格的自律に関わる価値が見いだされている。これは，単に居所を定めるだけでなく，様々な場所に自由に行き来することによって実現される価値である。そうすると，２２条１項は，単に居所を定める自由のみならず，自らの生きたいところに赴くことができるという，移動の自由をも保障していると考えるべきである。したがって検察官の反論は当たらず，２２条１項の保障範囲に含まれている。

イ　移動の自由は，上記のような人格的自律に関わる価値を含むものであるから，要保護性が低いとはいえず，検察官の反論は当たらない。よって，Aの主張する基準でその合憲性を判定すべきである。

２　個別具体的検討について

目的の重要性については，Aも認めるところであるから，手段について，より制限的でないといえるかどうかについて検討する。

(1)　検察官の主張

警告を経たのちに命令を出すという仕組みになっており，規制は段階的である。必要に応じた措置を可能にしているといえ，より緩やかな手段はない。よって，合憲である。

(2)　規制が段階的であるとしても，Aが上記の通り主張している点についての反論にはならない。対象者に対してより萎縮効果が生じないようにする方法もあるのだから，より制限的でない手段がないとはいえない。よって，違憲である。

以　上

沿った論述ができている。もっとも，「社会的差別を引き起こしかねない」という懸念に関する検討について，外部から認識可能なブレスレット型の装置を前提にする以上，「装置の外観を工夫することで対応が可能である」といえるかは疑問である。

● 通説は，一時的な移動の自由は「居住，移転」の自由に含まれると考えている。したがって，単に保障の否定を反論とするのみでは，「後に否定されることを前提とした，言わば『ためにする議論』の記載」（平成23年度採点実感）と評価されかねない。

● 「居住，移転」の自由の複合的性格については，現在では争いがないため，付添人の主張で論じることが望ましい。その上で，本問の権利及び制約がどの性格に関するものであるのかについて，具体的な検討を反論・私見で行うことができれば，さらに高く評価されたものと思われる。

● 付添人の主張の繰り返しであり，具体的な方法についての検討もないため，議論になっていない。

再現答案③　B評価　888～950位（116.37点，M・Sさん　論文順位317位）

第一　設問１
１　継続監視の仕組みが違憲であるとの主張
　性犯罪者継続監視法（以下単に「法」という）１４条の決定に基づく法２２条の継続監視は，監視対象者のプライバシー権を侵害し，違憲である。
⑴　プライバシー権は，私生活上の利益として憲法１３条後段によって保障されている。ＧＰＳによる位置情報には，常時現在地が表示されることで，公道などのプライバシー権の期待が減少している場だけでなく，個人の住居，行動パターンなどのプライバシー権の期待が大きい場所における位置情報までを含む重要な権利である。また，現在地とともに前科等の参考情報が表示される点で，最も開示されたくない情報を開示されることとなる。
　したがって，重要な権利を有する。
　一方で制約の強度については，以下の点から強い。ＧＰＳによって常時位置情報を最長２０年もの長い期間監視されており，その対象者も刑期を問わず法が規定する性犯罪をしたものをすべて含む点で広汎である。その態様がたとえ健康上・生活上不利益を伴わないとしても，ＧＰＳを体内に埋め込むという人の身体に対する損傷を伴うことのみをもって重大な身体への侵害といえる。さらに，法３１条によって懲役刑という重い刑罰による実効性確保手段がとられている。
⑵　したがって，重要な権利に対する強度の制約が存在し，目的がやむにやまれぬものであり，手段が必要最小限でない限り違憲である。
⑶　まず，目的は法１条から性犯罪の再発の防止，社会復帰を促進すること，地域社会の安全の確保を推進することであるが，これらはやむにやまれないものでないとはいえない。もっとも，手段として，法は監視対象者を継続的に監視するのみで，更生の手段を提供するなどの措置が全く見られない。更生の措置がない上に，継続監視の期間が不当に長く，その対象者も不当に広いこと，態様も身体への損傷を伴う点で必要最小限とはいえない。
⑷　よって，違憲である。
２　警告・禁止命令の仕組みが違憲であるとの主張
　法２３条及び２４条の警告・禁止命令は，監視対象者の移動の自由を制約し違憲である。
⑴　そもそも，移動の自由は，２２条１項「移転の自由」に含まれ，その性質は，身体の自由の側面，経済的自由の側面のみならず，精神的自由の側面も有する重要性の高い権利である。すなわち，人は，その場所の移転によって，その地域の特質に接触することが可能となり，自己の思想を発展させることを可能とする点で精神的自由の側面を有する。
　制約の強度について，一般的危険区域については，全面的に立ち入りが禁止され，禁止命令，法３１条の懲役刑という重い刑をもって実効性確保をなしている。また，一般的危険区域の指定は，法３条により都道府県知事の広汎な裁量に基づいて行われるのであるから，その運用によっては絶対的立入禁止がされる地域

● 出題趣旨によれば，本問で問題となる権利は「『私生活をみだりに公開されない権利』としてのプライバシー権とは異質な構造を持つ」ところ，本答案は，単なるプライバシー権とするにとどまっている。ここでは，「公権力による情報収集に対抗する意味におけるプライバシー権」を設定する必要があった。また，出題趣旨は，「監視という権力的状況を意識化することによって監視対象者において生じる行動制限が実体的な自由の権利を害するという点をしっかり把握することが必要となる」としているが，本答案は，この点について表現できていない。

● 目的審査について，何故やむにやまれぬものといえないのか全く評価がなされていない。

● 手段審査についても，当該過剰な手段がなくとも目的が達成できる旨の検討がないため，「必要」最小限という規範の当てはめとしては不十分である。

● 出題趣旨によれば，警告・禁止命令の違憲性については，「先取り的な仮想論点であるに留まることに注意すべきである」から，これを論じる場合には，「継続監視」に関する論述とのバランスに注意して論じる必要がある。

● 移動の自由の複合的性格に着目できている点は良いが，一時的な移動の自由が22条１項にいう「居住，移転」に含まれる理由についても言及できるとなお良かった。

の範囲が広汎になりうる。したがって，制約は強度である。

(2) したがって，重要な権利に対する強度な制約であり，目的がやむにやまれず，手段が必要最小限でなければ違憲である。

(3) 本件で，目的は，法１条の目的であるから，やむにやまれないものでないとはいえない。もっとも，手段について，一般的危険区域が広汎に指定される可能性のある構造であり，仮に適切に指定されたとしても，全面的に立ち入りを禁止し，法３１条による強い実効性確保手段を有する点で過度の規制である。また，性犯罪者の社会復帰という目的との関係では，性犯罪者を抑圧するのみであって，全く関連性がない。

(4) よって，手段が必要最小限でなく，違憲である。

第二　設問２

１　継続監視について

(1)ア　検察官としては，権利の重要性について，ＧＰＳによって収集される情報は，電子的な現在地の位置情報のみであり，個人の私生活をのぞき見るような重要な情報を収集していない。また，前科については，警察が犯罪抑止の目的で使用する場合には，一般的に前科照会が警察官には可能であることとの均衡上，内在的制約が発現したにすぎないと反論する。

イ　そこで，検討すると，まず，前科については，本件では警察署内における限定された範囲に参考情報として公開されるに過ぎないし，警察官はそもそも前科情報を捜査目的達成のために収集することが可能であるため，検察官の反論が妥当である。

一方，現在地情報は，確かに，ＧＰＳによる私生活を覗き見るような性質を有しないものの，常時現在地を収集すれば，その個人の日常の行動パターン，住居の位置，交友関係などプライバシー固有情報を推測することが可能である。そうだとすれば，重要な情報であり，検察官の反論は妥当でない。

(2)ア　検察官としては，性犯罪を再発する危険が相当の蓋然性のある者に対する現在地情報の収集は，その高度の再発の危険から発生する内在的制約であり，重要な権利でないと反論する。

イ　もっとも，性犯罪者であるとはいえ，刑期を終え，釈放された後は，一般人と同様の権利を享受するのであるから，その再発の危険をもって，権利の重要性が劣るとはいえない。よって，検察官の反論は妥当でない。

(3)ア　検察官としては，制約の強度について，法１４条の決定は裁判官という中立機関による決定であり，法１５条によって抗告という不服申し立て手段も用意されているから，十分に手続保障がされている。対象犯罪も一定程度重い刑罰に限定されており，対象者が不当に広汎になることもない。法２１条によるＧＰＳの埋没も健康上問題はないもので，むしろ監視対象者の社会的差別を防止する上で必要最小限の適切な方法をとったのであり，制約の強度は高くないと反論する。

イ　そこで，検討すると，継続監視の仕組みについては，後述の警告・禁止命令と異なり，裁判官という中立機関によって判断され，その不服申し立て機会も十分に確保されている。対象者

● 一般的危険区域の指定がされた場合でも，全面的な立ち入り禁止となるわけではない（法23条，24条参照）。

● 目的との関連性に着目できている点は良いが，「地域社会の安全の確保」という目的との関連性についても検討できるとより説得的であった。

● プライバシー権については，個人に関する情報を，プライバシー固有情報（思想・信条や精神・身体に関する基本情報）とそれ以外のプライバシー外延情報とに分けて検討する見解がある。本答案は，この見解に基づき，「ＧＰＳによって収集される情報は，電子的な現在地の位置情報のみであ」るとして，本問において直接収集されている情報がプライバシー外延情報にすぎないという趣旨の論述をしており，検察官の反論として適切といえる。

● 違憲審査基準の設定において，収集される当該情報の性質に着目した検討ができている。

● 将来における害悪発生を予防するために現時点において個人の行為に制限を課す（予防原則），という法の特徴を意識していることが窺われる反論・私見となっており，出題趣旨に沿う。

● 制約の程度について，個別法を丁寧に摘示し，評価を加えた上での反論が構成できている。もっとも，付添人が主張しているＧＰＳによる位置情報の監視期間が20年と長期にわたる点についての反論がなされていない。

● 私見については，ほとんど検察の反論の繰り返しとなってしまっており，議論が深まっていない。

の決定はかかる慎重な手続きから広汎になることはないし，再犯のリスクが高いと判定されたものにだけ継続監視がなされる可能性があるに過ぎない。ＧＰＳの埋没も，社会差別に配慮されたものであり，他に有効な手段がない以上，身体への侵害のみをもって制約が強度になることはない。したがって，検察官の反論は妥当である。

(4)ア　検察官としては，厳格な審査によるのではなく，中間審査基準によるべきであると反論する。

イ　そこで，検討すると，権利の重要性について前科情報以外の継続監視によるプライバシー権は，前述のように常時監視される性質からプライバシー固有情報が含まれる可能性のある重要なものである。一方で制約の強度については，それほど高くない。

よって，検察官の反論が妥当であり，中間審査，すなわち目的が重要であり，手段と実質的関連性がある場合にのみ合憲になる。

(5)ア　検察官としては，目的が重要で，手段も再犯のリスクが高い者にのみ継続監視をする慎重な仕組みであるから，実質的関連性もあり，合憲であると反論する。

イ　そこで検討すると，目的は１条から重要でないとはいえない。手段も，再犯のリスクが高いと判定されたものに対し，現在地のみ継続的に監視することで，事前に再犯することを抑止できるため，性犯罪の再犯の防止に関連性があり，さらには再犯をさせないことで，対象者の社会復帰にも関連性がある。その方法として，ＧＰＳ体内埋め込み以外の方法が他にないため，実質性もある。

よって，検察官の反論が妥当であり，合憲である。

2　警告・禁止命令の仕組みについて

(1)　一般的危険区域の指定は，その地域に精通した都道府県知事の判断に任せることが適切であるし，その指定の範囲は各号の場所に限定されているから，不当に広汎になることはないし，その期間も１年以下と短期であるから，制約の強度は低いと反論する。

もっとも，継続監視の場合と比較して，知事が自由に一般的危険区域を決定することができる仕組みは均衡を欠くし，指定されれば，事前に絶対的にその侵入が禁止されるため，制約は強度でないとはいえない。よって，反論は妥当でない。

(2)　立ち入った者に対する制約は，法２３条の警告，法２４条の禁止命令，法３１条の罰則という段階的な手段によっているのであるから，強度な制約といえない。

もっとも，そもそも一般的危険区域の指定自体は争いえないことから，その区域に移動したい者にとっては，その警告，命令に従うことは想定できず，たとえ段階的な手段であっても，禁止されること自体を争いえないのであるから，強度な制約であることに変わりはない。よって，反論は妥当でない。

(3)　以上から，重要な権利に対する強度な制約であるから，違憲である。

以　上

●　(4)の論述は，(1)ないし(3)において述べたものをただ要約したものとなっており，内容的に重複している。時間不足の中でこのように紙面を割くのは非効率である。

●　目的審査の検討が不十分である。

●　出題趣旨によれば，「侵害度が高いものとされたブレスレット型という他の代替的規制手段の評価」が求められていた。

●　出題趣旨によれば，「最長監視期間が20年と長期にわたることに対する評価」が求められているところ，本答案は，付添人の主張ではこの点に触れられているが，反論・私見では検討できていない。

●　個別法の仕組みを対立軸に据えている点は良いが，前記のとおり，一般的危険区域を指定された時点で，絶対的にその侵入が禁止されるわけではない（法23条，24条参照）から，説得的な論述とは評価できない。

●　審査基準の適用・当てはめについて，反論・私見による論述ができていない。

MEMO

再現答案④　C評価　1395～1470位（109.87点，S・Hさん　論文順位35位）

第１　設問１（憲法との記載は省略する。）
１　継続監視の点について
(1)　性犯罪者継続監視法（以下，法とする）の継続監視に関する仕組み（法１４条，２１条，２２条）は，位置情報をみだりに取得されない自由（以下，本件自由とする。）を不当に侵害し，１３条後段に反し，違憲無効（９８条）である。以下，詳述する。
(2)　まず，どこに所在しているかは通常他人に知られたくないものであるし，所在を把握されていると，私生活上の行動に対する萎縮を招く。そうとすると，位置情報を取得することは，個人の私的領域を侵害し，人格的生存を脅かすから，本件自由の保障は人格的生存に不可欠といえる。したがって，本件自由は１３条後段により保障される。
(3)　そして，位置情報発信装置を埋設し，継続監視をすることは，位置情報を取得し続けるものであるから，本件自由を制約するものといえる。
(4)　個人の私的領域の保護は人格的生存のために不可欠であるから，本件自由は重要な権利といえるし，また，最大２０年間という極めて長期間にわたって位置情報を取得し続けることは，私的領域に対する侵害の程度が極めて大きいといわざるを得ない。
　以上より，継続監視の仕組みが合憲というには，目的が必要不可欠で，手段が必要最小限でなければならないというべきである。
(5)　本件において，継続監視の目的は性犯罪の再発防止にある（法１条）ところ，このような目的自体は必要不可欠といえる。
　しかし，位置を把握したからといって，その者が犯行に及ぼうとしているかは分からないし，仮に分かったとしても，警察官の到着が犯行前に間に合うとも限らない。そうとすると，継続監視が必ずしも性犯罪の再発防止に役立つとはいえず，当該手段は目的との適合性を欠く。
　また，仮に適合性があるとしても，科学的に再犯の可能性が高いことを判定できるのであれば，再犯の可能性が低いと判定できるまで更生プログラムを受けさせる等の方法もありえ，かならずしも継続監視による必要はない。さらに，法は継続監視のための装置を体内に埋め込むという方法をとっているところ，これは対象者の体内への侵襲を伴うものであり，対象者に与える肉体的身体的苦痛が極めて大きい。ブレスレット型の装置であっても，外見からはわからない位置に取り付ければ，社会的差別を招くことはないのであるから，埋設という非常に侵害の程度が高い方法をとる必要もない。したがって，手段としての必要性も欠く。
　よって，手段として必要最小限といえないから，継続監視に関する仕組みは違憲無効である。
２　警告・禁止命令の点について
(1)　特定地域への立ち入りに関する警告・禁止命令の仕組み（法２３条，２４条，３１条３号）は，個人の移動の自由を不当に侵害するものとして，２２条１項に反し，違憲無効である。以下，詳述する。

●　出題趣旨によれば，公権力による情報収集に対抗する意味におけるプライバシー権が侵害されている点を把握することが求められているところ，本答案は，位置情報を取得されない権利を問題としている点で，出題趣旨に合致する。

●　出題趣旨によれば，「一般的には，本問における被侵害利益との関係で厳格な審査が当てはまると主張するのは容易ではなく，……どのような理由で審査基準の採用が説得的に説明されているかを軸に」答案の評価が行われるところ，本答案は，抽象的な論述に終始し，安易に厳格な基準を定立してしまっている。

●　位置の把握が「性犯罪の再発防止に役立つとはいえ」ないとするために，「仮に分かったとしても，警察官の到着が犯行前に間に合うとも限らない」という付添人に有利な可能性のみを摘示するのは妥当でない。

●　「対象者に与える肉体的身体的苦痛が極めて大きい」との論述は，問題文の「外科的手術を受けたとしても，いかなる健康上・生活上の不利益も生じ」ないという点を無視している。また，「ブレスレット型の装置であっても，外見からはわからない位置に取り付ければ，社会的差別を招くことはない」との論述も，現実的ではない。

(2) まず，個人の移動の自由は，「移転」（２２条１項）にあたるものとして，２２条１項により保障される。
(3) そして，法２３条，２４条，３１条３号は，特定地域に対する立ち入りを禁じ，これに反した者には刑罰を科すというものであるから，個人の移動の自由を制約するものといえる。
(4) 移動の自由は，自己の経済的活動に必要であるだけでなく，自己の欲する事象に触れ，自らの選択に従って，人格を形成していくためにも必要な自由であるから，精神的自由としての側面も有する重要な権利である。したがって，かかる自由に対する制約が合憲というには，目的が必要不可欠で，手段が必要最小限でなければならない。
(5) 本件において，立ち入り禁止に関する仕組みの目的は性犯罪の再発防止にあり，これは必要不可欠な目的といえる。
しかし，性犯罪は，特定の場所にいることが要求される犯罪ではないから，特定の場所への立ち入りを制限したからといって，性犯罪の再発を防げるわけではない。したがって，目的との適合性を欠く。また，仮に適合性があるとしても，特に性犯罪の再発の危険がある地域をわかっているのであれば，その地域に防犯カメラを設置する，警察官によるパトロールを強化する等により当該地域での性犯罪の再発を防止できるのであるから，立ち入りの禁止は手段としての必要性を欠く。
よって，手段として必要最小限度といえないから，法の警告・禁止命令は違憲無効である。

● 「居住，移転」という文言自体は生活の本拠を全面的に移動することを指しており，短期的・一時的な「移動」が「移転」に含まれるのか，端的にその解釈を示す必要があった。

● 移動の自由の複合的性格について検討できている点は良いが，制約の態様・程度や，本問に即した具体的な検討が一切なされておらず，一般論としての論述に終始しており，説得力に欠ける。

● 手段としての必要性について，「防犯カメラを設置する，警察官によるパトロールを強化する」手段が警告・禁止命令の手段と比してより制限的でない点も検討・論述すべきであった。

第２　設問２
１　検察官の反論
(1) 継続監視について
どこに所在しているかは公道上からの目視でも把握できるのであるから，秘匿性の高い情報といえず，１３条後段で保障されない，保障されるとしても権利の重要性は低い。また，位置情報を公開するわけではないから，私的領域へのインパクトは低く，制約の程度も重大といえない。よって，緩やかな審査が妥当し，性犯罪の再発防止という重要な利益を保護するものである以上，継続監視は合憲である。
(2) 警告・禁止命令について
特定の地域への立ち入りが制限されるのは，性犯罪を行う危険性が高いと認められる場合に限られるという限定的な規制であり，警告・命令・罰則と段階的規制となっている。したがって，厳格な審査は妥当せず，性犯罪を行う可能性が高い場合であるから，監視カメラの抑止力には期待できないし，パトロールにも限界があるから，立ち入りを制限することもやむを得ず，合憲である。
２　私見
(1) 継続監視について
確かに，所在は公道からも目視で把握できる場合もある。しかし，本件は２４時間，最長２０年にわたって，機械的に位置を把握し続けるものであるから，目視とは性質が異なるといわざるを

● 情報の性質・価値に着目している点は，判例の傾向に沿うものであり，効果的な反論を構成できている。

● 監視カメラの抑止力が期待できないこと，パトロールにも限界があることという法の仕組みと直接関係のないことを理由もなく論述するのみでは，検察官の反論として不当である。

得ない。また，位置情報の中には，特定の思想を持つものしか訪れない場所や特定の宗教施設にいるというような位置情報も含まれうるのであり，この情報は位置情報のみならず，その者の思想までも把握しうるものである。そして，これらの情報は，上記のような長時間の連続的な監視である点に鑑みれば，多量に取得されるものといえる。そうとすると，位置情報を取得されることは，私的領域を著しく侵害されることにつながるものといえる。

したがって，位置情報を取得されない自由は，人格的生存に不可欠であるといえ，１３条後段により保障される。

そして，確かに，開示ではなく，取得という態様であるが，上記のような取得される情報の質的量的多さ，情報流出への対応が明示的に定められておらず，流出の危険があることに鑑みれば，私的領域への侵害も十分に認められる。

したがって，原告の主張するように，厳格な審査がなされるというべきである。

目的は，性犯罪の再発の防止という点にあるところ，これは国民の性的自由という極めて重要な法益を保護するものであるから，必要不可欠な目的といえる。

また，同じところを行き来する等不審な行動をとっていることから，犯行に及ぼうとしているのではないか推認することはできるし，通常の通報を待つよりもより迅速に犯行現場に向かうことができるから，犯罪を未然に防ぐ，あるいは最小限の被害にとどめることができる蓋然性は十分に認められる。したがって，目的との適合性を有するといえる。

さらに，一定の類型の性犯罪者は，心理的，生理的，病理的要因等により同種の性犯罪を繰り返すおそれが大きく，処罰による特別予防効果に期待することは現実的ではないのであり，このような性犯罪者の再犯を防止するためには，出所後の行動を監視する必要があるし，更生プログラムの途中で犯行に及ぶ可能性もある。したがって，実効性確保の観点から，再犯の可能性が高い者に限って継続監視をすることもやむを得ない。また，埋設はいかなる健康上・生活上の不利益も生じず，取り外す際も同様であることが医学的見地から得られているというのであり，医学的に安全性が確保されている。小型のブレスレットが採用されなかったのは，社会的差別を引き起こし兼ねないという配慮からであり，犯罪者に対する人権の配慮からなされたものであって，不合理とはいえない。したがって，手段必要性も認められる。

よって，手段も必要最小限度といえ，継続監視の仕組みは合憲である。

(2)　警告禁止命令について

確かに，被告の主張する通り，事後的段階的規制であるので，制約態様は弱いとも思える。しかし，立ち入り禁止がなされれば，対象者は一切の例外なく特定危険区域に一切立ち入ることができなくなるのであって，学校や公園などの周辺という限定はあるものの，次々と立ち入りを禁じていけば，日常生活上の移動も困難になりうるし，気づかぬうちに立ち入り罰則にまで至る危険

●　位置情報の内容とそれが収集されることの具体的な意味を考察できている。

●　目的・手段審査について丁寧な論述がなされている。もっとも，審査基準の適用・当てはめについての検察官の反論がなかったため，「検察官の反論を想定しつつ……あなた自身の見解を述べなさい」という設問の要求に応えられていない。

●　「被害が発生してからでは遅すぎる」（再犯を防止する）という発想に基づいて，事前に性犯罪者の自己情報コントロール権を包括的に制限し得るという「予防原則」の観点から，手段の必要最小限度性について具体的に検討できている。

性がある。したがって，制約態様が弱いということはできない。
以上より，移動の自由には原告の主張するように精神的自由としての側面もあるのであるから，厳格審査が妥当するというべきである。
目的は，性犯罪の再発防止であるから，必要不可欠な目的といえる。
しかし，学校や公園などに立ち入り地域を限定しているところ，性犯罪は場所を選ばないのであるから，これ以外の地域でも犯行には及びうるのであるから，立ち入りを禁じたからといって，性犯罪を防ぐことができるというわけではない。したがって，手段適合性を欠く。
また，性犯罪に及ぶリスクを専門家により判断することができるのであるから，パトロールも効率的に行うことができ，十分に性犯罪の再発防止という目的を達成できるといえる。したがって，手段必要性を欠く。
よって，手段が必要最小限といえず，違憲である。

以　上

● なお，本問において「原告」と記述するのは不適切である。正しくは，「付添人」である。

● 手段審査について，付添人の主張の繰り返しであり，検察官の反論との対比もされていないため，議論になっていない。

平成29年

問題文

[公法系科目]

〔第１問〕（配点：１００）

２０＊＊年，少子高齢化の影響で日本では労働力の不足が深刻化し，経済成長にとって大きな足かせとなっていた。日本では，それまで外国人のいわゆる非熟練労働者の受入れは認められていなかったが，政府は，労働力不足の深刻化を受け，労働力確保の必要性が特に高い農業と製造業を対象として，外国人非熟練労働者を受け入れる方針を決めた。受入れに際しては，十分な数の労働者を迅速かつ円滑に確保するとともに，適性のある労働者についてはある程度長期間にわたり雇用を継続できるようにすることが望まれた。他方，政府の上記方針決定に対し，野党からだけではなく与党からも，欧米諸国で移民を大規模に受け入れた結果として社会的・政治的な軋轢が生じた経験を参照した慎重論が強く主張された。そのため，特に労働力確保が必要な区域として受入れの対象区域を指定し，受け入れた外国人はその指定区域内でのみ就労できることとした上，いずれ必ず帰国し，日本への長期にわたる定住を認めないこと，さらに，受け入れた外国人に問題がある場合には迅速に出国させることが求められた。このように，外国人非熟練労働者の受入れについては，現行の出入国管理制度とは大幅に異なる枠組みが必要とされたことから，政府は，「農業及び製造業に従事する特定労務外国人の受入れに関する法律」（以下「特労法」又は「法」という。）を制定して外国人非熟練労働者のみに適用される本邦滞在制度（以下「新制度」という。）を創設し，新制度の下で受け入れる外国人については，出入国及び在留に関して，出入国管理及び難民認定法（以下「入管法」という。）を適用しないこととした。

新制度の概要は以下のとおりである（特労法の関連条文は【参考資料】のとおり。）。

・　本邦において，熟練した技能や専門的知識を要しない特定の農業及び製造業の業務（以下「特定労務」という。）への就労を希望する，一定の条件を満たした外国人は，申請により，特定労務に従事する者として認証を受けることができる。

・　特定労務外国人は，入管法上の在留資格を得ることなく本邦に入国し，法務大臣が指定する地域（基本的に市区町村を単位とする。）内で特定労務に就労することができる。

・　滞在期間は３年とし，更新可能とする。ただし，滞在が長期間にわたったとしても，永住や帰化は認めない。

・　特定労務外国人については，新制度の趣旨・目的を達成するため，滞在中の妊娠・出産を禁止するなど，本邦に滞在するに当たっての特別な禁止行為を定める（法第１５条）。

・　新制度の運用のため，滞在の認証に係る審査や強制出国についての審査及び強制出国命令書の発付等を行う行政官として，特定労務外国人審査官（以下「審査官」という。）を置き，新制度により滞在する外国人の違反事件の調査や，強制出国の執行等を行う行政官として，特定労務外国人警備官（以下「警備官」という。）を置く。審査官は，外国人の出入国ないし在留管理等の業務に１

０年以上従事した経歴があり，一定の試験に合格した者から任用する。審査官となった者は，警備官の行う業務には携わらない。

・　警備官は，上記の禁止行為を行ったことが疑われる者（以下「嫌疑者」という。）を覚知したときには調査を開始し，その結果，禁止行為を行ったと疑うに足りる相当な理由があるときは，裁判官の発する令状や，行政官の事前審査に基づく収容令書など，身柄を拘束する者とは別の立場の者が強制処分のために発する書面を要しないで，嫌疑者を収容することができる。

・　警備官は，嫌疑者を収容するときは，違反が疑われる事実を告知し，収容後速やかに弁解を聴取する。警備官は，収容のために身柄を拘束したときから４８時間以内に，審査官に，調書及び証拠物を送付するとともに，当該嫌疑者の収容を報告しなければならない。

・　審査官は，警備官から報告を受けた場合，速やかに当該嫌疑者による禁止行為の存否について審査を開始し，その存在を確認した場合には，同人を強制出国とする。

立法過程では，滞在中の妊娠・出産を認めないのは女性の自己決定権に対する制約として厳し過ぎるのではないかなど，禁止行為が厳格に過ぎるのではないかとの意見のほか，裁判官の令状等を得ることもなく，警備官限りの判断で，直ちに外国人の身柄を拘束することは手続的保障の観点から問題ではないかとの疑問が呈された。しかし，日本への長期にわたる定住を認めないという趣旨を徹底する必要性や，外国人被扶養者の増加が我が国の社会保障制度や保育，教育，医療サービス等に及ぼす影響への懸念から，この程度の制約はやむを得ないとの意見が大勢を占めるに至った。また，収容の要件が限定され，収容後に一定の手続保障が与えられていることのほか，労働力確保の要請から入管法に比して緩やかな要件で入国を認める以上，受け入れた外国人に問題がある場合には迅速に出国させることにより我が国の秩序を守り国民の安心を得る必要があること，更には外国人の入国・滞在の可否は国家の主権的判断に属するという原則等が強調され，結局，特労法が制定された。

Ａ国籍の女性Ｂは新制度に基づいて来日し，機械部品を製造する工場で特定労務に従事していた。Ｂは，同じく新制度に基づいて入国し，同じ工場に勤務していたＡ国籍男性Ｃと親しくなり，しばらくして妊娠した。Ｂは懐妊後も引き続き工場で働いていたが，Ｂの体型の変化に気付いた雇用主がＢの妊娠について通報した。これを受けて，警備官が早速調査を開始したところ，Ｂが産婦人科で受診した事実も確認された。このため，警備官は，Ｂが妊娠しているとの疑いを強め，法第１８条第１項に基づきＢを拘束して出国準備センターに収容した。警備官は，収容に際し，法第１８条第２項に基づき，Ｂに対し，滞在中に妊娠し，法第１５条第８号の禁止行為に該当するため収容する旨口頭で告げた。また，警備官が，法第１８条第２項に基づき，収容後速やかにＢから弁解を聴取したところ，Ｂは，「Ｃとの間の子を妊娠しているのは間違いない。ただ，滞在中に妊娠することを禁じられていると知っていたので，望んで妊娠したわけではない。この先日本に定住するつもりはなく，日本である程度お金を稼いだらＡ国に戻りたいとの気持ちは変わらないが，Ｃを愛しているので今は出産したい。」旨申し立てた。さらに，警備官から報告を受けた審査官は，審査を行った結果，Ｂの妊娠事実を認定し，強制出国命令書を発付した。

Ｂは，間もなくＡ国に送り返された。Ｂは，妊娠したことを理由にいきなり収容されて帰国させられたことが納得できず，日本政府を訴えたいと考え，引き続き日本にいるＣに相談した。Ｂから相談を受けたＣが弁護士甲に相談したところ，甲は，Ｂの委任を受けて，Ｂの収容及び強制出国の根拠となった特労法の規定が憲法違反であるとして，国家賠償請求訴訟を提起しようと考えた。

〔設問１〕

あなたが弁護士甲であるとして，上記の国家賠償請求訴訟においてどのような憲法上の主張を行うかを述べなさい。なお，憲法第１４条違反については論じなくてもよい。

〔設問２〕

〔設問１〕で述べられた甲の主張に対する国の反論を想定しつつ，憲法上の問題点について，あなた自身の見解を述べなさい。

【参考資料】 農業及び製造業に従事する特定労務外国人の受入れに関する法律（抄）

（目的）

第１条　この法律は，我が国の農業及び製造業に必要な労働力の確保に支障が生じつつあることに鑑み，我が国において就労しようとする特定労務外国人の受入れに関して必要な措置を定めることにより，我が国の文化や秩序との調和を図りつつ，特定労務における労働力の円滑な供給を実現し，もって国民生活の安定及び社会経済の発展に資することを目的とする。

（定義）

第２条　この法律で，「特定労務」とは，農業又は製造業の業務のうち，その習得に相当の期間を要する熟練した技能や専門的知識を要しないものとして，法務大臣が指定したものをいう。

（認証の付与及び認証の効果）

第４条　法務大臣は，以下の各号を満たす外国人の申請により，当該外国人に本邦において特定労務に従事する者として認証を付与することができる。

一　申請時点で年齢が満２０歳以上４５歳未満であること

二　心身ともに健全であること

三　本邦において特定労務への就労を希望していること

四　本邦への帰化又は永住を希望しないこと

五　過去に第１５条各号のいずれかに該当して本邦からの出国を強制されたことがないこと

六〜八　（略）

2　前項の認証を受けた外国人（以下「特定労務外国人」という。）は，出入国管理及び難民認定法（昭和２６年１０月４日政令第３１９号。以下「入管法」という。）の規定にかかわらず，本邦に入国し，滞在することができる。

3　特定労務外国人は，法務大臣が告示により指定する特別区域内において，特定労務に従事することができる。

4　特定労務外国人の認証は，認証を受けた日から３年を経過した時又は本邦を出国した時のいずれか早い時に，その効力を失う。ただし，特定労務外国人は，申請により認証期間の更新を受けることができる。

5　特定労務外国人については，別段の定めがない限り，入管法の規定は適用しない。

（認証の申請に必要な書類）

第５条　外国人は，特定労務外国人の認証の申請に際し，次に掲げる書類を提出しなければならない。

一～四　（略）

五　第１５条各号に掲げる事項を理解した上で同事由に該当する行為をしない旨を誓約する書面

（禁止行為）

第１５条　特定労務外国人は，次に掲げる行為をしてはならない。

一～五　（略）

六　正当な理由なく，特定労務を継続して１月以上行わないで滞在すること

七　本邦内において配偶者又は子（日本国民及び入管法上の在留資格を有する者を除く。）を扶養すること

八　本邦滞在中に妊娠し又は出産すること

（収容）

第１８条　特定労務外国人警備官（以下「警備官」という。）は，特定労務外国人について第１５条各号に該当する事実があると疑うに足りる相当な理由がある場合には，当該特定労務外国人（以下「嫌疑者」という。）を収容することができる。

2　前項の規定によって収容するときは，警備官は，嫌疑者に対し，収容の理由を口頭で告知し，収容後速やかにその弁解を聴取しなければならない。

3　第１項の規定によって収容する場所は，出国準備センターとする。

4　警備官は，第１項の規定により嫌疑者を収容したときは，嫌疑者の身体を拘束した時から４８時間以内に，特定労務外国人審査官（以下「審査官」という。）に，調書及び証拠物を送付し，当該嫌疑者の収容を報告しなければならない。

5　第１項の規定による収容は，１４日を超えてはならない。

（収容後の審査官による審査）

第１９条　審査官は，前条第４項の規定により嫌疑者の収容に関する報告を受けたときは，速やかに審査を開始し，第１５条各号に該当する事実の有無を確認しなければならない。

２　審査官が，審査の結果，嫌疑者に第１５条各号に該当する事実がない又は当該事実の存否が明らかでないと認定したときは，警備官は，直ちにその者を放免しなければならない。

３　審査官は，審査の結果，嫌疑者に第１５条各号に該当する事実が存在すると認定したときは，速やかに強制出国命令書を発付しなければならない。

４　前条第５項の規定にかかわらず，前項の強制出国命令書が発付されたときは，出国の時まで前条第１項に基づく収容を継続することができる。

（強制出国命令書の執行）

第２３条　強制出国命令書は，警備官が執行する。

２　警備官は，強制出国命令書を執行するときは，強制出国命令を受ける者に強制出国命令書又はその写しを示して，速やかにその者の国籍又は市民権の属する国に出国させなければならない。

MEMO

出題趣旨

【公法系科目】

〔第１問〕

今年度は，いわゆる外国人非熟練労働者の入国・在留を認める架空立法を素材に，外国人の人権保障に関するいくつかの問題を問うこととした。基本判例や学説に関する適切な理解や初見の条文の正確な読解を前提に，具体的な事案に即して的確な憲法論を展開することができるかどうかが問われる。

本問での主な論点は，問題文にもヒントがあるように，①妊娠・出産（以下「妊娠等」という。）を滞在の際の禁止事項とし，違反があった場合には強制出国させることが，自己決定権（憲法第１３条）の侵害ではないか，②令状等なくして収容を認めることが人身の自由や適正な手続的処遇を受ける権利（根拠条文は立場によるが，憲法第１３条，第３１条，第３３条等。）を侵害するのではないか，ということである。

①の自己決定権の侵害については，まず，自己決定権が憲法上保障されるか，そして，その自己決定権に妊娠等の自由が含まれるかということが問題となる。さらに，妊娠等の自由が自己決定権に含まれるとしても，本問のＢが外国人であることから，別途の考慮が必要となる。この点については，マクリーン事件判決（最大判昭和５３年１０月４日民集３２巻７号１２２３頁）及びそこで示された権利性質説が直ちに想起されることだろう。そして，権利性質説からすれば，妊娠等に関わる自己決定権は外国人にも保障されるということになろう。しかし，注意すべきは，同判決が，外国人に対する人権保障は「外国人在留制度のわく内で与えられているにすぎない」として，人権として保障を受ける行為を在留期間の更新の際に消極的な事情として考慮されることはあり得るとしていることである。外国人の出入国及び在留に関わる問題に関しては，単純な権利性質説に基づく議論では不十分である。

Ｂ代理人甲としては，マクリーン事件判決のこのような判断を踏まえつつ，本件のような場合には立法裁量が限定されるべきという主張を組み立てる必要がある。様々な立論があり得るだろうが，飽くまで一例ということで示すとすれば，まず，妊娠等が本人の人生にとって極めて重要な選択であり，また，人生においても妊娠等ができる期間には限りがあり（なお，新制度はそのような年代の者を専ら対象としている（特労法第４条第１項第１号）。），自己決定権の中でも特に尊重されなければならないこと，また，本件が，再入国と同視される在留期間の更新拒否ではなく，強制出国の事例であってマクリーン事件とは事案が異なることなどを指摘して，立法裁量には限界があるとして中間審査基準（目的の重要性，手段の実質的関連性）によるべきだという主張をすることなどが考えられる。その上で，例えば，規制目的は定住を促す生活状況を生じさせることを防止することによって定住を認めないという新制度の趣旨を徹底することであり，これは，滞在期間を限定し，永住や帰化を認めないという直接的な措置と比べて周辺的であり，重要な立法目的とまでは言えないこと，仮に目的が重要だとしても，妊娠等が全て定住につながるとは限らず，合理性に欠けることなどを指摘することが考えられる。

本問では，違憲の主張をする場合，その瑕疵は特労法そのものに求められるべきであり，問題文にも，「Ｂの収容及び強制出国の根拠となった特労法の規定が憲法違反であるとして，国家賠償請求訴訟を提起しようと考えた。」とされているのであるから，法令違憲を検討すべきである。仮に適用違憲に言及するとしても簡潔なものにとどめるべきであろう。

これに対して国の主張としては，妊娠等の自由が憲法上保障されるとしても，出入国や国内での滞在は国家主権に属する事項であって，妊娠等を理由に強制出国処分とすることについては極めて広範な裁量が認められること，子供が日本で生まれ育つことにより，日本の社会保障制度や保育・教育及び医療サービス等の負担となる可能性があり，また，親である外国人も含め，定住の希望を持つようになる蓋然性があること，新制度は労働力確保のためであり，妊娠等によって相当期間に渡って就労が不可能になるから禁止事項として合理性があること（特労法第１５条第６号が１月以上就労しないことを禁止事項としていることも参照。），妊娠等禁止の条件は事前に周知され，誓約（同意）もあることから基本権への制約がなく合憲であるといった点を指摘することが考えられよう。

②の収容に関しては，人身の自由という実体的な権利の問題と，収容が令状等なくして行われることなどに関わる手続的な権利の問題とがある。前者については，特労法第１８条第１項によれば違反行為に該当すると疑うに足りる相当な理由があることが収容の要件となっているところ，例えば刑事訴訟法の逮捕に関する要件（刑事訴訟法第１９９条）についての議論を参照し，収容の必要性も要件とすべきであるという主張が考えられる。これに対して，収容は違反行為該当性の調査のためだけではなく，その後の迅速な強制出国処分に備えて身柄を確保する必要性にも基づいているのであるから，嫌疑さえあれば常に必要性はあるといえるといった反論が想定できる。

手続的な権利については，憲法第３３条の逮捕令状主義との関係が問題となるが，本問の収容手続は行政手続であるから，これらの規定の直接適用はできず，準用・類推適用あるいは他の規定（憲法第１３条，第３１条）の適用によって憲法的な保障が及ぶかどうかの検討が求められる。行政手続としての身体の拘束の際の手続的保障について判断した判例は見当たらないため，憲法第３５条と行政手続との関係が問題となった川崎民商事件判決（最大判昭和４７年１１月２２日刑集２６巻９号５５４頁）や，憲法第３１条と行政手続との関係について判断した成田新法事件判決（最大判平成４年７月１日民集４６巻５号４３７頁）を参考に，判断枠組みを設定することが必要となる。このほか，憲法第３４条の抑留拘禁要件との関係で，特労法第１８条ないし第１９条所定の手続の性質を検討する視点もあり得よう。

甲の主張としては，例えば，人身の自由に対する重大な制約である身柄の拘束については原則として，裁判官による令状，あるいは少なくとも，行政官であっても第三者的な立場の者による事前審査が必要であるが審査官はそうした立場の者ではないとした上で，例外を認める特段の事由のないことを指摘することとなる。甲の立場からは，例えば，令状等を要することが原則だとしても緊急逮捕（刑事訴訟法第２１０条）のように事後に直ちに令状等を求める制度もあり得るから迅速性の要請は充足できること，禁止事項該当性が明らかであることと手続的保障の必要性とは別問題であること，事後的に収容理由が告知されたり弁解が聴取されても，それと事前手続の必要性とは別問題であること，さらに，同じく事後的に裁判所の審査が受けられるといっても，短期間に出国させられてしまう以上実効性に欠けること，などを指摘することが考えられる。

これに対して，国は，出入国や滞在については国家主権に属する事項であって外国人の権利保障の程度が下がること，刑事責任追及に結び付くものではないこと，手続の迅速性（緩やかな要件で入国を認める以上，受け入れた外国人に問題がある場合には迅速に出国させることにより我が国の秩序を守り国民の安心を得る必要があること）の要請があること，退去強制事由該当性が明らかであること，収容後直ちに収容理由の告知・弁解の聴取がなされ，警備官とは別の立場である審査官による審査もあること，更に裁判所への出訴も可能であること，などを主張することができるだろう。

出入国管理及び難民認定法による現実の外国人出入国管理制度においては，主任審査官が発付する収容令書によって退去強制事由に該当する容疑のある者を収容することができるとされている（同法第３９条）。これと本問の新制度とは別個のものであり，解答に当たって現実の制度への言及やそれとの比較を行うことは求められていないが，必要な範囲でそれに言及することがあったとしてももちろん構わない。

なお，本問では国家賠償請求訴訟が提起されているが，憲法上の主張の検討が求められているのであるから，国家賠償法上の違法性の判断枠組みやそれを前提にした具体的検討を中心に据えるのは適当ではないだろう。

採点実感

1　総　論

・　問題文には，検討すべき点について，ヒントとなる記述が多々あるにもかかわらず（例えば，立法経過に関する議論から，妊娠等の自由の制限と収容の点が大きなテーマであることに気付くべきであろう。），これに言及していない答案があった。また，問題文に書かれている前提を誤解していると思われる答案もあった。まずは，問題文をしっかり読んで，その内容を理解することが重要である。

・　本問は，マクリーン事件等幾つかの参考となる判例を想起すべき事例であり，これらの判決の趣旨を理解し，その射程を意識しながら本事例について論証しようとする答案は説得的であり，高い評価となった。他方，これらの重要判例がおよそ意識されていないもの，あるいは，本事例の特性を意識した論述とは言い難く，淡白な記述にとどまるものは，低い評価とならざるを得なかった。

・　被侵害利益を適切に示さないもの，違憲審査基準を示さないものが散見されるとともに，違憲審査基準を一応示していてもそれを採用する理由が十分でないものが一定程度見られたが，これらを十分に示すことが説得力のある答案の前提であり，より意識した論述を心掛けてほしい。

・　原告の主張，国の主張，自己の見解を示すことが求められているが，原告や国の主張として，およそ認め難いものを想定して容易に反論するという論述では，淡白な内容とならざるを得ない。判例・通説の立場からして，極端な，若しくは単純に過ぎる（したがって批判も容易な）主張を前提にして答案を構成するのは適当ではなく（例えば，国の主張として，外国人の人権はおよそ保障されないなど），判例や通説的見解と異なる見解を採用することは差し支えないが，少なくともそれらの存在を前提とした立論をすべきであろう。

・　設問１に対する解答を僅か数行にしているものも見られたが，原告の主張としても，理論と事実に関する一定の主張を記載することが求められており，したがって，まず，設問１において，問題となる権利の特定と，その制約の合憲性に関する一定の論述をすることが期待されている。設問２では，国の反論なのか私見なのか判別しにくいものが見られた。

・　出題の趣旨にも示したとおり，本問において違憲を主張するとすればその瑕疵は法律にあるのであり，また，問題文に「Ｂの収容及び強制出国の根拠となった特労法の規定が憲法違反であるとして」と記載されていて，法令違憲を検討すべきことが示されているのに，適用違憲を詳細に論ずるものがあった。繰り返しにはなるが，問題文はしっかり読んでほしい。

2　妊娠等の自由について

・　多くの答案で妊娠等の自由が自己決定権として憲法第１３条に位置付けられることをおおむね論証できていた。

・　外国人の人権享有主体性について全く触れない答案が散見された。マクリーン事件判決を意識したものも，マクリーン事件判決について，単純に権利性質説を説いた部分しか参照できていない答案が多かった。出題の趣旨に示したとおり，本問では，単純な権利性質説の論述では不十分であり，マクリーン事件判決の「外国人に対する憲法の基本的人権の保障は，右のような外国人在留制度のわく内で与えられているにすぎない。」「在留期間中の憲法の基本的人権の保障を受ける行為を在留期間の更新の際に消極的な事情としてしんしゃくされないことまでの保障が与えられているものと解することはできない。」という論理とどのように向き合うのかということが問われている。このことが意識されない答案が予想したより多かったことは遺憾であった。もっとも，この点が意識され，自分なりに論じられている答案は高く評価することができた。

- また，権利性質説に関する論証も不十分なものが少なくなかった。例えば，「妊娠・出産の自由も，権利の性質上外国人にも保障される。」としか記載していないものが見られたが，妊娠・出産の自由がどのような性質の権利なのかを指摘して初めて妊娠・出産の自由が外国人に保障されるという論証になるはずである。
- 強制出国によって職業選択の自由又は移動の自由が侵害されるとして論じたものがあった。しかしながら，強制出国を介した不利益を問題とするのではなく，まず，特労法において，妊娠等が強制出国事由とされていることについて，その自由の制約を問題とすべきである。ただし，強制出国を介した利益侵害を問題としつつも，妊娠したことが強制出国事由であることに焦点を当て，実質的に，自己決定権侵害として論じた場合と類似の内容を検討したものについては評価した。
- 具体的な検討において，立法目的の検討が不十分なものが多く見られた。妊娠を強制出国事由とすることの目的は，特労法第１条の目的を引用するにとどまるのではなく，それを具体化した，定住を認めない趣旨を徹底することが目的として検討されるべきである。また，目的に関して，社会保障制度への負担についてのみ着目したものが見られたが，外国人を多数受け入れた場合に生じる社会的軋轢も考慮すべき点であろう。
- 目的・手段の双方から審査を行うという立場を採る場合，手段審査においては，妊娠・出産が日本への定住につながる可能性があるといえるかどうか，あるとしてもそれが立法を正当化するに足りる関連性を有するかどうかを検討する必要がある。

3　収容について

- 収容について，人身の自由という実体的権利の問題と，令状等なくして収容されるという手続的権利の問題とがあることについてきちんと整理された答案は僅かであり，人身の自由と手続的権利の問題が混然一体として論じられて整理されていない答案や，淡白な記述にとどまる答案が多く見られた。
- 手続的権利について，川崎民商事件判決や成田新法事件判決を意識した答案も少なからず存在したが，さしたる検討もなく，「収容＝逮捕」として，憲法第３３条の例外に当たらないから違憲とする答案も見られた。刑事手続を前提とする憲法第３３条の逮捕令状主義が行政手続たる本件手続にどのように及び得るのかをより丁寧に論じてほしかった。
- 問題文では，特労法における収容の要件，手続が詳細に示されているが，これらを十分に検討せず，単に裁判官によるチェックが欠けるから違憲とするだけの答案も目立った。憲法第３１条以下の規定の一般的理解が十分でないと考えられた。
- 違憲審査基準を立てて目的手段審査を行うものが散見された。一般論として，行政手続に関し，憲法第３１条や第３３条への適合性についてこうした判断手法を用いることが妥当かどうかについては余り議論がないと思われるが，必要な要素が考慮されているのであれば，本問では評価できると考えた。もっとも，その際，立法の目的は，特労法第１条に掲げられている一般的な目的ではなく，迅速性等，裁判官の関与を否定することの目的を指摘すべきであろう。

・　収容に関する問題を，自己決定権への制約を論じる際にまとめて検討する答案が見られたが，論点の整理が不十分であろう。

４　その他

・　例年指摘しているが，誤字（例えば，妊娠を「妊妊」としたり，「娠娠」としたりするものがあったほか，より懸念されることに，幸福追「及」権，収容を「収用」とするもの，主権を「主観」とするものなど，法概念に関わる誤字もあった。）がかなり認められるほか，乱雑な字で書かれて非常に読みづらい答案が相変わらずあった。時間的な制約がある中ではあるが，答案作成の目的は「自分が理解していることを採点者に分かってもらう」ことであるので，それを十分認識してもらいたい。

・　外国人の人権享有主体性や自己決定権，適正手続保障等の基本的事項についても，理解の深さが論証の表現に如実に現れる。浅薄な理解に基づく表面的な論述は，確かな理解に基づくそれと比べておのずと評価に差が生じるものであり，基本的な事項の理解に努めることの重要性を改めて指摘しておきたい。

再現答案① A評価 57～67位（137.13点，T・Sさん 論文順位153位）

設問1

第1 女性の自己決定権について

弁護士甲としては，特労法（以下「法」とする）１５条８号が，特定労務外国人が日本国滞在中に妊娠又は出産することを一律禁止し，これに違反すると強制的に出国しなければならない（法１９条，２３条）ことを定める特労法は，特定労務外国人が日本で子供を妊娠・出産することを決定する自由を侵害し，違憲である，と主張する。

1 そもそも，かかる自由は憲法上保障されるか。かかる自由は憲法上明文がなく，問題となる。

憲法（以下法令名省略）１３条後段は，幸福追求権を保障している。そして，幸福追求権は，個人の人格的生存に不可欠な利益を包含する権利の総称であると考える。そして，一人の女性にとって，子供を産むか否かという事項は，当該女性の人生に大きく影響する事項であり，子供を持つことで，女性は子育てや仕事に生きがいを見出すようになる。ゆえに，子供を妊娠すること，および，出産することを自由に決定する利益は，人格的生存に不可欠な利益として１３条後段によって保障される。

2 しかし，Bは外国人であり，人権は保障されないのではないか。

この点，憲法第三章の表題には「国民の」と書かれており，日本国籍を有しない外国人には人権は保障されないとも思える。しかし，人権の前国家的性格，および，憲法が国際協調主義をとっていること（９８条2項）を考慮すると，外国人であっても人権は一定程度保障されると解されるべきであり，権利の性質上日本国民のみをその対象としていると解されるものを除き，外国人にも人権が保障される，と考える。

本件では，外国人であっても，子供を妊娠・出産するか否かを決定する利益は，日本人と同じく重要な事柄であり，権利の性質上日本国民のみをその対象としていると解されるものには当たらない。ゆえに，Bにも，子供を妊娠・出産するか否かを決定する権利が保障される。

3 次に，Bは，日本国内でCの子供を妊娠したことを理由に，A国に送り返されており，Bが妊娠・出産することを自由に決定したことを理由に不利益を受けている。ゆえに，妊娠・出産することを自由に決定する権利が侵害されている。

4 では，かかる侵害が正当化されるか。

この点，子供を妊娠・出産することで，家族が形成され，女性にとって，子供のために働くという意欲が生まれ，生きがいになる。ゆえに，子供を妊娠・出産することを自由に決定する権利は，きわめて重要な権利である。また，法は，妊娠・出産することを全面的に禁止し，仮に妊娠・出産したら，例外なく強制出国しなければならない（法１５条，１８条，１９条，２３条）。そして，日本に出稼ぎに来ている外国人にとって，仮に強制出国させられると，日本に出稼ぎに来た意味がなくなるため，出稼ぎを続けるため，妊娠・出産を欲してもしないという決定を事実上強制されるため，かかる制約の程度は重い。

ゆえに，厳格に審査されるべきであり，①規制目的がやむにやまれぬものであり，②規制手段が必要最小限度である場合のみ，制約は正当化される，と考える。

5 まず，①規制目的は，外国人の日本への長期にわたる定住を認めず，外国人被扶養者の増加が我が国の社会保障制度や保育，教育，医療サービス等に影響を及ぼすことを防ぐことにある。かかる目的は，欧米において移民を受け入れ

● 本答案は，「妊娠・出産（以下「妊娠等」という。）を滞在の際の禁止事項とし，違反があった場合には強制出国させることが，自己決定権（憲法第13条）の侵害ではないか」という憲法上の問題点を的確に捉えることができており，出題趣旨に合致する。

● 出題趣旨によれば，「自己決定権が憲法上保障されるか」，「その自己決定権に妊娠等の自由が含まれるか」について論じる必要があるところ，本答案は，両者を明確に区別した論述ではないが，詳細かつ具体的な検討がなされており，出題趣旨に沿う。

● 出題趣旨は，マクリーン事件判決（最大判昭53.10.4／百選Ⅰ［第７版］〔１〕）及びそこで示された権利性質説に触れるべきとするところ，本答案は，これらを意識した論述ができており，出題趣旨に合致する。

● 出題趣旨によれば，前掲マクリーン事件判決は，外国人に対する人権保障は，「外国人在留制度のわく内で与えられているにすぎない」としているが，本問では，判例の事案とは異なり，立法裁量が限定されるとの主張をすべきであった。本答案は，原告の主張として，この点を意識した論述ができていないが，妊娠等を決定する自由の重要性及び規制態様の重大性を具体的に検討できている。

● 出題趣旨によれば，「規制目的は定住を促す生活状況を生じさせることを防止することによって定住を認めないという新制度の趣旨を徹底す

た結果，社会的・政治的な軋轢が生じたことを考えると，やむにやまれぬ目的といえる。

次に，②規制手段はどうか。この点，法１５条，１９条，２３条は，本邦滞在中に妊娠・出産したら直ちに強制出国とされてしまう。しかし，Ｂのように，日本である程度お金を稼いだら本国に出国することを希望する者であれば，妊娠・出産を認めても，外国人が日本に定住することはなく，我が国の社会保障制度や保育，教育，医療サービスなどに悪影響を及ぼす可能性は小さい。よって，かかる場合まで規制することは手段として過剰であり，手段として必要最小限度とは評価できない。

以上より，妊娠・出産したら一律強制出国処分となることを定める法１５条，１８条，１９条，２３条は，女性の妊娠・出産することを決定する権利を侵害し，１３条後段に反し違憲である。

第２　手続違反について

次に，弁護士甲としては，警備官が，令状なくして法１８条１項に基づきＢを拘束して出国準備センターに収容することは，令状主義に反し，令状なくして拘束・強制出国を認める法１８条，１９条，２３条は違憲である，と主張する。

１　まず，令状主義を定める憲法３３条は，権利の性質上日本国民のみをその対象としていると解されるか。

この点，令状主義の趣旨は，身体拘束に二重の司法審査を及ぼすことで，被疑者及び被告人の人権を保障することにある。そして，身体拘束により身体の自由を中心とする人権が侵害されるおそれは，外国人であっても変わらないため，権利の性質上日本人のみをその対象としているとは解されず，外国人たるＢにも令状主義は保障される，と考える。

ること」としており，本答案は立法目的の検討が不十分である。

● 出題趣旨によれば，手段審査においては，「妊娠等が全て定住につながるとは限らず，合理性に欠けること」を検討する必要があるところ，本答案は，この点に着目して論述できており，出題趣旨に合致する。

● 出題趣旨によれば，令状等なくして収容を認めることについて，①「人身の自由」や②「適正な手続的処遇を受ける権利」を侵害するのではないかという憲法上の問題点がある。本答案は，②について論じることはできているが，①については論じることができていない。

２　次に，本件で問題となっている，強制出国手続，およびその前段階の身体拘束手続は，行政手続であり，憲法３３条が適用されるか，が問題となる。

この点，憲法３３条は，直接的には刑事手続を想定した規定であり，行政手続に直接適用されることはない。しかし，行政手続であっても，人権侵害のおそれがあることは刑事手続と同様であり，刑事手続と同様の効果を奏する手続については，憲法３３条が準用される，と考える。

本件では，Ｂは，法１８条により，身体を拘束され，出国準備センターに収容されており，かかる身体拘束は逮捕という刑事手続に類似する。また，強制出国手続についても，日本で出稼ぎに来ている外国人にとって，日本で働けなくなるという不利益が生じる点で，刑罰に類似する。ゆえに，刑事手続と同様の効果を奏すると評価でき，憲法３３条が準用される，と考える。

３　そして，本件では，裁判官の発する令状や，行政官の事前審査に基づく収容令書など，身柄を拘束する者とは別の立場の者が強制処分のために発する書面なくして，Ｂの身柄拘束等が行われており，Ｂの令状を経て身柄拘束等を受ける権利が侵害されている。

４　では，必要最小限度の制約と評価できるか。

まず，令状主義の根拠は，前述したように，身体拘束に二重の司法審査を及ぼすことで被疑者等の人権保障を図ることにあり，かかる人権は重要である。そして，身体拘束により，被疑者等が被る身体活動の自由などの人権侵害の程度は強い。ゆえに，厳格に審査されるべきであり，①規制目的がやむにやまれぬものであり，②規制手段が必要最小限度である場合のみ，かかる制約は正当化される，と考える。

本件では，①規制目的は，外国人の日本への長期にわたる定住を認めず，外

● 手続的権利の問題に関して，本問の収容手続が行政手続であることを踏まえた上で，憲法33条の準用が問題となることを指摘できている点で出題趣旨に合致する。さらに，川崎民商事件判決（最大判昭47.11.22／百選Ⅱ［第７版］〔114〕）や成田新法事件判決（最大判平4.7.1／百選Ⅱ［第７版］〔109〕）を意識した判断枠組みまで設定できればなお良かった。

● 憲法33条について，消極的自由権としての側面を強調し，人身の自由に対する侵害と捉えた上で，政府利益との比較衡量を通じた制約の正当化を検討すること自体は誤りではない。しかし，本答案のように憲法33条の手続的権利の側面を強調する場面で目的・手段審査を用いた政府利益との比較衡量を行うことについては，疑問の余地がある。

国人被扶養者の増加が我が国の社会保障制度や保育，教育，医療サービス等に影響を及ぼすことを防ぐことにあり，かかる目的はやむにやまれぬものといえる。しかし，②規制手段については，少なくとも身柄拘束については，身柄を拘束する者とは別の立場の者による審査が及んでおらず，身柄拘束に二重の司法審査又はこれと同視しうる手続がなされていない。そして，仮に身体拘束に司法審査等を要求しても，規制目的は十分達成しうるため，規制手段は必要最小限度とは評価できない。

以上より，かかる規制は憲法３３条に反し，違憲である。

第３　国賠法上の「違法」について

そして，法１５条，１８条，１９条及び２３条は，１３条後段，３３条に反し違憲であるから，内容が違憲である法律を立法する国会議員の行動は「違法」と評価できる。ゆえに，Ｂの国に対する国家賠償法上の責任追及は認められる。

設問２

第１　１３条後段違反の主張について

１⑴　まず，国としては，妊娠・出産するか否かを決定する自由は，人格的生存に不可欠な利益とはいえず，１３条後段の幸福追求権には含まれない，と反論する。

⑵　この点について，女性にとって，子供を妊娠・出産することで，自分の家族が一人増え，育児が女性にとって生きがいとなり，女性の人生設計に大きな影響を与える。ゆえに，女性の人生にとって極めて重要な決定事項であり，子供をいつ産むか，どこで産むかについての決定は，女性の自由な意思決定に委ねられるべきである。ゆえに，かかる事項を決定する自由は，個人の人格的生存に不可欠な利益と評価することができ，１３条後段の幸福追求権として保障される，と考える。

２⑴　次に，国としては，Ｂは子供を妊娠・出産したいのであれば，日本から出国することで子供を妊娠・出産することが可能であり，法１５条，１８条，１９条，２３条は，Ｂの妊娠・出産するか否かを決定する自由を侵害していない，と反論する。

⑵　この点，確かに，法１５条等は，日本国内で妊娠・出産することを禁じているにとどまり，日本国外で妊娠・出産することまで制限されるわけではない。しかし，法１５条８号は，特定労務外国人に対し，日本国内で妊娠・出産することを禁じ，法１８条，１９条，２３条は，法１５条８号に違反した者に対し，出国を強制されることを定める。そして，日本に出稼ぎに来た外国人にとって，出国を強制されると，出稼ぎに来た目的が達成できなくなるため，かかる法規制の下では，出稼ぎを続けるため，妊娠・出産することを我慢せざるをえなくなる。ゆえに，事実上，妊娠・出産するという意思決定ができなくなっており，侵害は存する。ゆえに，国の主張は認められない。

３⑴　次に，国としては，①仮に妊娠・出産を希望するのであれば，日本から出国すれば足り，妊娠・出産を一切禁じられているわけではないため，侵害の程度は小さい。また，②強制出国の手続についても，法１８条２項により，口頭で収容の理由を告知され，収容後速やかにその弁解が聴取される等，一定の手続保障が与えられている。さらに，③外国人の入国・滞在の可否は国家の主権的判断に属するのが原則であり，強制出国するか否かは国家の裁量に委ねられるべき事項であり，司法の介入は謙抑的であるべきである。以上の理由から，審査基準は緩められるべきである，と主張する。

⑵　かかる主張について，①主張については，日本に出稼ぎに来ている外国人に

● 出題趣旨によれば，違憲審査基準を立てた場合において，ここで指摘すべき立法目的としては，迅速性の要請等，裁判官の関与を否定することの目的が考えられるが，本答案はこれを指摘できていない。

● 設問では，「国家賠償請求訴訟においてどのような憲法上の主張を行うか」を問うているのであり，国賠法上の違法性まで論じる必要はない。

● 判例・通説の立場からして，極端ないし単純すぎる主張を反論として構成するのは，不当である。

● 妊娠等の自由が，自己決定権として憲法13条後段により保障されるか否かについて，具体的に検討できている点で出題趣旨に合致する。

● 本答案は，日本国外であれば，妊娠・出産が可能であるから妊娠等の自由への侵害はない旨主張しているが，このような主張は，権利の制約の有無を判断する場面で採用するよりも，違憲審査基準の設定の場面における規制態様の重大性のレベルで主張した方が，より現実的で有効な反論だといえる。

● 出題趣旨によれば，「出入国や国内での滞在は国家主権に属する事項であって，妊娠等を理由に強制出国処分とすることについては極めて広範な裁量が認められること」を指摘すべきところ，本答案は③でこれを検討できている。また，①・②で自分なりに審査基準を緩める事情を検討することができている。

とって，日本から強制出国させられると，生活基盤が成り立たなくなり，日本に出稼ぎに来た目的が達成できなくなる。ゆえに，侵害の程度は小さいとはいえない。

②主張について，確かに一定の手続的保障はなされている。しかし，かかる手続的保障によっても，出産・妊娠を日本国内で行うという意思決定が可能となるわけではなく，②の理由が審査基準を緩める根拠とはならないと考える。

③主張について，入国・滞在の可否については，国家の主権的判断に属するのが原則である。そして，入国・滞在の可否については，国家の裁量的判断に委ねられ，かつ，入国・滞在の可否を判断するにあたって，妊娠・出産しているか否かをその判断の一要素とすることも，国家の裁量的判断に委ねられるべき，と考える。

ゆえに，司法の介入は消極的になされるべきであり，規制目的が重要であり規制手段が効果的であり，かつ過度でない場合にのみ許容されると考える。

4(1) 国側としては，規制手段について，一般的に，出産・妊娠したら日本の長期定住を外国人が希望する可能性が高くなり，妊娠・出産したら一律強制出国させるという手段も過度ではない，と主張する。

(2) 私見としては，仮に妊娠した際に出国している意思を有している外国人がいたとしても，出産後一定程度は母子ともに入院しなければならないなど，日本に滞在せざるをえなくなる。また，日本で出産すると，社会保障の点からも負担が生じ，また外国人が日本で定住を希望する可能性も高くなる。ゆえに，外国人の定住を防止するという目的で，妊娠・出産した場合一律強制出国するという手段は過度とは評価できない。

以上より，法１５条，１８条，１９条，２３条は違憲ではない。

● 出題趣旨によれば，「日本の社会保障制度や保育・教育及び医療サービス等の負担となる可能性があり，また，親である外国人も含め，定住の希望を持つようになる蓋然性があること」を指摘すべきところ，本答案は，これらにつき検討することができている。

第２　手続的保障について

１　国側としては，①受け入れた外国人に問題がある場合には迅速に出国させることにより我が国の秩序を守り国民の安心を得る必要があり，令状を発付しないで身柄拘束等を行う必要性は高く，審査基準は緩められるべきである。そして，②身柄を拘束する者とは別の立場の者が強制処分のために発する書面を要しないという制度であっても，法１８条２項は，収容の理由を口頭で告知すること，および，収容後速やかにその弁解を聴取しなければならないことを定めるが，かかる手続は，令状発付の代替手段となっているため，違憲ではない，と主張する。

２　かかる主張の妥当性を検討するに，①について，仮に令状を要求しても，１日かからず令状を発付することが可能であり，受け入れた外国人に問題がある場合に迅速に出国させることが可能である。ゆえに，①主張は妥当しない。

また，②収容の理由を口頭で告知することや，収容後の弁解を聴取するという制度は，告知，聴取の相手方が身柄を拘束した警備官，ないし審査官であり，身柄を拘束する者とは別の立場の者による審査を経ていない。ゆえに，身柄拘束に対し，二重の司法審査を経ているのと同視することはできず，令状主義の代替手段とは評価できない。

以上より，かかる法１５条，１８条，１９条，２３条は違憲である。

● 国側の反論として，「手続の迅速性……の要請があること」，「収容後直ちに収容理由の告知・弁解の聴取がなされ」ること，「警備官とは別の立場である審査官による審査もあること」など，出題趣旨が想定する主張ができている。

これらに加え，出題趣旨は，出入国や滞在は国家主権に属する事項であること，刑事責任追及に結び付くものではないこと，退去強制事由該当性が明らかであることも主張することができるとしており，これらも検討できればなお良かった。

第３　国賠法上の「違法」について

１　国側としては，立法内容が違憲であったとしても，国会議員の立法行為が「違法」（国賠法１条１項）であるとは限らず，本件でも国会議員の立法行為は「違法」ではないため，国賠法上の請求は認められない，と主張する。

２　この点について，国賠法上の「違法」とは，国会議員が国民に対して負う義

● 前述のとおり，この点の検討は不要である。

務に違反することであり，立法内容の違憲性とは異にする。そして，国会議員の立法行為が「違法」となる場合とは，当該立法によって国民に憲法上保障されている権利が侵害されることが明白であるにもかかわらず，正当な理由なく長期間にわたって当該法案を廃案にしない場合を指すと解する。

本件では，前述のように，法１８条等は，令状を受けて身体拘束される権利等を侵害していることは明白である。ゆえに，仮に，国会議員が正当な理由なく法を廃案にしないような場合には，国会議員の行動は「違法」と評価され，国家賠償請求は認められる，と考える。

以　上

※　実際の答案は８頁以内におさまっています。

MEMO

再現答案②　A評価　98～109位（133.16点，R・Hさん　論文順位445位）

第１　設問１
１　国家賠償法１条１項の「違法」を基礎づけるため，①法１５条８号が憲法１３条後段に反し違憲であること，②法１８条１項・２３条２項が憲法３１条・３３条に反し違憲であることを主張する。
２　①法１５条８号
⑴　憲法１３条後段は，幸福追求権を保障している。幸福追求権は，個別規定で保障されない利益を保障するものであるが，人権のインフレ化を防ぐため，人格的生存に不可欠な利益を保護対象としている。加えて，利益の性質上可能であれば，国民だけではなく，外国人も保護対象に含まれる。
　女性が妊娠すること及び子どもを産む場所を自由に決定できるという利益は，人間の生殖に関わる人格的生存に不可欠な利益である。また，性質上，外国人に保障を及ぼすことが可能である。そのため，特労法に基づき滞在中の外国人女性が，日本で妊娠・出産することを決定する自己決定権は，幸福追求権として保護される。
　しかし，法１５条８号は，滞在中の妊娠・出産を認めていないから，上記自己決定権を制約するものである。
⑵　たしかに，欧米諸国で移民を大規模に受け入れた結果として社会的・政治的な軋轢が生じた経験から，特定労務外国人の女性の自己決定権に関しては，我が国の文化や秩序との調和の観点から一定の制約を受けうることは否定できない。
　しかし，妊娠・出産は，生物学的な人間としての本能的活動であるから，妊娠・出産の自由を保護すべき要請は強い。また，法１５条８号に違反すると，Ｂのように，心身ともに不安定な時期である妊娠期間に，強制収容・強制出国させられることになり，肉体的・精神的な苦痛によって，母子の安全が脅かされることになりかねない。だから，規制の程度も著しく強い。
　そのため，法１５条８号は，目的がやむにやまれぬ利益の保護にあり，かつ，手段が目的達成のために必要不可欠であるということができなければ，違憲となる。
⑶　法１５条８号の目的は，我が国の文化や秩序との調和を図りつつ社会経済を発展させる点にある（法１条参照）。この目的自体について，やむにやまれぬ利益の保護を対象としていないと断言することはできない。
　しかし，新制度は，滞在期間は３年間とし，長期間にわたっても永住や帰化ができない仕組みを採用している。それゆえ，妊娠・出産を認めたからといって，直ちに我が国の社会保障制度や保育，教育，医療サービス等に影響を及ぼすわけではない。出産後，母子の容態が安定してから送還するといったより制限的ではない手段を採用したとしても，法の目的を達成することができる。
⑷　したがって，法１５条８号は，憲法１３条後段に反し違憲である。
３　②法１８条１項・２３条２項
⑴　憲法３１条・３３条は，実体の適正及び法定，並びに手続の適正

●　出題趣旨によれば，本問では，憲法13条後段（自己決定権）と憲法31条，33条等（手続的処遇を受ける権利）が問題となるところ，本答案は，端的にこの点を指摘できており，出題趣旨に合致する。

●　マクリーン事件判決（最大判昭53.10.4／百選Ⅰ［第７版］〔１〕）を踏まえて，権利の性質上，外国人Ｂも憲法13条後段の保護対象となることを指摘している点で出題趣旨に沿うが，妊娠等に関する自己決定権の性質について具体的に論述すべきである。

●　出題趣旨によれば，Ｂ代理人の主張では，マクリーン事件判決の判断を踏まえつつも，本事案においては，立法裁量が限定されるとの主張を行うべきである（再現答案①コメント参照）ところ，本答案は，違憲審査基準の設定につきこの点を意識した主張はできていない。もっとも，権利の性質や規制態様の重大性について具体的な論述ができている点は良い。

●　出題趣旨によれば，「規制目的は定住を促す生活状況を生じさせることを防止することによって定住を認めないという新制度の趣旨を徹底すること」であるところ，本答案は，法１条の目的規定を引用するだけで具体的な検討ができておらず，不十分な論証である。

●　本答案からは，手段が目的との間でどのような関係に立つかを読み取ることができない。

●　本答案は，川崎民商事件判決（最大判平47.11.22／百選Ⅱ［第７版］

及び法定という，刑事事件における適正手続を保障している。この趣旨は，国権の恣意・濫用から国民を守る点にある。行政活動の多極化により，行政手続においても，上記趣旨が妥当する。したがって，行政活動にも憲法３１条・３３条の適用がある。

もっとも，行政活動といっても様々なものがあるため，処分の性質，被侵害利益の内容，処分の目的等の事情から，違憲かどうかを判断するべきである。

⑵ 法１８条１項に基づく強制収容は，嫌疑者の身体を，出国準備センターに拘束する処分である（法１８条３項）。そして，嫌疑者の身体拘束から４８時間以内に審査官に報告しなければならないとしている（法１８条４項）。これらの点で，逮捕（刑事訴訟法１９９条１項）に類似する処分である。さらに，最長１４日間の長期間にわたって拘束できるのであるから（法１８条５項），勾留（刑事訴訟法２０８条１項）の期間ともほぼ変わらない。そして，強制収容の目的は，法１５条各号に該当する事実の存否を調査して，強制出国の執行を容易にする点にある。これは，逮捕・勾留期間に被疑事実の存否を調査して，公判での出頭を確実にするという刑事手続の目的と相当程度類似する。したがって，法１８条１項に基づく強制収容に先立ち，裁判官の令状と同等の，第三者による事前審査を経なければ，強制収容は認められないというべきである。

ところが，法１８条１項は，警備官限りの判断で，直ちに外国人の身柄を拘束することができることになっており，第三者による事前審査を経ることを要求してない。

〔114〕）及び成田新法事件判決（最大判平4.7.1／百選Ⅱ［第７版］〔109〕）を意識して憲法33条の適用の可否を検討できており，出題趣旨に合致する。

● 出題趣旨は，「原則として，裁判官による令状，あるいは少なくとも，行政官であっても第三者的な立場の者による事前審査が必要であるが審査官はそうした立場の者ではないとした上で，例外を認める特段の事由のないことを指摘」すべきとする。本答案は，このうちの原則部分を検討できている点で，出題趣旨に合致する。もっとも，「例外を認めるべき特段の事由のないこと」まで指摘できるとなお良かった。

⑶ よって，法１８条１項は，憲法３１条・３３条に反し，違憲である。また，強制収容を前提に，強制出国させることができることになっているから，強制収容と強制出国は密接な関連性が認められる。そのため，法２３条２項もまた，憲法３１条・３３条に反し違憲である。

第２　設問２

１　①法１５条８号

⑴ア　国としては，特定労務外国人は，新制度に同意したうえで入国しており，日本国内での妊娠・出産する権利を放棄しているから，憲法１３条後段の保護の範囲に含まれない，と反論することが考えられる。

イ　自身の見解としては，たしかに，特定労務外国人は，滞在中に妊娠することを禁じられていることを知って，日本にやって来たといえる。しかし，妊娠しようと思っても妊娠できなかったり，望まない妊娠をしてしまったりすることがあるから，妊娠は，個人の意思で自由に実現できるものではない。さらに，妊娠することは，子孫を残すという人間の生物学的本能の核となる行為であるから，妊娠する権利の放棄を認めるわけにはいかないと考える。

そして，女性の妊娠・出産の自己決定権は，人格的生存に不可欠な利益であって，性質上，外国人に保障を及ぼすべき利益であるから，日本で妊娠・出産することを決定する自己決定権は，幸福追求権として保護されると考える。

● 出題趣旨によれば，国側の反論として，「妊娠等禁止の条件は事前に周知され，誓約（同意）もあることから基本権への制約がなく合憲である」との主張が想定されているところ，本答案もまさにこれと同趣旨の反論を行っていることに加えて，自身の見解についても丁寧に論述できており，出題趣旨に合致する。

したがって，国の上記反論は認められず，特定労務外国人の女性が，妊娠・出産する権利を放棄したとはいえない。

(2)ア　国としては，新制度は広範な立法裁量が認められること，及び，法15条8号は，日本での妊娠・出産の禁止という場所の制限を課したもので規制の程度は軽いから，緩やかな審査基準を採用するべきである，と反論することが考えられる。

イ　自身の見解としては，たしかに，労働力不足の深刻化を解消するためにどのような方法を採用するかは，立法府の専門的・技術的判断と，外交上の政治的判断が高度に求められる事項である。しかし，妊娠・出産をどうするかは，いつ，どのような家族を持つかという人の人生に直接かかわるものであり，幸福追求と直結する。そのため，政治的判断によって妊娠・出産を禁止することは，極力避けるべきである。したがって，裁量があるとしても，広範な裁量を認めるべきではないと考える。

たしかに，心身ともに不安定な時期である妊娠期間の強制収容・強制出国を認めると，肉体的・精神的に苦痛を与えることになる。しかし，強制収容・強制出国手続において，母子の健康に十分配慮することは可能である。法15条8号は，日本での妊娠・出産を禁止したにすぎず，送還先の国では自由に出産することができるのであるから，規制の程度が著しく強いということはできない。

そのため，法15条8号は，目的が重要であり，かつ，手段が目的達成のために必要かつ合理的といえなければ，違憲であると考えるべきである。

(3)ア　国としては，日本への長期にわたる定住を認めないという趣旨を徹底する必要があり，外国人被扶養者の増加が我が国の社会保障制度や保育，教育，医療サービス等に及ぼす影響から，法15条8号は必要かつ合理的な手段であると反論することが考えられる。

イ　自身の見解としては，欧米諸国で社会的・政治的な軋轢が生じた経験を踏まえると，我が国の文化や秩序との調和を図りつつ社会経済を発展させるという法15条8号の目的は重要であると考える。

そして，たしかに，出産後，母子の容態が安定してから送還するといった，より制限的ではない手段を採用する余地もないわけではない。しかし，新制度は，特に労働力確保が必要な区域として受け入れの対象区域を指定し，受け入れた外国人はその指定区域内でのみ就労ができることとしたうえ，いずれ必ず帰国し，日本への長期にわたる定住を認めないこと，さらに，受け入れた外国人に問題がある場合には迅速に出国させることが求められ，現行の入国管理制度とは大幅に異なる枠組みで創設されたものである。労働力確保の要請から入管法に比して緩やかな要件で入国を認める以上，受け入れた外国人に問題がある場合には，迅速に出国させることにより我が国の秩序を守り国民の安心を得る必要がある。そのため，日本での妊娠・出産を禁止することは，上記目的を達するために必要かつ合理的な

●　出題趣旨によれば，「出入国や国内での滞在は国家主権に属する事項であって，妊娠等を理由に強制出国処分とすることについては極めて広範な裁量が認められること」を指摘すべきとされている。本答案は，国側の反論として広範な立法裁量が認められる点を指摘できている点で出題趣旨に沿うが，その根拠（「出入国や国内での滞在は国家主権に属する事項」であること）について明らかにしていない点で，不十分である。

他方，本答案は，「妊娠・出産をどうするかは，いつ，どのような家族を持つかという人の人生に直接かかわるものであり，幸福追求と直結する」という権利の重要性を指摘することで，立法裁量を限定すべき旨の論述ができており，出題趣旨に合致する。

●　国側の反論として，「子供が日本で生まれ育つことにより，日本の社会保障制度……等の負担となる可能性」に言及している点で，出題趣旨に沿う。

●　前述したとおり，規制目的は「定住を認めないという新制度の趣旨を徹底する」点にあり，抽象的な目的を摘示するだけでは十分な論述とはいえない。

●　本答案は，手段審査において，単に問題文を引用するだけして，「そのため，日本での妊娠・出産を禁止

手段であると考える。
(4) よって，法１５条８号は，合憲である。
2 ②法１８条１項・２３条２項
(1)ア 国としては，外国人の入国・滞在の可否は国家の主権的判断に属するという原則から，強制収容・強制出国には憲法３１条・３３条の適用はない，と反論することが考えられる。
イ 自身の見解としては，行政手続においても，国権の恣意・濫用から国民を守るという憲法３１条・３３条の趣旨が妥当するため，強制収容・強制出国にも，憲法３１条・３３条の適用がありうると考える。
(2)ア 国としては，収容の要件が限定され，収容後に一定の手続保障が与えられている以上，憲法３１条・３３条に反しない，と反論することが想定される。
イ 自身の見解としては，たしかに，強制収容は，逮捕に類似する身体拘束を課すものであると考える。もっとも，収容の要件は法１５条各号に限定されているから，警備官による職権濫用のおそれは極めて低いと考えられる。また，警備官が，収容のために身柄を拘束したときには，速やかに弁解聴取することが義務付けられている（法１８条２項）。そして，警備官は，４８時間以内に嫌疑者の収容を審査官に報告することになっている（法１８条４項）。審査官は，外国人の出入国ないし在留管理等の業務に１０年以上従事した経験があり，一定の試験に合格した者から任用されるので，高度な専門知識を有しており，適正・公正な手続が期待できる者である。そして，審査官の審査の結果，法１５条各号に該当しない場合，直ちに放免しなければならないとされている（法１９条３項）。そのため，収容後にも一定の手続保障が与えられている。したがって，法１８条１項・２３条２項は，適正な手続であるというべきである。
(3) よって，法１８条１項・２３条２項は，合憲である。

以　上

することは，上記目的を達するために必要かつ合理的な手段である」と結論付けているが，設定した目的が抽象的であるために，どのように結論と関連しているのかが不明瞭である。

● 出題趣旨によれば，「退去強制事由該当性が明らかであること，収容後直ちに収容理由の告知・弁解の聴取がなされ，警備官とは別の立場である審査官による審査もあること，更に裁判所への出訴も可能であること」を指摘すべきであるところ，本答案は，裁判所への出訴以外について言及されており，出題趣旨にほぼ合致する。

再現答案③　B評価　993～1053位（105.34点，M・Sさん　論文順位1740位）

第１　設問１

１　法令違憲

⑴　憲法１３条違反

ア　農業及び製造業に従事する特定労務外国人の受入れに関する法律（以下，「法」という。）１５条８号及び１８条は，特定労務外国人の妊娠・出産の自由を不当に侵害するから，憲法１３条に違反し無効である。よって，同各条に基づきなされた本件収容も国賠法上違法である。

イ　法１５条８号は，特定労務外国人が本邦滞在中に妊娠し又は出産することを禁じ，同法１８条では，その事実があると疑うに足りる相当に理由がある場合に当該外国人を収容することができる旨規定する。すなわち，これらの規定は特定労務外国人の妊娠・出産の自由を制約するものである。

日本国憲法の権利保障は，性質上可能な限り外国人にも等しく及ぶと解される。一方，憲法１３条は人格的生存に不可欠な利益を保障するものと解される。

妊娠・出産の自由は，子をもうけるか否かという自己の人生にとって重大な事項について自ら決定をする自由であるから，人格的生存に不可欠な利益といえる。そして，生殖に関する事項は，人間の根源的部分に関わるものであり，前国家的・普遍的な問題であるから，性質上，その自己決定の自由に対する保障は外国人にも及ぶというべきである。

憲法１３条の保障も無制限ではなく，「公共の福祉」による制約は受けうる。しかし，妊娠・出産の自由が人間にとって根源的な利益であり，法１５条の規制が本邦滞在中全面的に妊娠及び出産を禁止するという強度のものであることに照らし，規制目的が重要であり，かつ，より制限的でない他の選びうる手段によってはその目的が達成できないといえる場合に限って，その制約が憲法上許容されると考える。

ウ　法１５条８号及び１８条の目的は，特定労務外国人が日本で子供を産み育てることを通じて長期定住することを防ぎ，国内秩序を守ることにあると解される。しかしこれは，外国人の滞在について国に恣意を認めるものにすぎないから，重要とはいえない。

仮にこの目的が重要であるとしても，当該外国人が妊娠・出産した事実が確認された場合に法４条４項但書の更新をしないことで，その子供が成長する前に当該外国人を帰国させることができるのであるから，目的を十分に達成することができる。

よって，法１５条８号及び１８条による制約は不当に特定労務外国人の妊娠・出産の自由を侵害するものであるから，憲法１３条に違反し無効である。

⑵　憲法３３条違反

ア　収容は，身体の自由を制約するものである。憲法３３条は，現行犯逮捕される場合を除き，令状によらなければ逮捕することができないと定め，身体拘束に令状を要求することで身体の自由を保障する。

● 出題趣旨によれば，「まず，自己決定権が憲法上保障されるか，そして，その自己決定権に妊娠等の自由が含まれるかということが問題となる」としており，最初に自己決定権及び妊娠等の自由を論証しなければならないところ，本答案の論証の流れは制約の認定→外国人の人権→妊娠・出産の自由となっており，正しい論述の順序立てとなっていない。

● マクリーン事件判決（最大判昭53.10.4／百選Ⅰ［第７版］〔１〕）で示された権利性質説に従って，外国人であるＢも憲法13条後段の保護対象となることを検討できている。

● 出題趣旨によれば，「妊娠等が本人の人生にとって極めて重要な選択であり」，「自己決定権の中でも特に尊重されなければならないこと」を指摘すべきところ，本答案は，これらの点について一応言及できている。

● 出題趣旨によれば，「規制目的は定住を促す生活状況を生じさせることを防止することによって定住を認めないという新制度の趣旨を徹底すること」であり，本答案は立法目的の検討が不十分である上，「外国人の滞在について国に恣意を認めるものにすぎない」という論述も，根拠等を示すことなく一方的な論述となっており，不適切である。

● 出題趣旨によれば，令状等なくして収容を認めることについて，①「人身の自由」や②「適正な手続的処遇を受ける権利」を侵害するのではないかという憲法上の問題点がある

イ　身体の自由が生活上のあらゆる自由の根底をなす重要な利益であることに照らせば，必要不可欠な目的に基づく最小限度の手段によるのでなければ身体拘束をすることは憲法３３条に反し許されないというべきである。

ウ　法がこのような収容を定める目的は，わが国の秩序を維持しようとする法の実効性を確保することにあると解され，それ自体は必要不可欠な目的といえなくはない。しかし，妊娠又は出産の事実があると疑う相当な理由があるのみで弁解の機会も与えず直ちに収容できるとするのは，必要以上の身体拘束を認めるものであるから，法１５条８号及び１８条は憲法３３条に違反し，無効である。

２　本件収容の違憲について

⑴　法１８条は要件が満たされる場合に嫌疑者を収容することが「できる」と規定して，収容するかどうかにつき警備官に裁量を与えている。もっとも，裁量権の行使も比例原則に従うことが要請され，これに反する収容もはや裁量権の逸脱・濫用により不当に当該被収容者の妊娠・出産の自由を侵害するものといえるから，憲法１３条に違反し，違法となるというべきである。

そして，収容の理由が妊娠・出産である場合には，妊娠・出産の自由が重要な権利であることに照らせば，それが不法滞在を意図してなされるなど法を潜脱する意思の発露といえ，逃亡のおそれのあるときに限られると解するべきである。

⑵　しかし本件でＢは望んで妊娠したわけではなく，Ａ国に戻る意思も有しているのであるから，そのような法を潜脱する意思はなく，逃亡のおそれもない。それにもかかわらず妊娠を理由としてＢを収容することは，Ｂの妊娠・出産の自由を不当に侵害するものであるから，憲法１３条に反し違法である。

第２　設問２

１　国の反論

⑴　法令違憲について

ア　たしかに，妊娠・出産の自由は重要な権利といえるが，その行為を規制しなければなし崩し的に法の規制の実効性が失われかねない。またその実効性を確保するためには身体拘束を伴う強制的な手段を執らざるを得ない。外国人の定住を認めるか否かも国内秩序に関わる重要な問題である以上，収容という手段を通じて送還することもやむを得ないから，不当な人権侵害はなく，憲法１３条違反はない。

イ　本件収容はそもそも逮捕ではない。一方で逮捕行為ですら，罪を犯したと疑うに足りる相当な理由があれば認められるものである。

また，法を潜脱する意図は主観であり，その判断は極めて困難である。したがって，法の実効性を確保し国内秩序を維持するためには，一定の事由に形式的に該当することをもって身体を拘束しなければ，法の規定の実効性を確保し得ない。よって，法１５条に該当する事実があると疑うに足りる相当な理由に基づく収容は必要最小限度の手段である。よって，憲法３３

（再現答案①コメント参照）。本答案は主に①に着目して論述しているが，②については論述できていない。

● 立法目的については，法１条に掲げられている一般的抽象的な目的ではなく，迅速性の要請等，裁判官の関与を否定することの目的を指摘すべきである。

● 出題趣旨によれば，本問において，「違憲の主張をする場合，その瑕疵は特労法そのものに求められるべきであり，……法令違憲を検討すべきである。仮に適用違憲に言及するとしても簡潔なものにとどめるべき」としている。したがって，本問では，適用違憲を検討する必要はなく，仮に言及するとしても，点数につながらないため，本答案のように分量を割いて論述すべきではない。

● 本答案が指摘する国側の反論は，国内秩序の維持という公共の利益目的を達成するためには，妊娠・出産の自由の保障は後退せざるを得ないと述べているにすぎない上に，原告の主張のどの部分に反論しているのかも不明瞭であり，有効な反論とはいえない。

● 本答案は，「法を潜脱する意図は主観であり，その判断は極めて困難である」と論述しており，これは適用違憲の主張に対応する反論であると考えられる。したがって，法令違憲に関する国側の反論においてこの点を論じても，主張・反論がかみ合

条には違反しない。

(2) 本件収容の違憲について

国内秩序維持のための法の規制の実効性を確保するためには，形式的に判断するほかないから，本件収容も比例原則に違反するものとはいえない。

わず，不当である。

2 私見

(1) 法令違憲について

ア 甲のいう通り，外国人にも憲法１３条により妊娠・出産の自由が保障され，それが人間にとって根源的な事項についての自由であることに照らせば，甲のいう基準により判断すべきである。

労働力を確保する一方で外国人の定住を認めないようにして国内の秩序を維持することも国に課せられた責務の一つということができるから，その目的は重要といえる。

● 前述のとおり，目的の認定が不正確であり，具体的な規制目的を検討すべきである。

しかし，特定労務外国人が妊娠・出産をしたとしても，その子供が成長して我が国の環境に適応し定着する前であれば，法４条の認証を更新しないことで当該外国人を本国に送還することはなお容易であり，直ちに収容するのでなければ国内の秩序が維持できないということはできない。

● 被告の反論を意識した私見になっていない。また，原告の主張の繰り返しであり，説得力を欠く。

そうすると，妊娠・出産の事実があると疑うに足りる相当な理由があることをもって当該外国人を収容できるとする法１５条８号及び１８条は不当に外国人の妊娠・出産の自由を侵害するといえるから，憲法１３条に違反し無効である。

イ 犯罪行為に対しては，強い道義的非難が可能であり，なおかつ犯罪がなされた後もこれを放置すれば社会への危険が残ることとなる。それゆえ，犯人の身体拘束が許容されるのであるが，その場合でも令状発付という司法判断を経てはじめて逮捕が許されるのである。また，現行犯逮捕も罪を犯したことが明らかな場合にのみ認められるにすぎない。すなわち，逮捕できる場合であっても，単に罪を犯したと疑うに足りる相当な理由により被疑者の身体を拘束できるのではなく，上記のような身体拘束の強い必要性のもとに身体拘束が許容されるに過ぎない。

● 出題趣旨によれば，手続的権利に関しては，本問の収容手続が行政手続であることを踏まえ，憲法33条の準用ないし適用が問題となることを指摘した上で，行政手続に憲法33条の適用が認められるための判断枠組みとして，川崎民商事件判決（最大判昭47.11.22／百選Ⅱ［第7版］〔114〕）や成田新法事件判決（最大判平4.7.1／百選Ⅱ［第7版］〔109〕）を意識した論述が求められていた。もっとも，本答案のように，人身の自由という実体的な権利の側面から憲法33条違反を論述する場合には，必ずしも上記出題趣旨に沿った論述が求められるわけではないと考えられる。

このことに照らせば，本来自由であって強い道義的非難のできない妊娠・出産をしたという事実について，単にそれを疑うに足りる相当な理由をもって身体を拘束することを憲法上正当化できない。

よって，法１５条８号及び１８条の収容は必要最小限度の手段ということができず，不当に身体の自由を侵害するものであるから憲法３３条に違反する。

(2) 本件収容の違憲について

以上のように本件収容の根拠規定は違憲無効であるが，仮に法令違憲はないとしても，妊娠・出産の自由が非常に重要な利益であることに照らせば，法の目的を達成するのに必要以上に威嚇されるべきではなく，わが国に定住する目的であえて妊娠するなど悪質な場合に限り収容できるにとどまり，そうでない場合にまで

● 前述のとおり，適用違憲の主張は不要である。仮に言及する場合でも，記載の分量を減らすべきである。

直ちに収容すれば不当に妊娠・出産の自由及び身体の自由を侵害するものといえるから，憲法１３条及び３３条に違反して当該収容は違法となると考える。

そして本件ではＢにそのような意図はなかったのであるから，本件収容は憲法１３条及び３３条に違反する。

以　上

再現答案④　C評価　2694～2747位（79.34点，T・Uさん　論文順位1494位）

第１　設問１

法１５条８号，１８条，１９条，２３条は，憲法（以下略）１３条の保障する特定労務外国人女性の妊娠・出産を決める自由を不当に侵害するものであり，違憲である。

１　憲法上の権利の制約

まず，憲法は国際協調主義（９８条２項，前文３段参照）を採用しているところ，外国人の人権も性質上可能な限り，外国人にも保障される。

そして，特定労務外国人女性が妊娠・出産する自由は，個人の人格的生存に不可欠な権利であるところ，１３条の保障する自己決定権として，保障される。

しかし，法１５条８号は特定労務外国人女性の妊娠・出産を禁止行為とし，１８条は１５条各号の禁止行為をしたことが疑われる者を収容することとし，１９条は強制出国命令書の発付することとし，２３条によりこれが執行されることで，上記自由を制約している。

２　判断枠組み

特定労務外国人女性が妊娠・出産する自由は，自己のライフスタイルの根幹をなすものであり，極めて重要な権利である。

妊娠・出産をした特定労務外国人女性に対する上記強制出国までの流れは，身体への直接拘束を伴い，移動の自由も奪うものであるから，制約態様は強い。

そこで，目的が必要不可欠であり，手段が必要最小限でない限り，違憲である。

● 出題趣旨によれば，①自己決定権が憲法上保障されるか，②妊娠等の自由が自己決定権に含まれるか，③外国人に妊娠等の自由が保障されるか，という順序での検討が想定されていたところ，本答案は，③を述べた上で，②を検討して結論を出しており，出題趣旨に合致しない。また，ここでは，どうして外国人であるＢにも妊娠等の自由が保障されるのかについて，具体的な論述が求められていた。

● 違憲審査基準の設定に関して，権利の重要性及び規制態様の重大性に着目できているが，具体性に欠けた論述となっている。なお，ここでは立法裁量が限定されるとの主張を行うべきであった（再現答案①コメント参照）。

３　個別的・具体的検討

法の目的は，日本の文化や秩序との調和を図りつつ，国民生活の安定及び社会経済の発展に資する点にあり（法１条），その必要不可欠性は否定できない。

しかし，そもそも外国人が増えると日本の文化や秩序の調和が乱れるという科学的根拠はなく，目的と手段に関連性がない。

仮に，関連性があるとしても，特定労務外国人女性が妊娠・出産をすれば，家族そろって本国へ帰国することが想定されるから，必要性がない。

仮に，必要性があるとしても，妊娠・出産が発覚し次第強制出国させる必要はなく，認証の効力が切れた段階で，出国させれば十分であり，相当性を欠く。また，法１８条の規定する収容は裁判官の令状等を必要とせず，警備官限りの判断で行われることからも，令状主義（３３条）に反することから，上記手続は手段としての相当性を欠く。

以上より，法１５条８号，１８条，１９条，２３条は，手段としての必要最小限度性を欠き，違憲である。

第２　設問２

１　憲法上の権利の制約

⑴　国からは，特定労務外国人のうち，誰の滞在を許すかは，認証を与える法務大臣の広範な裁量に委ねられているところ，特定労務外国人女性の妊娠・出産を決める自由は１３条により保障されているとはいえないとの反論が考えられる。

● 規制目的（再現答案①コメント参照）が不正確であることに加えて，その理由も示されていない。

● 本答案の「科学的根拠」がない旨の論述は，「欧米諸国で移民を大規模に受け入れた結果として社会的・政治的な軋轢が生じた経験」（問題文参照）を度外視するものであり，不適切である。また，「特定労務外国人女性が妊娠・出産をすれば，家族そろって本国へ帰国することが想定されるから，必要性がない。」旨の論述も，根拠のない仮定を前提にするものであり，論理的でなく説得力に欠ける。

● 憲法13条に違反するかどうかを検討していたはずであるのに，憲法33条に反する旨論述しており，論理一貫性に欠ける。

● 出題趣旨によれば，国側の反論として，「妊娠等を理由に強制出国処分とすることについては極めて広範な裁量が認められる」との主張が想定されていたところ，本答案はかか

(2) しかし，特定労務外国人に対して，一度認証を与えれば，その特定労務外国人は少なくとも有効期限までは日本に滞在できることに合理的期待を抱く。そこで，法務大臣の一方的な判断でかかる自由を奪うことは許されず，特定労務外国人女性の妊娠・出産を決める自由は１３条により保障されていると考える。よって，かかる国の反論は失当である。

2 判断枠組み

(1)ア 国からは，妊娠・出産が禁止事項であることは特定労務外国人女性にとって，日本に入国する段階でわかっていることであり，しかも，自ら積極的に行動しない限り，妊娠・出産することは通常ありえないのだから，権利の重要性は原告の主張するものよりも低下するとの反論が考えられる。

イ 確かに，国の反論の通り，妊娠・出産は自らの意思によらなければ通常起こり得ないことであるから，自らの意思で防ぐことが容易である。そこで，国の反論は妥当である。

(2)ア 国からは，特定労務外国人女性が妊娠・出産をすれば，強制出国になることについても，日本に入国する段階でわかっていることであり，そのことに同意の上で日本に入国している以上，制約態様も原告が主張するほど強いものとはいえないとの反論が考えられる。

イ しかし，強制出国は妊娠・出産と異なり，自らの意思によらず，強制的に身体に対して直接的な強制を加えるものであって，これに事前の同意があることは通常考えられない。そこで，入国時に強制出国になることについても，日本に入国する段階でわかっているとしても，制約態様はいまだ強力であると考える。

そこで，目的が必要不可欠であり，手段が必要最小限でない限り，違憲であると考える。

3 個別的・具体的検討

(1)ア 国からは，多くの外国人の長期滞在を許せば，国の文化や秩序が乱れることは，近年大規模に移民を受け入れた欧米諸国の情勢から合理的に推測できることであるから，目的と手段に関連性が認められるとの反論が考えられる。

イ 確かに，外国人が増えると日本の文化や秩序の調和が乱れるという科学的根拠はないものの，一度日本の文化や秩序が乱れてしまえば，回復は困難であるところ，予防的なアプローチを採用すべきである。そこで，国の反論が妥当である。

(2)ア 国からは，特定労務外国人女性が妊娠・出産をすれば，相手の男性は日本人である可能性が高く，そうであれば男性から特定労務外国人女性や子に対して日本に残るよう説得する可能性が十分に考えられる。そこで，特定労務外国人女性が妊娠・出産をすれば，家族そろって本国へ帰国することが想定されるとはいえないとの反論が考えられる。

イ かかる国の反論は合理的であり，妥当である。

(3)ア 国からは，強制出国には，１０年以上の経験があり，一定の試験に合格した審査官による審査が法１９条において予定されてい

る主張について，権利が保障されるか否かのレベルで論じてしまっている。この点，裁量の広狭は，権利制約の正当化の判断において影響を及ぼしうるが，権利が保障されるか否かのレベルでは，直接の影響はないはずである。

● 出題趣旨によれば，国側の反論として，「妊娠等禁止の条件は事前に周知され，誓約（同意）もあることから基本権への制約がなく合憲である」との主張が想定されているところ，本答案はこれと同趣旨の反論を指摘できている点で出題趣旨に沿う。

● 権利の重要性に関する国の反論は妥当であるとしておきながら，原告と同じ判断枠組みを採用するのは論理的でない。

● 目的の必要不可欠性に関する検討がなされていない。また，手段の必要最小限度性に関する検討も，不十分である。

● このような仮定を前提とした反論ではなく（問題文上でも，Bは日本人でなくA国籍男性Cとの間の子を妊娠している），本問の事実関係に即した詳細な検討を行うべきである。

● 理由もなく国の反論が妥当であると述べるのは不適切である。

る以上，手続保障に欠けるところはないとの反論が考えられる。

イ　しかし，強制出国の前段階で収容される時点で，被処分者に対する身体の直接拘束が行われる点において，重要な人権侵害がある。そこで，収容の段階で令状裁判官の司法審査を及ぼすべきであるにもかかわらず，かかる審査なく，審査官のように経験や一定の試験も経ていない警備官限りの判断で，収容は行われることを規定する法１８条は，３３条の趣旨に反する。

以上より，法１８条は手段としての相当性を欠き，違憲であるが，他の条文については，合憲と考える。

以　上

●「第三者的な立場の者による事前審査が必要である」旨の主張に近い論述が一応できている点で出題趣旨に沿うが，問題文に挙げられている収容の要件や手続を十分に検討した上で論述すべきであり，本答案はこれらの点に関する検討が不十分である。なお，憲法33条に関する問題については，項目を分けて論じるべきである。

平成30年

問題文

［公法系科目］

〔第１問〕（配点：１００）

２０＊＊年，Ａ市では，性的な画像を含む書籍の販売等の在り方に対し，市民から様々な意見や要望があることを踏まえ，新たな条例の制定が検討されることとなった。この条例の検討に関わっている市の担当者Ｘは，憲法上の問題についての意見を求めるため，条例案を持参して法律家甲のところを訪れた。**【別添資料】**は，その条例案の抜粋である。法律家甲と担当者Ｘとの間でのやり取りは以下のとおりであった。

甲：新しい条例が検討されているのはどのような理由からですか。

Ｘ：いわゆる「成人向け」「アダルトもの」と呼ばれる雑誌だけでなく，最近では一般の週刊誌として販売される雑誌を含む様々な出版物等に，裸の女性の写真など性的な画像が掲載され，それらがスーパーマーケットやコンビニエンスストアなど市民が食料品や生活用品を購入するために日常的に利用する店舗で販売されています。近年，一部のコンビニエンスストアでは，そのような雑誌類の取扱いをやめる動きも出てきていますが，飽くまでも一部の店舗による自主的なものにとどまっています。この状況に対して，市民からは，青少年の健全な育成に悪影響を及ぼす，安心して子供と買い物に行けないという意見が寄せられているほか，特に女性を中心として，見たくもないものが目に入って不快であるとか，思わぬところで性的なものに触れないようにしてほしいという意見が最近多く寄せられるようになりました。市内には，マンションや団地，住宅地が多く，子供がいる世帯が多数居住していますが，そのような地区の自治会からも性的な画像を掲載した出版物等の販売や貸与について規制を求める要望が出ています。

甲：すると，青少年の健全な育成を図ることだけが目的となるわけではないのですね。

Ｘ：そうです。青少年の健全な育成とともに，羞恥心や不快感を覚えるような卑わいな書籍等が，それらをおよそ買うつもりのない人たちの目に，むやみに触れることがないようにすることもねらいです。

甲：具体的にはどのようなものを規制の対象とするのですか。

Ｘ：規制の対象となる図書類は，この条例案の第７条に記載しています。日々発行される様々な出版物等を適切に規制の対象とするため，市長等が規制の対象となる図書類を個別に指定することとはせず，要件に該当する図書類が自動的に規制の対象となるようにしました。「性交」，「性交類似行為」や「衣服の全部又は一部を着けない者の卑わいな姿態」を撮影した写真や動画などの画像とこれらを描写した図画を対象とし，かつ，「殊更に性的感情を刺激する」ものであることが要件となります。このような画像や図画が含まれる書籍や雑誌などを「規制図書類」としました。

甲：刑法第１７５条で処罰の対象となっている「わいせつ」な文書等には当たらないものもこの条例では規制の対象となるのですね。

Ｘ：そうです。刑法上の「わいせつ」な文書等に当たらないものも，もちろん対象になります。刑法上の「わいせつ」な文書等に該当すれば，頒布や陳列自体が犯罪行為となるわけですから，むしろ，この条例では刑法で処罰対象とならないものを規制することに意味があると考えています。

甲：規制の対象には，写真や動画などの画像だけでなく，漫画やアニメなど絵による描写も含むのですか。

Ｘ：含みます。絵による描写でも，殊更に性的感情を刺激する類のものがありますし，普通の漫画と同じように書店などで陳列され，子供が普通の漫画だと思って手に取って見てしまうので困るという意見も寄せられています。

甲：いわゆる性的玩具類の販売や映画館での成人向け映画の上映などの規制はどうするのですか。

Ｘ：これらは専門の店舗で販売等されるのが通常で，既に別の法律や条例の規制対象になっているので，本条例の対象とは考えていません。

甲：規制の内容，方法はどのようなものですか。

Ｘ：第８条に４種類の規制を定めています。まず，通常のスーパーマーケットやコンビニエンスストアなど，市民が食料品などの日用品を購入するために日常的に利用する店舗に規制図書類が置かれていると，青少年の健全な育成にとっても，市民が性的なものに触れることなく安心して生活できる環境の保持という点でも，望ましくありませんので，そのような店舗に規制図書類が並ばないようにする必要があります。そのため，第８条第１項で，主に日用品等を販売する店舗における規制図書類の販売や貸与を禁止しています。次に，第８条第２項で，小学校，中学校，高等学校などの敷地から２００メートルの範囲を規制区域とし，事業者が，その区域内において規制図書類の販売や貸与をすることを禁止します。規制区域では，事業者は，青少年に限らず，誰に対しても，店舗で規制図書類の販売や貸与をすることができないこととなります。児童・生徒らが頻繁に行き来する範囲にそのような店舗が存在することは望ましくないという市民の声に応えるためです。これらの規制の下でも，第８条第１項に当たらない事業者の店舗，つまり，日用品等の販売を主たる業務としていない事業者の店舗については，第８条第２項の規制区域の外であれば，規制図書類の販売や貸与ができます。そこで，第８条第３項で，青少年に対する規制図書類の販売や貸与を禁止し，さらに，第８条第４項で，規制図書類の販売や貸与をする店舗内では，規制図書類を壁と扉で隔てた専用の区画に陳列することなどを義務付けます。

甲：第８条第１項各号には，書籍やＤＶＤなど「図書類」が挙げられていませんが，書店やレン

平成30年・司法

タルビデオ店は，第８条第１項で規制図書類の販売や貸与が禁止される店舗には当たらないということですか。

Ｘ：そのとおりです。確かに，書店やレンタルビデオ店にも青少年や規制図書類を購入等するつもりのない人が出入りするのですが，他方で，書店など図書類を専ら扱う店舗で規制図書類を全く扱えないとなると，その営業に与える影響が大きく，これらの店舗に酷なことになります。また，通常，書店やレンタルビデオ店に，規制図書類に当たるような書籍等が置かれていることは一般の方も理解されているはずですので，そういった店舗では，第８条第４項に規定した規制図書類を隔離して陳列するなどの義務を履行してもらえば足りるのではないかと考えています。

甲：この条例によって，これまで規制図書類の販売や貸与をしていた事業者には，どの程度の影響が及ぶことになるのでしょうか。

Ｘ：市内には，小売店が約３０００店舗あるのですが，そのうち，第８条第１項に該当する日用品等の販売を主たる業務とする店舗は約２４００店舗あります。この第８条第１項に該当する店舗のうち，約６００店舗が規制図書類を販売しています。もっとも，これらの店舗は，主に日用品等を扱っていますから，規制図書類の売上げが売上げ全体に占める割合は微々たるものです。また，第８条第２項によって規制図書類の販売や貸与をする事業が禁止される規制区域が市全体の面積に占める割合は２０パーセント程度で，市内の商業地域に限っても，規制区域が占める割合は３０パーセント程度です。市内の規制区域にある店舗は約７００店舗で，そのうち規制図書類の販売や貸与をする店舗は約１５０店舗あります。しかし，その約１５０店舗のうち，規制図書類の売上げが売上げ全体の２０パーセントを超えるのは，僅か１０店舗に過ぎません。

甲：この条例案による規制に反対する意見はないのですか。

Ｘ：規制対象が広過ぎるのではないかという意見があります。また，日用品等の販売を主たる業務とする店舗の一部は，規制図書類の売上げが売上げ全体のごく一部であっても，これを販売していること自体に集客力があると考えているようで，販売の全面的な禁止に反対しています。そのほか，第８条第２項の規制区域で規制図書類を販売してきた店舗の中からも，この条例案に反対する意見が寄せられています。しかし，これまでどおりの営業ができなくなっても，正にそれを市民が求めている以上は，やむを得ないのではないかと考えています。規制区域の店舗には，規制図書類の販売と貸与さえやめてもらえればいいわけで，販売等を継続したいのであれば，市内にも店舗を移転できる場所はあるはずです。条例の施行までには６か月という期間を設けてもいます。

甲：事業者の側からは，ほかにどのような意見があるのですか。

Ｘ：スーパーマーケットやコンビニエンスストアの事業者や業界団体の中には，既にいわゆる

「成人向け」の書籍等について自主規制を行っているところもあり，反対はそれほど多くありません。しかし，例えば，書店やレンタルビデオ店など規制図書類とそれ以外の図書類とを取り扱っている店舗では，今後，第８条第４項に従って規制図書類を隔離して陳列しなければならないため，その要件を満たすための内装工事等が必要で，そこまでの必要があるのかと疑問視する声があります。

甲：規制図書類を購入する側である１８歳以上の人，あるいは，青少年への影響についてはどのように考えていますか。

X：１８歳以上の人にとっては，これまで規制図書類を購入していた店舗で購入できなくなる場合があるなど，不便になるということはあると思いますが，市内で規制図書類を一切買えなくなるわけではありません。青少年については，成長途上であり，規制図書類が全く購入できなくなっても，社会的に許容されると考えています。

甲：この条例に違反した場合の制裁はどうなっていますか。

X：第９条に規定しているとおり，第８条に違反した事業者に対し，市長が，改善命令又は業務停止命令を発することができます。そして，第１５条で，第８条第１項から第３項までに違反した者や，市長の改善命令や業務停止命令に違反した者に対する刑事罰を定めており，その法定刑は，６月以下の懲役又は５０万円以下の罰金としています。

甲：条例案の内容は分かりました。

X：いろいろな意見がありますし，規制は必要な範囲にしたいと考えて検討しているのですが，条例でこのような規制をすることは，憲法上，問題があるでしょうか。

甲：規制の対象となる図書類の範囲や，規制の手段，内容について，議論があり得ると思います。図書類を購入する側と販売等をする店舗の双方の立場でそれぞれの権利を検討しておく必要がありそうですね。図書類を購入する側としては，規制図書類の購入等ができない青少年と１８歳以上の人を想定しておく必要があります。また，販売等をする店舗としては，条例の規制による影響が想定される３つのタイプの店舗，すなわち，第一に，これまで日用品と並んで規制図書類を一部販売してきたスーパーマーケットやコンビニエンスストアなどの店舗，第二に，学校周辺の規制区域となる場所で規制図書類を扱ってきた店舗，第三に，規制図書類とそれ以外の図書類を扱っている書店やレンタルビデオ店を考えておく必要があるでしょう。

〔設問〕

あなたがこの相談を受けた法律家甲であるとした場合，本条例案の憲法上の問題点について，どのような意見を述べるか。本条例案のどの部分が，いかなる憲法上の権利との関係で問題になり得るのかを明確にした上で，参考とすべき判例や想定される反論を踏まえて論じなさい。

【別添資料】

善良かつ健全な市民生活を守るＡ市環境保持条例（案）

（目的）

第１条　この条例は，性風俗に係る善良な市民の価値観を尊重するとともに青少年の健全な育成のために必要な環境の整備を図り，もって善良かつ健全な市民生活を守り，Ａ市の健全で文化的な環境を保持することを目的とする。

（定義）

第２条　この条例において，次の各号に掲げる用語の意義は，それぞれ当該各号に定めるところによる。

⑴　青少年　１８歳未満の者をいう。

⑵　図書類　書籍，雑誌，文書，絵画，写真，ビデオテープ，ビデオディスク，コンピュータ用のプログラム又はデータを記録した電磁的記録媒体並びに映写用の映画フィルム及びスライドフィルムをいう。

⑶　（略）

（規制図書類）

第７条　次の各号に掲げるものを撮影した画像又は描写した図画（殊更に性的感情を刺激する画像又は図画に限る。）を含む図書類を規制図書類とする。

⑴　性交又は性交類似行為

⑵　衣服の全部又は一部を着けない者の卑わいな姿態

（規制図書類の販売等の制限）

第８条　次の各号に掲げる物品（以下「日用品等」という。）の販売を主たる業務とする事業者は，その営業を行う店舗において規制図書類を販売し又は貸与してはならない。

⑴　飲食料品

⑵　衣料品・日用雑貨

⑶　医薬品・化粧品

⑷　文房具

⑸　スポーツ用品

⑹　玩具・娯楽用品

⑺　楽器

2　事業者は，学校教育法（昭和２２年法律第２６号）第１条に規定する学校（幼稚園及び大学を除く。）の敷地の周囲２００メートル以内の区域（以下「規制区域」という。）の店舗において，規制図書類を販売し又は貸与してはならない。

3　規制図書類を店舗において販売し又は貸与する事業者は，青少年に対して規制図書類を販売し又は貸与してはならない。

4　規制図書類を店舗において販売し又は貸与する事業者は，規制図書類の陳列に当たり，次の各号に掲げる措置を講じなければならない。

⑴　規制図書類を隔壁及び扉により他の商品の陳列場所と区分された場所に陳列すること。

⑵　規制図書類の陳列場所の出入口付近の見やすい場所に，規制図書類の陳列場所であることを掲示すること。

（改善命令等）

第９条　市長は，事業者が，前条各項の規定に違反して規制図書類の販売又は貸与を行っていると認めるときは，当該事業者に対し，期限を定めて業務の方法の改善に関し必要な措置を採るべきことを命ずることができる。

2　市長は，事業者が，前項の規定による命令に従わないときは，当該事業者に対し，３月以内の期間を定めて，その業務の全部又は一部の停止を命ずることができる。

（罰則）

第１５条　次の各号のいずれかに該当する者は，６月以下の懲役又は５０万円以下の罰金に処する。

⑴　第８条第１項，第２項又は第３項の規定に違反した者

⑵　第９条第１項又は第２項の規定による命令に違反した者

（両罰規定）

第１６条　法人の代表者又は法人若しくは人の代理人，使用人その他の従業者が，その法人又は人の業務に関し，前条の違反行為をしたときは，その行為者を罰するほか，その法人又は人に対して，同条の罰金刑を科する。

附則（抄）

第１条　本条例は，公布の日から起算して６月を経過した日から施行する。

（参照条文）学校教育法（昭和２２年法律第２６号）

第１条　この法律で，学校とは，幼稚園，小学校，中学校，義務教育学校，高等学校，中等教育学校，特別支援学校，大学及び高等専門学校とする。

MEMO

出題趣旨

【公法系科目】

〔第１問〕

全国都道府県では，青少年の健全育成を目的とした図書類の販売等に関する規制が行われている。本問は，そのような目的にとどまらず，一般市民がむやみに羞恥心等を覚えるような卑わいな画像等に触れることがないようにして性風俗にかかる善良な市民の価値観を尊重するという観点も併せ，健全で文化的な環境を保持するという目的のために種々の規制を行う架空の条例案について，その合憲性の検討を求めるものである。従来は，訴訟の場面を想定し，当事者の主張等において憲法論を展開することを求める出題が通例であったが，実務的には，必ずしも訴訟の場面に限られず，法令を立案する段階においても法律家としての知見が必要であることから，そのような場面で憲法論をどのように活用，展開するかを問う出題とした。

法律家としての助言を求められているため，具体的な条例の文言を指摘しつつ，当該規定で合憲といえるかどうかを答えることが不可欠であり，違憲であるとする場合に，条例案のどの部分がどのような憲法上の規定との関係で問題なのかを具体的に指摘することが期待される。

本条例の検討に際しては，問題文の最後の甲の発言にあるとおり，図書類を購入する立場と販売等をする店舗の立場から憲法上の権利を検討することが必要であり，前者については，憲法第２１条の表現の自由に含まれる「知る自由」を，後者については，憲法第２２条の職業選択の自由に含まれる「営業の自由」の観点から検討する必要がある。

憲法第２１条に関しては，まず，知る自由が，憲法第２１条第１項により保障されることに言及した上で，購入や貸与を受けることを制限される青少年について，その自由の制約になるかどうかを論じることとなろう。制約になるとした場合，まず，明確性の原則との関係で，規制図書類の定義が適切かどうか，「衣服の全部又は一部を着けない者の卑わいな姿態」「殊更に性的感情を刺激する」との文言が曖昧，不明確でないかどうかの検討が必要となる。一般に，明確性の原則は，不明確な法文が表現者の表現行為に対して萎縮効果を持つことを問題にするものであるが，本問における条例による規制においては，表現物の流通過程に位置する販売者を萎縮させ，それに伴って青少年の知る自由を制約することになるのではないかという観点から，明確性の原則を論ずることが考えられる。さらに，明確性の原則に反しないとしても，かかる制約の合憲性判断について，いかなる審査基準によって審査することが妥当かどうかを論じる必要がある。その際，内容規制と考えるのか，それとも内容中立規制と考えるのかという観点から議論することも考えられるし，規制対象となる図書類が性的な表現を含むものであることから，その表現の価値を考慮するかどうか，あるいは，情報の受け手が青少年であることの考慮が働くかどうか（岐阜県青少年保護育成条例事件補足意見）といった観点を意識した議論をすることが考えられよう。その上で，本件規制図書類の範囲が過度に広汎ではないかという点を含め規制の必要性，合理性を検討する必要がある。また，審査基準の設定又は当てはめにおいて，後述するように，本条例の目的についての検討，すなわち，青少年の健全育成の目的や，一般市民がむやみに卑わいな画像等に触れないようにするという目的が，憲法上の権利を制約する目的としてふさわしいものであるかどうかを意識した議論をすることが考えられよう。

次に，１８歳以上の者との関係では，知る自由の制約になるかどうかをまず検討する必要があろう。規制図書類の購入がおよそできなくなるわけではなく，購入方法の限定はごく一部に過ぎないから知る自由の制約とまでは言えないと評価するのか，情報の受領方法に制限が加わる以上，知る自由の制約ととらえるのかの両論が考えられる。知る自由の制約ととらえると，青少年における検討と同様に，明確性に関する検討が必要となり，審査基準の設定についても，青少年の場合と同様の点（青少年であることを考慮するかどうかを除く。）を踏まえた審査基準の設定が考えられる。１８歳以上の者は，購入場所が限定されるにとどまるため，青少年とは異なる審査基準を設定することも考えられるし，そうでない場合でも，審査基準への当てはめにおいては，購入が全面的に制約される青少年とは異なり，個々の規制の合理性を検討する必要があろう。その際，本条例の目的が，青少年の健全育成のみならず，一般市民がむやみに卑わいな画像等に触れないようにするという点にあることについて，青少年の場合と同様，憲法上の権利の制約の目的としてふさわしいのかどうかについても言及することが考えられる。例えば，条例の目的は，結局のところ，卑わいな画像等を見たくない人を保護するということになるが，見たくないものに触れさせないこと一般が法的保護に値するとは言えないという議論や，目的が漠然としたもので抽象的にすぎるといった指摘をして，その目的としての価値が大きくないと評価する方向で議論をすることも考えられよう。他方，性的な羞恥心や卑わいなものを見たくない人の不快感は，現に一般に共有されている感情である以上，十分に法的保護に値するといったことから，制約目的としての価値を見出す議論をすることもできるであろう。

青少年及び１８歳以上の者のいずれにおいても，目的と規制の対応関係を意識する必要がある。例えば，学校から２００メートル以内における販売等の規制（いわゆるゾーニング）については，青少年の健全育成と結びつくものであり，日用品販売店での販売規制と隔壁等の義務付けは，青少年の健全育成と一般市民をむやみに卑わいな画像等に触れさせないという観点の両面を趣旨としていることなどを意識した論述が求められる。

憲法第２２条に関しては，営業の自由が憲法上の権利であること，本件規制が営業の自由の制約に該当することに言及した上で，営業の自由の制約としてどのような審査基準が妥当であるかを議論することが考えられる。青少年の健全育成という目的と一般市民がむやみに卑わいな画像等に触れないようにするという目的をどのようにとらえ，制約される権利の性質，制約の程度等との関係で，どのような審査基準を設定するかの議論をする必要がある。その際，小売市場許可制判決や薬事法判決等の既存の営業の自由に関わる判決との対比をすることや，積極目的，消極目的等の規制目的の区別に基づいて審査基準を立てるべきかを議論することが考えられよう。その上で，当該審査基準に基づいて，日用品等販売店舗での販売禁止の合憲性，学校から２００メートル以内における販売等の禁止の合憲性，隔離販売規制の合憲性，青少年への販売規制の合憲性について検討することとなる。他方，制約の程度等の審査基準設定に与える影響を重視するとすれば，各規制ごとに審査基準を設定すべきことになろう。営業の自由との関係でも，一般市民がむやみに卑わいな画像等に触れないようにするという目的について，目的としての妥当性を検討することが考えられるが，知る自由との関係で議論したのと同様として扱っても差し支えない。もっとも，その目的の妥当性判断に当たって，制約される権利との関係で，異なる考慮がなされ得るとの立場からは，知る自由の場合と異なる議論をすることもあり得る。なお，規制対象となる規制図書類の範囲が過度に広汎であるかどうかは，憲法第２２条の営業の自由との関係でも問題となるが，知る自由において検討するのとは必ずしも同じ問題状況ではないことを踏まえる必要がある。また，規制の合理性の検討に際しては，意図せず一般市民が卑わいな画像等に触れないようにするという観点からすると，隔壁等による隔離販売の規制のみで足りるのではないかという方向で議論することもできるし，他方，営業の自由の性格に鑑み，様々な制約を合憲とする方向で議論することもできると考えられる。このほか，表現物の流通過程における書店という位置づけに鑑み，通常の営業主体よりもその販売等の自由は保護されるべきであるという議論もなし得る。

事業者にとっては違反すれば罰則も設けられていることから，刑罰法規としての明確性を指摘することも考えられる。刑罰法規の明確性は，表現の自由の制約において求められる明確性の原則とは趣旨を異にするため，別の論述が必要であろう。

採点実感

第１　総論

１　問題文に即した検討の必要性について

・　本問の設定は，条例の制定に当たり法律家として助言を求められているというものである。この設定を離れて無理に対立当事者を設定し，全ての論点について形式的に違憲・合憲双方の主張を対立させて自らの見解を述べる答案が散見されたが，期待されているのは，法律家としての自らの見解を十分に展開する中で，必要に応じて，自らの見解と異なる立場に触れる形で，論述をすることである。

・　主張，反論，私見という構成を取る答案も一定程度見られたが，本問における問われ方に即していない。強引に主張，反論の構成を取っている答案は，極端な内容の記載や重複した記載をするなどして，肝心な具体的検討がおろそかとなっており，また，最終的に法律家としてどのような見解に立つのかの結論が非常に分かりにくいものとなっていた。

２　指摘すべき憲法上の権利について

・　購入側の知る自由及び販売側の営業の自由について，ほとんどの答案が言及できていた。

・　本問では，規制内容を理解し，それが憲法上のいかなる権利との関係で問題になるのかを特定する必要がある。普段から法律や判例等でその適用が問題となる具体的事例をしっかりと読み解いている者は，本問の規制内容について適切に理解できたと思われるが，用語のみを暗記するような勉強法であった者には本問の規制内容のポイントが理解し難かったのではないかと思われる。初見の法律の読み解きが求められるのは，司法試験では憲法など一部の科目に限られるが，法律家にとって重要な能力であり，憲法の試験対策という狭い視野でなく，こうした広い視野に立って，分野を問わず，普段の学習の中で意識をしてもらいたい。

・　本問は，我々が日常経験することの多い事象を扱っているが，規制図書類やこれを規制することの影響について現実感をもって的確にイメージできていないと思われる答案が少なくなかったことは残念であった。

３　論述内容全般について

・　権利の性質や制限の態様を踏まえて違憲審査基準を定立し，当てはめるという基本的な判断枠組み自体はほとんどの答案に示されていた。

　他方，判断枠組みを示さなかったり，観点のない事実の比較や政策的当否の議論に終始したりする答案も見られたが，そのような答案は，憲法論を適切に展開したものとは言えない。

・　違憲審査基準を定立するについて説得力の乏しい答案や，目的の審査が極めて雑なもの，手段審査がその違憲審査基準に沿っていないもの，具体的な理由を示すことなく形式的に当てはめただけのもの，自らが定立した基準と当てはめが実質的に齟齬しているものが見られた。逆に，目的や手段の審査において，自分なりに理由を示して，実質のある十分な検討を行っているものは全体としても高く評価できた。

・　立法目的が重要だから審査基準が緩和されるのかについては十分な議論が必要であり，その点を意識した論述が必要である。

・　本問では法律家としての意見を問われているのであるから，基本的には，条例案の規制について，違憲か合憲かの結論が示されるべきである。

4　判例への言及等

・　問題文において「参考とすべき判例…を踏まえて」論じるように求めているにもかかわらず，全く判例に言及しない答案が少なからず見られた。問題文にそのような要求が明示されていなくとも，本来必要なところでは関連する判例に言及するなど，それを意識した論述をすべきであろう。なお，判例に言及する場合には，単に事件名や結論を提示するのみでは十分とは言い難い。

・　本条例案は，例えば，岐阜県青少年保護育成条例事件と比べて，規制対象の範囲，対面式販売に対する規制であること，規制目的が青少年保護にとどまらないことなどの違いがあり，上記事件の判例で直ちに合憲とできる射程を超えている可能性がある。こうした本条例案と判例の事例との異同を指摘して論じている答案は，論述に説得力を感じられた。

第２　本条例案の内容の理解

・　本条例案の規定内容について正しく理解せずに論じているものが見られた。特に，条例案の規制対象を刑法第１７５条が規制するわいせつ表現と同視ないし混同する答案が広く見られた。条例案と類似の問題状況には，実在する青少年健全育成条例による有害図書類の規制があり，そのような問題状況については普段の学習の中で当然触れているべきである。

・　条例案第７条の規制図書類の定義に関して指摘すべき着眼点は種々考えられるところ，所定の画像・図画をわずかでも含む図書類は規制図書類となってしまうことを一つの重要な点として指摘することも考えられる。すなわち，同条のもとでは，政治や社会に関する公共的な話題についての記事とともに，ヌードグラビア等も掲載しているような週刊誌等も規制図書類となってしまうのであり，このような点に気付き指摘するなどした答案は，高く評価できた。

・　条例案の規制目的を青少年の健全育成のみで論じているもの，条例案第８条各項の規制内容・方法の違いを区別できていないもの，同第８条第２項の規制区域の設定基準となる「学校」に大学が含まれているなどと誤解したまま規制の合理性を論じているものが散見された。

第３　知る自由

1　規制の明確性・広汎性について

・　明確性の論点に全く触れない答案が期待に反し少なくなかった。また，明確性を論じていても，本問で明確性が求められる趣旨について述べず，機械的に萎縮的効果があるなどと書いているものが目についた。

・　明確性の論点と，過度広汎性の論点とが区別されていない答案が散見された。確かに，両論点は同時に問題となることが多いが，観念的には異なる問題であり，区別ができているか否かは，曖昧な規制や過度広汎な規制がどのような理由で表現の自由や罪刑法定主義にとって危険であるのかを正確に理解することと関わってくると思われる。

2　知る自由の制約に関する論述について

・　規制図書類の購入者の側から知る自由の制約を論じるときは，まず知る自由の内容とその憲法上の根拠に触れた後，青少年と１８歳以上の者のそれぞれについて，条例案の規制に即してその合憲性を検討しなければならない。知る自由についての一般論は多くの答案が正確に解答していたが，中には，少数であるが，表現の自由の一点張りで知る自由が出てこないもの，知る自由の憲法上の根拠として憲法第１３条のみを援用するものもあった。

・　知る自由の制約に関し，本条例案の二つの目的を踏まえ，それぞれの目的の重要性や規制手段との関連性を区別して論じられている答案は高く評価された。

・　知る自由について，極めて厳格な違憲審査基準を立てながら，本事例を無理に当てはめて合憲の結論を導いている答案が見られたが，十分な論拠を挙げて論じられていないため，論理性や一貫性を欠いて説得力に乏しい答案と感じられた。

・　規制図書類に接することにより青少年の健全育成が害されるという想定の適否について，実証的な根拠が薄弱であるなどとの批判的な視点にも触れた上で，岐阜県青少年健全育成条例事件の判示も援用しつつ自らの立場を示すことができていた答案は高く評価された。例えば，特に規制区域で取扱いが全面禁止されることについて，陳列そのものがなぜ青少年の健全育成を阻害することになるのかを問う指摘などは鋭い指摘といえる。

・　成年者の「知る自由」や事業者の営業の自由の制約の文脈で「パターナリズム」をいう答案が少なくなかったが，キーワードは覚えていてもその意味内容や趣旨等を正確に理解していないものと評価せざるを得ない。

・　不快なものを見たくないとか，あるいはおよそあるものを見たくないという感情の保護それ自体を当然のように制約目的として肯定し，場合によっては更にそれを憲法第１３条や第２１条に基づく権利であるとする答案が目についた。この種の利益保護を制約目的として認めることについて，検討ないし一定の留保が必要であるとの意識を持ってもらいたかったところである。

第４　営業の自由

・　販売者の側から営業の自由の制約を論ずるときは，日用品等の販売店での販売規制，学校から２００メートル以内における販売等の規制（いわゆるゾーニング），隔壁による規制等の態様に応じて区分して論ずることは，一定の答案が対応できていた。さらに，条例案の二つの規制目的との関係で必要かつ合理的な規制といえるかどうかを丁寧に論じた出題の趣旨にかなう答案は高く評価された。

・　条例案第８条第１項の関係で規制図書類を扱っている店舗は一部に過ぎないという事実や，同第８条第２項の規制によって大きな影響を受ける店舗は１０店舗に過ぎないという事実の考慮方法が答案によって大きく分かれた。また，既存の店舗が移転や廃業を迫られることについての評価も分かれた。民主制の過程で看過されうる少数者の人権を守ることに憲法の目的があることからすれば，単純に影響を受ける者が少ないことのみで制約の程度が小さいと判断するのは疑問がある。

第５　そのほかの論点

１　刑罰法規の明確性

・　表現の自由だけでなく，刑罰法規の在り方としても明確性が問題となり得ることを看過するものが少なくなかった。

２　法律と条例との関係，補償の要否等

・　法律と条例の関係，既存の条例との関係及び憲法第２９条の補償の要否については，問題文には，これらの点について評価するための具体的事実は含まれておらず，これらに言及することは期待されていない。

・　学校から２００メートル以内における販売等の禁止に関しては，長年，主として規制図書類を販売してきた事業者にとっては，ほとんど営業が不可能となり得ることもあり，そうした中に「特別の犠牲」ともいうべき状況があり得るとすれば，憲法第２９条の補償の要否を議論すべき余地はあり，一定の前提をおいてこの点を論述することが否定されるものではない。

第６　形式面の注意点

・　見出しを細かく立て，改行を繰り返してその度に記号を振るなどして，論述を極端に細分化している答案が認められたが，こうした記述は論述というより箇条書きのようなものとなり，かえって論旨が分かりにくくなっており，このような論述の仕方は避けるべきである。

・　憲法の条項の正確な摘示や法律上重要な語句の正確な表記などに心掛けてもらいたい。これらに誤りがあると，理解そのものがあやふやであると受け止められてもやむを得ない。また，判読できない文字で書かれたものや文章として意味が通らない記述なども見られた。時間の制約はあるが，読み手を意識し，文章として理解できる記載をするよう留意してもらいたい。

MEMO

再現答案① A評価 20～21位（145.61点，H・Tさん 論文順位211位）

第1 図書類を購入する側の権利
1 権利保障
図書類を購入する側の権利としては，青少年・18歳以上の人に共通して規制図書類による情報摂取の自由の制約が問題となるところ，よど号ハイジャック記事抹消事件（最大判昭和58年6月22日）の射程について検討する必要がある。
(1) そもそも，憲法（以下，略）21条は自己実現・自己統治の価値を有するものとして表現の自由を保障している。そして，各人が自由に様々な意見・知識・情報を摂取する機会を持つことは，個人としての自己の思想及び人格を形成発展させ，社会生活の中でこれを反映させていく上で不可欠のものであるとともに，憲法の採用する価値相対主義と民主主義の下，思想及び情報の自由な伝達・交流の確保という基本原理を真に実効あらしめるため必要なものである。
加えて，低廉な価格で大量生産を行う印刷技術が普及した今日，書籍は大手新聞紙と同様に迅速かつ有効な情報伝達の媒体足り得るものであるから，書籍による情報摂取の自由は21条の派生原理として当然に憲法上保障される（判例同旨）。
(2) 本件でも，書籍である規制図書類による情報摂取の自由が問題となっており，この自由は憲法上保障される。
この点について，規制図書類が性的な画像を含む書籍とされているために，21条の保障する情報としての価値に乏しく，単なる嗜好品に過ぎないものとして，その閲読の自由は憲法上の権利保障を受けない自由に過ぎないとの反論が考えられる。しかしながら，本件で規制図書類は殊更に性的感情を刺激する画像・図画を含む図書類と定義され，刑法175条「わいせつ」よりも広い概念となっている。これは，「わいせつ」の定義において社会的に相当な表現を除外するものとして機能する，普通人の正常な性的羞恥心を害し，善良な性的道義観念に反するという要素を欠いたものであるが，その結果，性的な画像・図画を説明に用いた学術書や政治的言論についても規制対象に含むこととなる。そして，少なくともこれら学術書や政治的言論については，21条の保障する情報としての価値が認められる，社会的に相当な表現であって，単なる嗜好品に過ぎないものということはできないから，これらを規制対象に含む以上，上記反論は当たらない。
(3) 規制図書類による情報摂取の自由が憲法上保障されるとしても，その制約の有無・態様は権利の主体により異なり，制約の正当化の基準を異にするため，以下青少年と18歳以上の人とで分けて検討する。
2 青少年
(1) 青少年は，本条例案において，店舗を問わず全面的に規制図書類を購入し，情報を摂取することが禁止される。もっとも，青少年については，判断能力・批判能力が未成熟であるために，不快な表現に接した場合その健全な成長発達に対する悪影響が大きいことから，本条例案に限らず，性的な表現の摂取に制限を課す必要への社会的な共通認識が存在する。したがって，この社会的な認識の上に本条例案による規制を加えたとしても，相対的に制約の程度は小さい。
よって，厳格基準によってその正当化の可否を検討するべきではなく，厳格な合理性の基準に従ってこれを検討するべきである。具体的

● 「知る自由」が憲法21条1項によって保障されることについて，判例の射程を意識しながら説得的に論じることができている。もっとも，「知る自由」が憲法21条1項によって保障されることについては特に争いがなく，出題趣旨も単に「知る自由が，憲法第21条第1項により保障されることに言及した上で」としか述べていないから，本答案ほど紙面を大きく割くのは，答案政策上，望ましいものとはいえない。

● 本答案は，性的な画像等を含む書籍等の閲読の自由は憲法上保障されない旨の反論を想定しつつ，性的な画像等を用いた学術書や政治的言論が規制対象に含まれることを理由に，上記反論は当たらないと論述している。しかしながら，規制対象が広くなり過ぎるという観点は，権利保障のレベルではなく，条例案7条の文言の明確性，あるいは過度広汎性について論じる際に用いるべきである。

● 出題趣旨及び採点実感によれば，明確性の原則との関係で，規制図書類の定義が適切かどうかについて論じることが求められていた。

● 出題趣旨によれば，「情報の受け手が青少年であることの考慮が働くかどうか」という観点を審査基準の決定の際に意識して議論することが考えられるところ，本答案は，かかる観点からの検討ができており，出題趣旨に合致する。

には，規制目的が重要なものであり，規制目的との関係で規制手段が実質的関連性を有する場合，制約は合憲であると解する。
(2) 本件条例案が，特に青少年が規制図書類に接触しないよう，徹底して規制する手段を採っていることから，青少年との関係で，規制の主たる目的は青少年の健全な育成であると解される。そして，未成熟な青少年は，自身の成長発達に悪影響を与えるおそれのある情報を自ら取捨選択する能力に乏しく，成人と比して受ける悪影響が大きいため，あらかじめ青少年が規制図書類に接触しないよう規制することは，重要な目的といえる。
(3) 本件条例案は，刑法１７５条「わいせつ」概念に含まれない性的表現を含めて広く規制対象とし，規制図書類を個別指定によらず，包括的指定によって規制する手段を採っている。この点，一般人を判断基準とする表現の社会的相当性を定義に取り込んだ「わいせつ」概念による規制では，一般人と比して判断能力が未成熟な青少年への悪影響を適切に考慮することができないから，「わいせつ」より広い概念に基づいて規制する必要がある。また，青少年への悪影響の重大さに比して，迅速かつ実効性ある規制を行うためには，包括的指定によることが不可欠である。したがって，規制手段は規制目的にとって必要なものであり，実質的関連性が認められる。
(4) よって，青少年との関係で本件条例案は合憲である。
3 １８歳以上の人
(1) １８歳以上の人については，規制図書類を購入する店舗が制限されるのみであって，規制図書類による情報摂取自体が禁止されるものではない。これは，青少年が規制図書類に触れることを防止し，その健全な育成を図るという目的を徹底するための手段を採用した結果生じた，間接付随的な制約にすぎないといえる。

したがって，制約の程度は小さいから，青少年同様厳格な合理性の基準に従って正当化の可否を検討すべきである。
(2) １８歳以上の人の規制図書類の購入自体は禁止されていないから，規制目的は，青少年の健全な育成という目的を徹底する点にあると解するべきである。これに対し，不快な表現を目にすることの回避という目的は，１８歳以上の人に対する制約について，公共の福祉に適合する規制目的とはいえず，考慮すべきではない。なぜなら，価値相対主義を採用する憲法の下，個人は自己の思想信条と相容れない不快な表現に対して，自己の精神的自由を害しない限り寛容であることが要請されるためである。本件でも，何が不快な表現であるかという政策的決定に基づく不快な表現を回避する利益は，憲法上保障される利益とは認められず，精神的自由としての価値を有する情報摂取の自由の制約根拠足り得ない。したがって，前者の規制目的のみ検討するところ，前述の通り青少年の保護の徹底の必要から，重要な目的であるといえる。
(3) 規制手段として，日用品等販売店と規制区域内の書店において，１８歳以上の人であっても規制図書類を購入することはできなくなっている。そして，青少年が日常的に立ち寄る可能性が類型的に高い日用品等販売店と，高等学校までの年代を対象とした文教施設周辺の規制区域であれば，青少年の保護の徹底のため，このような規制手段も必

● 採点実感によれば，規制図書類に接することにより青少年の健全育成が害されるという想定の適否について，実証的な根拠が薄弱であるなどの批判的な視点にも触れることができれば，高く評価された。

● 本答案は，規制図書類の範囲に着目して規制の必要性・合理性を詳細かつ具体的に検討できており，出題趣旨に合致する。

● 出題趣旨によれば，「18歳以上の者は，購入場所が限定されるにとどまるため，青少年とは異なる審査基準を設定することも考えられる」としており，本答案はかかる点を検討できている。

● 出題趣旨によれば，「本条例の目的が，……一般市民がむやみに卑わいな画像等に触れないようにするという点にあることについて，青少年の場合と同様，憲法上の権利の制約の目的としてふさわしいのかどうかについても言及することが考えられる」としており，本答案は，かかる点について説得的な論述ができている。

● 出題趣旨によれば，青少年と同様の審査基準を設定した場合でも，「審査基準への当てはめにおいては，購入が全面的に制約される青少年とは異なり，個々の規制の合理性を検討する必要がある」ところ，本答案で

要なものといえる。しかし，大学については，性的表現を含む学術書や政治的言論等の規制図書類を，高等教育機関である大学で学ぶ１８歳以上の人が迅速に入手する必要性は高い一方で，一般に大学周辺の書店へ，青少年が日常的に立ち寄る可能性は低い。そして，稀に青少年が立ち寄った場合でも，年齢確認を行えば相当程度その保護が図れる。したがって，大学周辺についてまで１８歳以上の人の規制図書類の購入を一切不可能にすることは，過剰な規制といえ，実質的関連性が認められない。

⑷　よって，本件条例案は，規制区域に大学の周辺地域を含む点で違憲であり，規制区域の対象から大学の周辺を除外する必要がある。

第２　販売等をする店舗側の権利

１　権利保障

規制図書類を販売等する店舗側の権利としては，共通して職業活動の自由の制約が問題となるところ，薬事法事件判決の射程について検討する必要がある。

⑴　２２条１項は職業選択の自由を保障する。そして，職業が単に生計を維持する手段にとどまらず，分業社会の下で自己の役割を担うことを通じ，個人の人格的自立とも不可分の関係にあることから，具体的な職業活動の自由も２２条１項の保障を受ける。

⑵　本件でも，規制図書類の販売の自由や，販売する上で店舗の内装をどのようなものにするかという自由が問題となっており，商品の選択や店舗の内装は，訪れる客の性格を左右し，書籍販売という職業の在り方も左右することから，具体的な職業活動の一環として判例の射程が及び，憲法上保障される。

⑶　職業活動の自由が憲法上保障されるとしても，職業が社会依存的性格を有するために内在的制約が存在するほか，条文（２２条１項）上も「公共の福祉」に基づく外在的制約が認められ，職業の種類・性質が多種多様であり，規制を必要とする社会的理由・目的も様々であるため，制約の有無・態様やその正当化の基準は画一的には決せられない。したがって，規制の目的・必要性・内容，制約される職業活動の種類・性質，制約の程度を比較考量し，正当化の判断基準を決定すべきである（判例同旨）。以下，店舗の種類ごとに検討する。

２　日用品販売店舗

⑴　日用品販売店舗は，青少年に限らず広く一般人が日常的に訪れる場所であり，青少年への悪影響は，一般人も被る不快感の一環であると想定されていると解されるから，思いがけず不快な表現に触れることの回避が主たる目的となっている。なお，職業の社会依存的性質から，何が不快な表現かという政策的決定に基づく積極的な目的による規制であっても，情報摂取の自由の場合と異なり，排除されるものではない。したがって，立法事実の司法的把握可能性が高い消極目的ののみによる規制であるとはいえない。また，あくまで日用品を主力商品とするこれらの店舗において，規制図書類の販売禁止は職業活動の中核に対する制約であるとはいえず，違反した場合の罰則も事後的・段階的なものであって，制約の程度は弱い。よって，合理性の基準に従い正当化の可否を判断すべきである。具体的には，規制目的が必要なものであり，規制手段が目的と合理的関連性を有する場合に，合憲と

も個々の規制の合理性を検討できており，出題趣旨に合致する。

● 本条例案８条２項かっこ書は「大学」を除外しているところ，採点実感によれば，「第８条第２項の規制区域の設定基準となる『学校』に大学が含まれているなどと誤解したまま規制の合理性を論じているものが散見された」とされており，本答案もかかる点を誤解している。

● 営業の自由が憲法22条１項により保障されること，及び本件に薬事法距離制限違憲判決（最大判昭50.4.30／百選Ⅰ［第７版］〔92〕）の射程が及ぶことについて，同判決の理解を示しつつ説得的に論じられており，「参考とすべき判例……を踏まえて」論じるという設問の要求に的確に答えることができている。

● 本答案のように「制約の程度」等を考慮して審査基準を設定する考え方に立つ場合，出題趣旨にも指摘されているように，本条例案の各規制（①日用品等販売店舗での販売禁止，②学校から200メートル以内における販売等の禁止，③隔離販売規制，④青少年への販売規制）ごとに審査基準を設定すべきことになる。

本答案は，以下の記述において，自らが定立した規範（「規制の目的・必要性・内容，制約される職業活動の種類・性質，制約の程度を比較考量し，正当化の判断基準を決定」するという規範）に従い，各規制ごとに審査基準を設定し，具体的かつ説得的に検討することができており，理想的な論理展開であると評価することができる。

なる。
(2) 規制目的は，日用品販売店が，広く一般人が訪れることを想定していながら，取扱商品の多様さのために，販売されている商品を客が予測することができず，思いがけず不快な表現に触れる可能性が類型的に高い以上，必要なものである。そして，一律に販売を禁止するという規制手段は，この目的達成に資するものであり，制約の弱さに鑑みて不合理なものとはいえないから，合理的関連性が認められる。
(3) よって，日用品販売店舗との関係で本件条例案は合憲である。
3 規制区域内の店舗
(1) 規制区域内の書店は，日用品販売店舗と異なり，訪れる客が販売されている商品をある程度予測でき，不快な表現を自ら回避することができるから，規制目的は思いがけず不快な表現に触れることの回避ではあり得ず，青少年の健全な育成の保護の徹底が主たる目的であると解される。つまり，立法事実の司法的把握可能性が高い消極目的による規制である。また，書店にとって主力商品である図書について商品の選択を制限されることは，職業活動の中核に対する制約である。更に，距離制限は店舗側の努力ではいかんともしがたい事情に着目した制約であり，規制区域外へ店舗を移転することには多大な費用を要し，営業継続自体を断念せざるを得なくなりかねないことから，職業選択の自由にも関わる強度の制約といえる。したがって，正当化の判断は厳格になされるべきであり，厳格な合理性の基準によるものとする。
(2) 前述の通り，青少年の健全な育成の保護の徹底は重要な目的である。しかし，規制手段については，大学周辺の規制区域内にある店舗については，青少年が立ち寄る可能性が類型的に低いことから，個別に年齢確認を実施することによっても目的を達し得るため，実質的関連性が認められない。
(3) よって，規制区域内の店舗との関係では，少なくとも大学周辺を規制区域に含む点で違憲である。
4 8条3項，4項の店舗
(1) 8条3項，4項の店舗は，成人向け書籍とは別に，規制図書類の販売が予測しやすくなる内装上の工夫を要求されており，青少年の保護が成人向け書籍について既に行われている自主規制でも図り得る以上，本件条例案が主たる目的とするのは，思いがけず不快な表現に触れることの回避であると解される。つまり，立法事実の司法的把握可能性が高い消極目的のみによる規制とはいえない。また，販売が一律に禁止されるものではないから職業活動の中核に対する制約ではなく，距離制限と比して内装にかかる費用の負担を求められるにとどまり，制約の程度は弱い。更に刑罰による制約は事後的・段階的である。そこで，合理性の基準に従い判断する。
(2) 目的は前述の通り必要なものである。また，規制手段は日用品販売店舗の場合と同様目的達成に資するものであり，制約の弱さに鑑みても合理的関連性を有する。よって，合憲である。

以 上

● 出題趣旨によれば，「青少年の健全育成という目的と一般市民がむやみに卑わいな画像等に触れないようにするという目的をどのようにとらえ，制約される権利の性質，制約の程度等との関係で，どのような審査基準を設定するか」が問われているところ，本答案はこの点について，非常に具体的かつ説得的に議論することができており，出題趣旨に合致する。

● 前にも指摘したとおり，条例8条2項かっこ書は「大学」を除外しており，手段と目的との関連性において検討することは不適切である。

● 出題趣旨によれば，刑罰法規としての明確性を指摘することも考えられる。本答案は，これまでの制約の合憲性判断について非常に具体的・説得的な論述を展開できているため，本条例案の憲法上の問題点として明確性の原則との関係を論じられていなくても，極めて高い評価を得られたものと推察できる。

再現答案② A評価 434～481位（118.36点，T・Iさん 論文順位446位）

1 購入者との関係

(1) 青少年との関係で本件条例８条３項が，１８歳以上との関係で本件条例８条２項が，それぞれの規制図書を閲読する自由を侵害し，憲法（以下略）２１条１項に反するとの反論が，各人からなされる。

表現の自由は情報の伝達過程一切に対して国家から干渉されない自由であり，閲読の自由もその一内容となる。したがって，規制図書を閲読する自由も２１条１項により表現の自由の内容となる。

そして，青少年は法８条３項により全面的に受領ができなくなり，１８歳以上は指定区域の店舗で購入できなくなるため，上記自由に対する制約がある。

よって，憲法上の問題が生じうる。

(2) 図書の範囲について

ア 購入者は規制図書の対象を定めた本件条例７条は不明確であり文言上２１条１項に反すると反論する。

イ 表現の自由への萎縮効果を排斥するため，一般人が規制対象か否かを判別することができないほど不明確な表現の規制は文言上２１条１項に反する。

本件条例７条は「性交又は性交類似行為」や「卑わいな姿態」のものを規制対象としているところ，これらの意義は一義的ではない。また，要綱などで基準の具体化もされていない。そのため，一般人では規制対象かの判別ができない。

以上より，明確性の原則に反し２１条１項違反のおそれがある。

(3) 青少年との関係

ア 青少年側は，本件条例８条３項は全面的な制約であり，上記自由に対する合理性を欠く制約であると反論する。

イ しかし，規制図書の内容は民主主義の過程とは関係がなく表現の価値としてそこまで高いわけではない。また，青少年は情報判別能力が十分ではないことや特に情報の影響を受けやすいことからすれば，未成年者の健全成長は非常に重要な利益としてそれを保護するための施策につき裁量の余地がある。

したがって，重要でない人権の制約を重要な権利保護のために行うのであるから，制約の目的が正当で手段が目的達成のために形式的関連性を有していれば，制約は２１条１項に反しない。

条例８条３項の目的は青少年の健全育成保護を図っており，人格的生存ともつながるため正当性は認められる。また，規制図書の購入を制限することで不健全な性的刺激を回避でき，健全育成を達成しうるため，関連性が認められる。

よって，条例８条３項は２１条１項に反しない。

(4) １８歳以上との関係

ア 条例８条２項は過剰な制限であり２１条１項に反すると反論がされる。

イ しかし，先述の通り，規制図書を受領する自由の重要性は高

● 憲法21条１項によって「知る自由」が保障されること，購入や貸与を受けることを制限される青少年がその自由の制約を受けることについて，端的に論じることができており，出題趣旨に合致する。

● 「知る自由」との関係において明確性の原則に言及し，本条例案の規制図書類の定義（本条例案７条）が適切かどうかについて検討できており，出題趣旨に合致する。もっとも，出題趣旨によれば，本問では「表現物の流通過程に位置する販売者を萎縮させ，それに伴って青少年の知る自由を制約することになるのではないかという観点から，明確性の原則を論ずること」が期待されているところ，本答案はこの点について言及することができていない。

● 出題趣旨によれば，制約の合憲性を判断する際，「規制対象となる図書類が性的な表現を含むものであることから，その表現の価値を考慮するかどうか」，「情報の受け手が青少年であることの考慮が働くかどうか」といった観点を意識した議論をすることが考えられるところ，本答案はこれらの観点を明確に意識して制約の合憲性を判断しており，出題趣旨に合致する。

なお，本答案にいう「形式的関連性」という文言は，「合理的関連性」という趣旨の用語と思われる。

● 本条例案によっても，18歳以上

いものとはいえない。また，規制区域以外では規制図書を購入できる以上，規制図書を思想の自由市場から排除したわけではなく表現の場所的規制に過ぎない。そして，先述の通り対立利益は重要である。

したがって，重要ではない権利の軽度の制限を重要な利益のために行うものであるから，目的が正当で手段が形式的関連性を有していれば足りる。

そして，条例８条２項は青少年の健全育成という先述の通り正当な目的を図ったものである。また，規制区域という特に青少年が利用する地域から排斥することで青少年が規制図書を目にする機会が減るため健全育成に資するため，手段が目的と関連性を有している。

よって，条例８条３項は２１条１項に反しない。

２　店舗との関係

⑴　日用品と並んで規制図書を販売してきたスーパーマーケットなどとの関係

ア　スーパーマーケットの運営者は，条例８条１項は規制図書を販売する自由を制約し，２２条１項に反すると反論する。

イ㈠　「職業選択の自由」には職業遂行の自由も含み，規制図書販売は職業遂行の一環のため２２条１項により保護される。そして，条例８条１項により販売が制限され，上記権利の制約がある。

㈡　職業選択の自由の内容や制約は多岐にわたるため，制約の許容性は，制約の目的，必要性，態様，制約される権利の内容性質，規制の程度を総合して判断する。そして，一次的には立法府の裁量判断によるがその裁量には事の性質に応じた広狭がある。

運営者としては，客の誘因に用いていたツールの全面規制であり，制約態様が厳しいと反論する。

しかし，規制図書には集客力があるとはいえ，規制図書が上記店舗の売り上げに占める割合は微々たるものであり，規制図書販売の全面規制がされたとしても，職業選択そのものが制限されるほど厳しい制約ではなく，単なる遂行上の制約に過ぎない。そして，青少年保護は特に実現の要請が強いものであり，これを実現するための規制については広い裁量が肯定され得る。

以上の事の性質を考慮すれば，目的が正当で手段が形式的関連性を有していれば，条例８条１項は２２条１項に反しない。

条例８条１項の目的は，青少年保護と成人の性的羞恥心や不快感を不必要に惹起されない利益の保護にある。前者は正当であり，後者についても国民の感情的な利益を保護するためのものであり，正当性は認められる。また，日用品を扱う店舗から排斥すれば，店舗を用いる青少年や規制図書を買うつもりのない人の目に触れることがなく上記目的を達成できる。よって，形式的関連性もある。

の者はおよそ規制図書類の購入ができなくなるわけではないから，知る自由の制約になるかどうかをまず検討する必要がある。しかし，本答案はこの点に関する検討ができていない。

● 出題趣旨によれば，「青少年の健全育成の目的や，一般市民がむやみに卑わいな画像等に触れないようにするという目的が，憲法上の権利を制約する目的としてふさわしいものであるかどうかを意識した議論をすること」が期待されているところ，本答案は，「青少年の健全育成」という規制目的にしか着目できておらず，検討として不十分といえる。

● 再現答案①においても指摘したように，「規制の程度」等を考慮して審査基準を設定する考え方に立つ場合には，本条例案の各規制（①日用品等販売店舗での販売禁止，②学校から200メートル以内における販売等の禁止，③隔離販売規制，④青少年への販売規制）ごとに審査基準を設定すべきことになる。

本答案は，以下の記述において，自らが定立した規範に従い，各規制ごとに審査基準を設定し，具体的に検討することができており，出題趣旨に合致する。

● 採点実感によれば，不快なものを見たくないとか，あるいはおよそあるものを見たくないという感情の保護それ自体を当然のように制約目的として肯定するのではなく，この種の利益保護を制約目的として認めることについて，検討ないし一定の留保が必要であるとされている。本答

以上より，条例８条１項は２２条１項に反しない。

(2) 規制区域で規制図書を扱っていた店舗

ア 上記店舗の運営者は，条例８条２項は２２条１項に反すると反論する。

イ(ア) 規制図書を販売する自由も職業選択の自由の一内容をなすところ，条例８条２項により規制区域での販売が規制され権利の制約がある。

(イ) 上記判断枠組みに即して制約の許容性を検討する。

条例８条２項は開業場所を制限しているところ，開業場所は決定するに際しては採算を考慮して決定されるため，その規制は狭義の職業選択そのものと関連性が強く，制約される権利は重要である。そして，禁止は許可制より厳しい規制態様である。そのため，青少年保護が対立利益とはいえ，重要な人権に対する強度の制約のため，事の性質上，目的が重要で手段が実質的関連性を有していることを要する。

(ウ) 条例８条２項の目的は，青少年の健全育成にある。健全な成長はその者の人格的生存と深く関連するため，健全育成保護は「幸福追求」と関連し重要な利益である。また，現在児童生徒の往復する道に規制図書を扱う店舗があり，青少年の目に止まり不健全な性的刺激を受け健全育成の妨げとなる状況があるため，上記利益が害されている蓋然性がある。

そのため，規制目的の重要性は認められる。

また，規制図書を扱う店舗をなくせば目に止まることはなく目的を達成できるため，手段の目的適合性はある。

そして，条例は包括指定方式を採用しているところ，個別指定方式では店舗に規制図書が出回ることを抑止できず，その結果上記利益が害されることを回避できない。また，実写のみならず漫画やアニメなどによる描写も規制されているところ，最近のイラストの精度は高く時に実写以上に強い性的刺激を与えるものがあるため，絵による描写の規制もやむをえない。そのため，本条例のような規制は目的達成のための過剰規制とはいえず，必要な規制といえる。

そして，６か月という期間制限を設けたことも考慮すれば，制約により失われる利益を上回る制約の必要性合理性があり，手段の相当性も肯定できる。

よって，条例８条２項は２２条１項に反しない。

(3) 書店やレンタルビデオ店

ア 上記店舗は，条例８条４項は２２条１項に反して違憲であると反論する。

イ 条例８条４項は壁の設置を義務付けることで規制図書を販売する自由を制約している。

もっとも，壁の内装工事が必要となるとはいえ，それは職業遂行に伴う規制に過ぎず，２(1)イ(イ)と同じ理由で目的が正当であり，手段に形式的関連性があれば良い。そして，目的は正当であり，壁を設けることで目に入らなくなるため，形式的関連性はある。

案は，「国民の感情的な利益を保護するためのものであり，正当性は認められる」としているが，「国民の感情的な利益」が憲法上の権利を制約するに足りるものなのかについて，さらに踏み込んだ検討ができればより高く評価されたものと思われる。

● 審査基準の設定に際し，「制約される権利の性質，制約の程度等との関係」に着目して具体的に検討できており，出題趣旨に合致する。

● 本答案は，「健全育成保護は『幸福追求』と関連し重要な利益である」としているが，ほとんどの権利は「幸福追求」と関連するため，上記論述の説得力は高くはない。

なお，採点実感によれば，規制図書類に接することにより青少年の健全育成が害されるという想定の適否について，実証的な根拠が薄弱であるなどの批判的な視点にも触れることができれば，高く評価された。

● 出題趣旨によれば，規制図書類の範囲が過度に広汎であるかどうかという問題は，「営業の自由」との関係でも問題となるところ，本答案は，規制図書類に漫画やアニメ等の絵による描写も含まれることを指摘した上で，それでも過度に広汎ではないことを自分なりに論述できている。

　よって，２２条１項に反しない。
３　意見の内容
　以上より，違憲の疑いをなくすために，条例７条についての要綱を定めるように意見する。

以　上

再現答案③　B評価　836～897位（109.95点，T・Yさん　論文順位1565位）

第１　形式面
１　明確性の原則（憲法２１条１項，３１条）
⑴　本件条例７条，１５条，１６条が明確性の原則に反し，憲法２１条１項，３１条に違反しないか。
⑵　２１条１項は表現の自由を保障している。そして，表現行為の萎縮防止の観点から，文言の明確性を要求している。３１条は，適正手続の観点から，文言の明確性を要求している。
　本件条例７条の「殊更に性的感情を刺激する」（柱書），「性交類似行為」（１号），「卑わいな姿態」（２号）の文言につき，その内容が不明確である。
　明確性の原則に反するかは，法令全体をみて，一般人の理解において，具体的な場面における法適用の基準が読み取れるかにより判断する。
⑶　本件では，規制対象の図書の内容を定めた規定は，本件条例７条だけである。
　「性交類似行為」について，具体例としては性交しか挙げられていない，そのため，特にその内容が何を指すか，一般人の理解において法適用の基準を読み取ることはできない。
　「卑わいな姿態」については，具体例がない。そのため，どのような姿を意味しているか，一般人の理解において法適用の基準は読み取れない。
　「殊更に性的感情を刺激する」についても，具体例がなく，一般人の理解において，法適用の基準は読み取れない。

●　明確性の原則について論じる前提として，まず，憲法上の権利が制約されていることを述べる必要がある。

●　出題趣旨によれば，「刑罰法規の明確性は，表現の自由の制約において求められる明確性の原則とは趣旨を異にするため，別の論述が必要」であるところ，本答案では，表現の自由における明確性と，刑罰法規の明確性とが異なる目的，要請に基づくものであることには一応触れられているが，それぞれの趣旨を踏まえた個別の論述はなされていない。

●　出題趣旨によれば，「表現物の流通過程に位置する販売者を萎縮させ，それに伴って青少年の知る自由を制約することになるのではないかという観点」から明確性の原則を論ずることが期待されていたが，本答案はこの点について言及できていない。

⑷　よって，本件条例７条の上記の各部分は，明確性の原則に反し，憲法２１条１項，３１条に違反する。
２　「法律の範囲内」（９４条）
⑴　本件条例１５条，１６条は罰則を規定しているが，これが「法律の範囲内」（９４条）での条例の制定にあたらず，違憲でないか。
⑵　「法律の範囲内」か否かは，法律と条例の文言のみならず，趣旨，目的，内容，効果を比較し，両者に矛盾抵触があるかによって判断する。
⑶　文言に着目すると，本件条例７条によって規制される図書類は刑法１７５条よりも広いため，両者に差異が認められる。
　一方，条例の趣旨，目的に着目すると，本件条例の趣旨，目的は青少年の健全な育成を図る点にある（１条参照）。この目的は刑法１７５条であっても含まれると解する。
　そして，本件条例が施行された場合であっても，刑法の趣旨，目的，内容，効果を阻害することはない。
　よって，法律と条例の両者に矛盾抵触はないといえる。
⑷　したがって，本件条例１５条，１６条は憲法９４条に反しない。
第２　実体面
１　購入者側
⑴　１８歳未満の者
ア　本件条例８条３項は，１８歳未満の者の知る権利を侵害し，憲法２１条１項に反しないか。
イ　憲法２１条１項は，表現の自由と知る権利を保障している。

●　採点実感によれば，法律と条例の関係については，「問題文には，これらの点について評価するための具体的事実は含まれておらず，これらに言及することは期待されていない」とされている。したがって，本答案の「法律の範囲内」に関する論述は，評価の対象とされなかった可能性が高い。

●　憲法21条１項によって「知る自由」が保障されること，購入や貸与を受けることを制限される青少年がその自由の制約を受けることについ

　１８歳未満の者につき，規制図書類についての知る権利も保障されている。

ウ　本件条例８条３項は１８歳未満の者である「青少年」（２条１号）に対する規制図書類の販売，貸与を禁じている。そのため，１８歳未満の者の規制図書類についての知る権利を制約している。

エ　情報の取捨選択を自ら行うことが個人の人格的生存に不可欠であるため，知る権利は重要な権利といえる。

　一方で，１８歳未満の者については，人格形成の途上にあり，有害情報による悪影響が発生しうるため，１８歳以上の者に比べ，知る権利の重要性は一定程度低下する。

　次に，本件条例８条３項は，規制図書類の販売，貸与の一律禁止を規定しており，規制態様は重大である。

　そこで，規制目的が重要であり，規制手段について実質的関連性が認められなければ違憲と解する。

オ　本件では，規制目的は，青少年の健全な育成にあり，これは重要な目的といえる。

　規制手段は，規制図書類の販売，貸与の一律禁止である。この方法は，１８歳未満の者が有害図書に触れる機会を可能な限り少なくするという点で，目的達成との関係で必要性，適合性，相当性が認められる。よって，規制手段について実質的関連性が認められる。

　したがって，本件条例８条３項は，憲法２１条１項に反せず，合憲である。

(2)　１８歳以上の者

ア　本件条例８条１項，２項は，１８歳以上の者の知る権利を侵害し，憲法２１条１項に反しないか。

イ　１８歳以上の者につき，規制図書類についての知る権利も憲法２１条１項により保障されている。

ウ　本件条例８条１項は日用品の販売店舗での規制図書類の販売，貸与を禁じており，従来，日用品の販売店舗で規制図書類を購入等していた者に対して制約が生じる。

　また，本件条例８条２項は学校の周囲２００メートル以内の区域の店舗での販売，貸与を禁じており，従来，その区域の店舗で規制図書類を購入等していた者に対して制約が生じる。

　これらについて，日用品販売店舗以外や区域外店舗で入手可能であるため，制約がないという反論がありうる。

　たしかに，１８歳以上の者は，１８歳未満の者に比べ，車等の移動手段も多く選択でき，可動性が高いため，制約がないとも思える。

　しかし，特に高齢者の場合は，移動の負担が重く，可動範囲が広いとはいえない。そのため，従来の店舗で購入できないことは，知る権利について制約があるといえる。

エ　知る権利の重要性は前述の通りである。

　一方，本件条例８条１項，２項は販売店舗や地域を制約するという方法での規制である。これは，規制対象の店舗や区域以

て，端的に論じることができている。もっとも，「憲法21条１項は，……知る権利を保障している」とだけ論述するのではなく，再現答案②のように，簡潔でも構わないのでその理由に言及しておくのが望ましい。

● 出題趣旨によれば，制約の合憲性を判断する際，「情報の受け手が青少年であることの考慮が働くかどうか」といった観点を意識した議論をすることが考えられるところ，本答案はこの観点を意識して制約の合憲性を判断しており，出題趣旨に合致する。

● 本条例案の規制目的は，①青少年の健全育成のみならず，②一般市民がむやみに卑わいな画像等に触れないようにするという点にもある。そのため，「一般市民がむやみに卑わいな画像等に触れないようにする」という目的が，憲法上の権利の制約の目的としてふさわしいのかどうかについて言及することが求められていた。

● 出題趣旨によれば，「18歳以上の者との関係では，知る自由の制約になるかどうかをまず検討する必要があろう。規制図書類の購入がおよそできなくなるわけではなく，購入方法の限定はごく一部に過ぎないから知る自由の制約とまでは言えないと評価するのか，情報の受領方法に制限が加わる以上，知る自由の制約ととらえるのかの両論が考えられる」とされているところ，本答案は，かかる問題意識を捉えることができている。

外であれば，規制図書類を入手可能であるといえる点で，規制態様が重大とまではいえない。

そこで，規制目的が重要であり，規制手段について実質的関連性が認められなければ違憲と解する。

オ　本件では，規制目的は，前述の通り重要である。

規制手段は，日用品販売店舗と，学校周辺の店舗での販売，貸与の禁止である。これは，青少年へ有害図書に触れさせない手段としては有用性が一定程度認められる。

また，青少年の健全な育成の観点からは，１８歳以上の者が一定の不便を負うことはやむをえない。

したがって，規制手段につき，実質的関連性が認められる。

よって，本件条例８条１項，２項は，憲法２１条１項に反せず合憲である。

２　販売者側

(1)　三者共通の事項

ア　本件条例８条１項，２項，３項，４項が規制図書類の販売者の表現の自由（憲法２１条１項）を侵害し，違憲でないか。

イ　各店舗の規制図書類を販売する自由は，表現の自由として，憲法２１条１項により保障されている。

ウ　本件条例８条１項，２項，３項，４項は従来の販売方法を規制するものだから，制約が認められる。

エ　表現の自由は，たしかに一般的に重要な権利であるが，本件の場合，わいせつ表現であるため，権利の重要性は低下する。

また，規制手段は販売方法を制限するものであり，規制態様が重大とまではいえない。

そこで，規制目的が重要であり，規制手段について実質的関連性が認められなければ違憲と解する。

オ　本件では，前述の通り，目的の重要性，規制手段の実質的関連性が認められる。

よって，合憲である。

(2)　日用品販売のスーパーやコンビニ

ア　本件条例８条１項は，日用品販売店舗の営業の自由を侵害し，憲法２２条１項に反しないか。

イ　憲法２２条１項は営業の自由まで保障している。日用品販売店舗の規制図書類を販売する自由も営業の自由として保護される。

ウ　本件条例８条１項は，規制図書類の販売を禁じているが，規制図書類の売上への影響は微々たるものだから，制約が生じていないといえる。

よって，本件条例８条１項は，憲法２２条１項に反せず，合憲である。

(3)　学校周辺の店舗

ア　本件条例８条２項が，憲法２２条１項に反しないか。

イ　前述の目的の重要性，手段の実質的関連性の基準で検討する。

ウ　本件では，たしかに店舗を移転すればよいとも思えるが，本

●　本答案は，再現答案①と同趣旨の審査基準（厳格な合理性の基準）を定立しているが，当てはめに関する論述を再現答案①と比較すると，その具体性や検討の深さに大きな差があることが分かる。

●　本答案は，特に理由もなく，「規制図書類を販売する自由」が表現の自由として憲法21条１項により保障されるとしているが，その合理的な理由を明らかにしなければ，説得的な論述とはいえない。

本問において，販売等をする店舗の立場からは，「営業の自由」の観点から，より紙面を割いて厚く検討すべきであった。

●　本問では，「規制図書類の売上げが売上げ全体のごく一部であっても，これを販売していること自体に集客力がある」という主張がなされているが，本答案は，この主張を度外視しており，低い評価となったものと推察される。採点実感も，「民主制の過程で看過されうる少数者の人権を守ることに憲法の目的があることからすれば，単純に影響を受ける者が少ないことのみで制約の程度が小さいと判断するのは疑問がある」としている。

件条例には何ら金銭的な補償もない。そのため，手段として適切でなく，実質的関連性を欠く。

よって，本件条例８条２項は，憲法２２条１項に反し，違憲である。

(4) レンタルビデオ店等

ア　本件条例８条４項１号，２号が，憲法２２条１項に反しないか。

イ　前述の目的の重要性，手段の実質的関連性の基準で検討する。

ウ　本件では，店舗の改装を強いる内容であるが，違反者には刑罰が科せられる点（本件条例１５条，１６条）で制裁として過大であり，実質的関連性を欠く。

よって，本件条例８条４項１号，２号は，憲法２２条１項に反し，違憲である。

以　上

● 刑罰が科されるという側面の他にも，店舗の改装という制約そのものの性質について検討すべきであった。

再現答案④　C評価　1234～1282位（102.96点，K・Sさん　論文順位1801位）

1　甲は，善良かつ健全な市民生活を守るＡ市環境保持条例（以下条例）８条３項は，青少年の知る自由を侵害して憲法（以下略）２１条１項に違反して違憲であるという意見を述べる。一方で，条例８条１項，２項，４項は，成年者の知る自由を侵害せず，２１条１項に反しないと主張する。

⑴ア　情報の送り手と受け手が分離した社会では，情報を受領する自由も尊重されるべきだから，知る自由は２１条１項で保障される。そうすると，青少年や成年者が規制図書類を閲読する自由も２１条１項で保障される。

イ　反論

これに対して，規制図書類はわいせつ表現を含むから，表現の自由として保障されない。そうすると，それを知る自由も保障されないとの反論が考えられる。

ウ　これについては，わいせつ表現も表現活動の一部といわざるをえない。さらに，規制図書類には，芸術性など全体を観察してみると，わいせつ表現とはいえないものも含まれていると考えられるので，表現の自由として保障される。したがって，これを知る自由も２１条１項で保障される。

⑵　そして，知る自由は自己の知見を広めるために重要な権利である。そして，青少年は条例８条３項で，一切の規制ができなくなるので制約は大きい。一方で成年者は，市内で一切書籍を購入できないわけではないので青少年よりも制約は弱い。

そのため，青少年に対する規制の合憲性は，厳格に，ⓐ目的がやむにやまれぬもので，ⓑ手段が必要不可欠といえるかどうかで判断する。また，成年者についての規制の合憲性は，ⓒ目的が重要で，ⓓ手段が実質的関連性を有するかで判断する。

⑶ア　これを青少年についてみると，青少年の健全な育成は，明日の健全な主権者を育成するうえで重要であり，やむにやまれぬものである（ⓐ充足）。しかし，規制図書類を青少年に販売することを禁止することで青少年の健全な育成が達成されるという論理的つながりがなく，適合性がないため，手段は必要不可欠とはいえない（ⓑ不充足）。

イ　反論

これについて，わいせつ写真やわいせつ画像を閲覧することは，青少年の健全な育成を阻害することは社会共通の認識になっているので，これを含む規制図書を規制することは，適合性があるとの反論が考えられる。

ウ　これについて，わいせつ写真や画像の閲覧によって健全な育成が阻害されるという科学的根拠はない。また，規制図書類は，芸術性などを有する書籍も多く，これによって青少年が知見を深めることにもつながるから，必ずしも青少年の健全な育成を妨げることにはつながらず，適合性はない。

⑷　これを成年者についてみると，目的は，羞恥心や不快感を覚えるような書籍を見たくない人の目に触れさせないことであり，性的なものに目が触れて不快であるとか，それを触れないようにしてほしいとの意見が寄せられており，立法事実に基づくから，目的は，重

●　本問で問題となっているのは「18歳以上の者」であって，「成年者」ではない。事案を正確に把握しなければ，思わぬ致命傷を負いかねないため，注意を要する。

●　憲法21条１項によって「知る自由」が保障されることについて，端的に論じることができており，出題趣旨に合致する。

●　採点実感によれば，「主張，反論，私見という構成を取る答案」は，「本問における問われ方に即していない」とされている。

●　青少年と18歳以上の者とで規制態様が異なることを踏まえて審査基準を設定できており，出題趣旨に沿う。もっとも，本答案の「成年者は，市内で一切書籍を購入できないわけではない」との論述からすれば，18歳以上の者の知る自由に対する制約とまではいえないとの評価も可能であるから，「青少年よりも制約は弱い」とする理由にまで言及できると良かった。

●　採点実感によれば，「規制図書類に接することにより青少年の健全育成が害されるという想定の適否について，実証的な根拠が薄弱であるなどとの批判的な視点にも触れた上で，岐阜県青少年健全育成条例事件（最判平元.9.19／百選Ⅰ［第７版］〔50〕）の判示も援用しつつ自らの立場を示すことができていた答案は高く評価された」とされており，本答案も，この採点実感にかかる論述部分は評価されたものと思われる。

●　本答案にいう「これ」とは，本条例案８条３項のことを指すのか，それ以外の条項を指すのかが不明確である。

要である（ⓒ充足）。

また，成年者の不利益は規制図書類を一定の場所で買えなくなることにすぎず，市内で一切買えなくなるわけではなく，過度な制約とはいえず，手段は実質的関連性を有する（ⓓ充足）。

(5) よって，条例８条３項のみが憲法２１条１項に反して違憲である。

２ また，条例７条が「殊更に性的感情を刺激する画像又は図画」という抽象的文言を使っていることから，漠然性ゆえ無効となり，２１条１項や３１条に違反すると主張する。

(1)ア 漠然性ゆえに無効になるかどうかは，通常の判断能力を有する一般人の理解において規制を可能ならしめるような基準が読み取れるかどうかで判断する。

イ これを本件についてみると，殊更に性的感情を刺激する画像又は図画という表現からは規制対象が不明確であり，通常の判断能力を有する一般人の理解において基準が読み取れない。

(2) 反論

これに対して，「殊更に性的感情を刺激する画像又は図画」とは，青少年の性的感情を極度に刺激し，青少年の成長に悪影響を及ぼす可能性が高い画像や図画に合憲限定解釈すれば，通常の判断能力を有する一般人から基準を読み取ることができるため，２１条や３１条に違反しないとの反論が考えられる。

(3) これについて，条例７条本文括弧書には定義規定もないのに，通常の判断能力を有する一般人が上述のように基準を読み取ることは，困難である。また，漫画やアニメなど子供がよく目にする表現物にも規制が広く及ぶことになり，過度広汎な規制といえる。

したがって，条例７条は憲法２１条１項や３１条に反して違憲である。

３ 条例８条１項は，スーパーマーケットやコンビニなどの店舗の営業の自由を侵害し，憲法２２条１項に反して違憲ではないか。

(1) まず，職業は，個人が個性を達成すべき場所として個人の社会的価値と不可分の関連性を有する。そして，選択した職業を遂行する自由である営業の自由も，２２条１項によって保障されている。

(2) また，規制目的は，青少年の健全な育成という国民の生命，身体を守るという消極目的を含む。また，条例８条１項は，自己の努力では解決できない客観的条件を含むので，制約は強い。そこで，合憲性については①目的が重要で，②手段が実質的関連性を有するか否かで判断する。

(3)ア これを本件についてみると，目的は，青少年の健全な育成と規制図書を見たくない人の見ない利益であり，前述のようにこれらは，重要である（①充足）。しかし，上記の店舗は，規制図書類の販売を一切例外なくできなくなっているので，上記店舗の営業を過度に抑制するものといえ比例性に欠けるため，実質的関連性がない。

イ 反論

上記店舗における規制図書類の売り上げに占める割合は少ないから，規制図書類の販売を禁止しても，営業の自由に対する

● 本条例案の規制目的は，①青少年の健全育成のみならず，②一般市民がむやみに卑わいな画像等に触れないようにするという点にもある。そのため，「一般市民がむやみに卑わいな画像等に触れないようにする」という目的が，憲法上の権利の制約の目的としてふさわしいのかどうかについて言及することが求められていた。

● 出題趣旨によれば，「刑罰法規の明確性は，表現の自由の制約において求められる明確性の原則とは趣旨を異にするため，別の論述が必要」であり，また「本問における条例による規制においては，表現物の流通過程に位置する販売者を萎縮させ，それに伴って青少年の知る自由を制約することになるのではないかという観点から，明確性の原則を論ずること」が期待されているところ，本答案は，これらの点について言及できていない。

● 本答案は，明確性の論点の中で「過度広汎な規制といえる」などと論述しており，採点実感にいう「明確性の論点と，過度広汎性の論点とが区別されていない答案」との評価を受けてしまっているものと思われる。

● 本答案は，「営業の自由」が憲法22条1項によって保障されることを端的に論じており，出題趣旨に沿う。

● 本答案は，規制目的の審査において「規制図書を見たくない人の見ない利益」に言及しているが，この利益ないし目的は，審査基準を設定する際にも指摘・評価すべきであった。

過度な制限ではないとの反論が考えられる。

ウ　これについては，規制図書類に売り上げに占める割合は少なくても，これを販売していること自体に顧客集客力があり，それによる利益を失うことになる。例えば，規制図書を閲覧するために，店舗に行き，ついでに別の商品を購入したり，閲覧している人を見て店舗に入り買い物をする人も少なからずいると考えられる。したがって，規制図書の販売を禁止することにより，規制図書の売り上げに換算されない顧客集客による利益を大きく失うものといえる。したがって，営業の自由に対する過度な制約であり，比例性を欠くので，手段は，実質的関連性はない。

(4)　よって，条例８条１項は憲法２２条１項に反して違憲である。

4　条例８条２項は，学校周辺の規制対象区域にある店舗の営業の自由を侵害して違憲ではないか。

(1)ア　まず，営業の自由は２２条１項で保障される。また，条例８条２項は規制図書類を規制区域で販売することを禁止しているため，上記の自由を制約している。

イ　反論

これに対して，店舗を市内の規制区域以外の場所に移転すれば，規制図書類の販売を継続できるから，営業の自由の制約はないと反論する。

ウ　これについては，店舗の営業にとって立地は，顧客の集客率や利率など営業に大きく関わるものであるから，他の場所に移動して規制図書を販売できることをもって制約がないとはいえず，営業の自由についての制約はあると反論する。

(2)ア　また，前述のような規制目的と規制態様の強度からすれば，合憲性については①，②で判断する。

これを本件についてみると，規制区域内は市内の２０パーセントであり，少なくない範囲の地域が規制区域になるといえる。商業地域では３０パーセントに及ぶ。これらの店舗で一切規制図書類の販売を禁止することは過度な規制といえ，比例性を欠くため，手段は，実質的関連性はない。

イ　反論

規制図書を販売する店舗は１５０店舗にすぎず，売り上げが全体の２０パーセントを超えるのはわずか１０店舗にすぎず，影響を受ける店舗は限られている。また，施行までに６か月あるから，店舗を他の場所に移して営業することは可能であるから過度な規制でないとの反論が考えられる。

ウ　これについて，前述のように場所が営業にとって重要な要素であることに加え，場所を移すには，長期の時間を要するので，６か月という短い期間では移転は難しい。また，移転には多額の費用がかかる。そのため，規制図書を販売している店舗については，事実上規制図書の販売を断念させるものであり，過度な規制であり，比例性を欠くといえる。

(3)　よって，条例８条２項は，２２条１項に反して違憲である。

5　さらに，条例８条４項は，書店やレンタルビデオ店の営業の自由を

●　再現答案③と異なり，本答案は，「規制図書類の売上げが売上げ全体のごく一部であっても，これを販売していること自体に集客力がある」という主張に言及し，自分なりに評価を加えることができている。

もっとも，本答案では，営業の自由の制約の合憲性について，「①目的が重要で，②手段が実質的関連性を有するか否かで判断する」としているところ，私見に当たる論述では，規制手段が目的との関係で必要か，適合しているかについて明確に論じることができておらず，制約の程度を比較する記述に終始してしまっている。採点実感によれば，「自らが定立した基準と当てはめが実質的に齟齬しているものが見られた」とされており，注意が必要である。

●　採点実感によれば，「民主制の過程で看過されうる少数者の人権を守ることに憲法の目的があることからすれば，単純に影響を受ける者が少ないことのみで制約の程度が小さいと判断するのは疑問がある」としており，かかる観点を踏まえた論述を展開できると良かった。

侵害せず，合憲であると主張する。
(1)ア　条例８条４項の合憲性は，前述の①，②で判断する。
　イ　これを本件についてみると，前述のように目的は重要である（①充足）。また，８条４項の規制は，区別して陳列することを要求するのみで，これ自体は負担が大きいこととはいえないから，過度な負担ではないため，手段は実質的関連性を有する。
(2)　これに対して，同項の要件を満たすには内装工事等が必要であるため，過度な負担であるため，比例性を欠くとの反論が考えられる。
(3)　しかし，陳列場所の区分自体は，大掛かりな作業とはいえないし，内装工事も必ずしも，多額の費用がかかるとは限らない。したがって，手段は過度とはいえず，比例性を有する。
(4)　よって，条例８条４項は２２条１項に違反しない。

以　上

● 本条例案８条４項の要件を満たすためには，場合によっては内装工事等が必要となるという事情が示されているため，本答案の「８条４項の規制は，区別して陳列することを要求するのみ」という論述は，正しく事案を把握できていないとの評価を受けかねない。

本答案は，その直後の論述で，「同項の要件を満たすには内装工事等が必要である」旨論述しているが，「主張，反論，私見」という構成を強引に取った結果，論理展開に歪みが生じてしまっている。

令和元年

問題文

[公法系科目]

〔第１問〕（配点：１００）

近年，いわゆるソーシャル・ネットワーキング・サービス（以下「ＳＮＳ」という。）の普及に伴って，各国において，事実に反する虚偽のニュースが広く伝播することにより，社会に負の影響を及ぼしているのではないかということが問題とされるようになっている。この種のニュースはフェイク・ニュースと呼ばれ，過去に外国の重要な選挙に際して，意図的なフェイク・ニュースの作成・配信が，選挙結果を左右したという研究や報道もなされている。

２０ＸＸ年，我が国においても，甲県の化学工場の爆発事故の際に，「周囲の環境汚染により水源となる湖が汚染されて，近隣の県にも飲料水が供給できなくなる。」という虚偽のニュースがＳＮＳ上で流布され，複数の県において，飲料水を求めてスーパーマーケットその他の店舗に住民が殺到して大きな混乱を招くこととなった。また，乙県の知事選挙の際に，「県は独自の税を条例で定めて県民負担を増やすことを計画している。」という虚偽のニュースがＳＮＳ上で流布され，現職知事である候補者が落選したことから，選挙の公正が害されたのではないかとの議論が生じた。

このような状況に鑑み，我が国でも，Ａ省において，虚偽の表現の流布を規制する「フェイク・ニュース規制法」の立法を検討することとなった。現在，Ａ省においては，①虚偽の表現を流布することを一般的に禁止及び処罰するとともに，②選挙に際して，その公正を害するＳＮＳ上の虚偽の表現について，独立行政委員会がＳＮＳ事業者に削除を命令し，これに従わない者を処罰することなどを内容とする立法措置が検討されている（法律案の関連条文は**【参考資料】**のとおり。以下「法案」として引用する。）。

【立法措置①について】

まず，上記①についての立法措置としては，虚偽表現を「虚偽の事実を，真実であるものとして摘示する表現」と定義し，「何人も，公共の利害に関する事実について，虚偽であることを知りながら，虚偽表現を流布してはならない。」として，公共の利害に関する虚偽の表現を流布することを一般的に禁止した上で，罰則で担保することが検討されている（法案第２条第１号，第６条，第２５条）。

なお，虚偽の表現を流布することに関連する現行法の罰則として，例えば刑法には，名誉毀損罪（同法第２３０条），信用毀損及び業務妨害罪（同法第２３３条）の規定があるが，いずれも，特定の人の社会的評価や業務に関するものであり，虚偽の表現を流布することのみについて処罰するものではない。また，公職選挙法には，虚偽事項の公表罪（同法第２３５条），新聞紙・雑誌が選挙の公正を害する罪（同法第２３５条の２第１号，第１４８条第１項ただし書）といった規定があるが，虚偽事項の公表罪は，「当選を得又は得させる目的」や「当選を得させない目的」をもって，「公職の候補者若しくは公職の候補者となろうとする者」に関する虚偽事項を公表することなどを処罰するものであり，新聞紙・雑誌が選挙の公正を害する罪は，新聞紙・雑誌が虚偽の事項を記載するなどして選挙の公正を害した場合に，その編集者・経営者等を処罰するものであって，虚偽の表現を流布することを一般的に禁止及び処罰するものではない。

以上のように，虚偽の表現を流布することに関連する現行法の規制には，一定の限定が付されているところ，①の立法措置は，虚偽の表現の対象について「公共の利害に関する事実」と限定するものの，それ以外には限定を付さずに，虚偽の表現を流布することを端的に処罰しようとするものである。これは，虚偽の表現が流布されることによる社会的混乱を防止するには，現行法の規制では十分ではなく，虚偽の表現を流布することそのものを禁止することが必要との理由によるものである。

【立法措置②について】

次に，上記②についての立法措置は，インターネット上の虚偽の表現の中でも，取り分けＳＮＳ上のもの，その中でも選挙に際しての虚偽の表現が問題であり，緊急に対応措置が執られなければ選挙の公正が害されるおそれが大きいことを理由として検討されているものである。これによれば，「虚偽表現であることが明白」であり，かつ「選挙の公正が著しく害されるおそれがあることが明白」な表現を「特定虚偽表現」として定め，選挙運動の期間中及び選挙の当日に限り，日本国内で広く利用されているＳＮＳを提供しているＳＮＳ事業者は，その提供するＳＮＳ上において，特定虚偽表現があることを知ったときは，速やかに当該表現を削除しなければならないとされる（法案第９条第１項。ここでいうＳＮＳ及びＳＮＳ事業者の定義については，法案第２条第２号及び第３号参照。）。なお，選挙に際して，虚偽の事項を記載する等の行為の処罰については，既に指摘したとおり，公職選挙法に規定がある。

さらに，ＳＮＳ事業者が法案第９条第１項に従って特定虚偽表現を自ら削除しない場合，いわゆる独立行政委員会として新たに設置されるフェイク・ニュース規制委員会（法案第１５条，以下「委員会」という。）は，ＳＮＳ事業者に対し，当該表現を削除するように命令することができ，ＳＮＳ事業者がこの命令に違反した場合には，処罰されることとなる（法案第９条第２項，第２６条）。この委員会の命令については，公益上緊急に対応する必要があることが明らかであるとして，行政手続法の定める事前手続は不要であるとされる（法案第２０条）。

なお，一定の場合を除いては，ＳＮＳ事業者が表現を削除した場合に当該表現の発信者に生じた損害については，ＳＮＳ事業者を免責することとされている（法案第１３条）。

Ａ省における法案の検討の過程で，ＳＮＳの利用者を含む一般市民やＳＮＳ事業者から意見を聴取する機会が設けられたところ，様々な意見が述べられ，その中には，憲法上の疑義を指摘するものもあった。

〔設問〕

あなたは，A省から依頼を受けて，法律家として，この立法措置が合憲か違憲かという点について，意見を述べることになった。

その際，A省からは，参考とすべき判例があれば，それを踏まえて論じるように，そして，判例の立場に問題があると考える場合には，そのことについても論じるように求められている。また，当然ながら，この立法措置のどの部分が，いかなる憲法上の権利との関係で問題になり得るのかを明確にする必要があるし，自己の見解と異なる立場に対して反論する必要があると考える場合は，それについても論じる必要がある。

以上のことを前提として，あなた自身の意見を述べなさい。

なお，独立行政委員会制度の合憲性については論じなくてよい。また，本問の法案による規制は，国外に拠点を置くＳＮＳ事業者にも，日本国内の利用者に対してサービスを提供している限り適用され，そのために必要となる法整備は別途適切になされるものとする。

【参考資料】

フェイク・ニュース規制法（案）（抜粋）

第１章　総則

（目的）

第１条　この法律は，公共の利害に関する虚偽の表現について必要な規制を行うことによって，虚偽の表現により社会的混乱が生じることを防止するとともに，選挙運動の期間中及び選挙の当日における虚偽の表現について必要な削除義務等を定めることにより，選挙の公正を確保することを目的とする。

（定義）

第２条　この法律において，次の各号に掲げる用語の意義は，それぞれ当該各号に定めるところによる。

一　虚偽表現　虚偽の事実を，真実であるものとして摘示する表現をいう。

二　ソーシャル・ネットワーキング・サービス（以下「ＳＮＳ」という。）　インターネット上の会員制サービスであって，利用者が，任意の情報を，他の利用者と共有し，又は公衆にアクセス可能とすることを目的とするものをいう。

三　ＳＮＳ事業者　ＳＮＳを提供することを業とする者をいう。ただし，当該ＳＮＳの国内における利用登録者が２００万人に満たないものを除く。

四　（略）

（基本理念）

第３条　（略）

（国の責務）

第４条　（略）

（ＳＮＳ事業者の責務）

第５条　（略）

第２章　虚偽表現の規制

（虚偽表現を流布することの禁止）

第６条　何人も，公共の利害に関する事実について，虚偽であることを知りながら，虚偽表現を流布してはならない。

（選挙運動の期間中及び選挙の当日の表現の留意事項）

第７条　（略）

（ＳＮＳ事業者が執るべき措置）

第８条　（略）

（選挙運動の期間中及び選挙の当日の虚偽表現の削除義務及びフェイク・ニュース規制委員会による削除命令）

第９条　ＳＮＳ事業者は，選挙運動の期間中及び選挙の当日に，自らが提供するＳＮＳ上に，次の各号のいずれにも該当する表現（以下「特定虚偽表現」という。）があることを知ったときは，速やかに当該表現を削除しなければならない。

一　当該表現が虚偽表現であることが明白であること。

二　当該表現により，選挙の公正が著しく害されるおそれがあることが明白であること。

２　フェイク・ニュース規制委員会は，特定虚偽表現があるにもかかわらず，ＳＮＳ事業者によって前項の措置が執られないときは，当該ＳＮＳ事業者に対し，速やかに当該表現を削除するように命令することができる。

（損害賠償責任の免除）

第１３条　第９条第２項の規定による命令に基づき，ＳＮＳ事業者が，特定虚偽表現を削除した場合において，これにより当該表現の発信者に生じた損害については，ＳＮＳ事業者は賠償の責任を負わない。ＳＮＳ事業者が，特定虚偽表現を削除した場合，又は特定虚偽表現でない表現を特定虚偽表現として削除したことについて故意又は重大な過失がなかった場合も同様とする。

第３章　フェイク・ニュース規制委員会

（設置及び組織）

第１５条　国家行政組織法（昭和２３年法律第１２０号）第３条第２項の規定に基づいて，Ａ大臣の所轄の下に，フェイク・ニュース規制委員会（以下「委員会」という。）を置く。

２　委員会は，５人の委員をもって組織する。

３　委員は，両議院の同意を得て，内閣総理大臣が任命する。

４　委員の任命については，２人以上が同一の政党に属することになってはならない。

５　委員の任期は，３年とする。

６　内閣総理大臣は，委員が心身の故障のために職務の執行ができないと認める場合又は委員に職務上の義務違反その他委員たるに適しない非行があると認める場合には，両議院の同意を得て，その委員を罷免することができる。

（委員会の所掌事務）

第１６条　委員会は，次に掲げる事務をつかさどる。

一　（略）

二　（略）

三　第９条第２項の規定による命令を発すること。

四　公共の利害に関する虚偽表現の防止のための施策を立案すること。

第４章　雑則

（行政手続法の適用除外）

第２０条　第９条第２項の規定による命令については，行政手続法（平成５年法律第８８号）第３章の規定は適用しない。

第５章　罰則

第２５条　第６条の規定に違反して虚偽表現を流布した者は，３０万円以下の罰金に処する。

第２６条　第９条第２項の規定による命令に違反した者は，６月以下の懲役又は１００万円以下の罰金に処する。

第２７条　法人の代表者又は法人若しくは人の代理人，使用人その他の従業者が，その法人又は人の業務に関し，前条の違反行為をしたときは，行為者を罰するほか，その法人又は人に対しても，同条の罰金刑を科する。

MEMO

出題趣旨

【公法系科目】

〔第１問〕

本年の問題は，虚偽の表現の規制の可否を問うものである。問題文にもあるとおり，また，報道などでも知られるとおり，フェイク・ニュースは，各国で様々な課題を生じ，対応が模索されている現代的な問題であり，新たな技術的な展開が事態を深刻化させている側面がある現象である。しかし，その規制は，内容規制という古典的な表現の自由の問題であり，また，本問の規制は，表現の削除という強力な制限の問題でもある。表現の自由の保障の意義という基本に立ち返った検討が求められる。

虚偽の表現，とりわけ虚偽と知ってなされるものについては，そもそも表現の自由の保障範囲に入らない，あるいは，保障の範囲に入っても，保障の程度が低いという議論もあり得なくはない。その点について論じる際には，そのように考えることに問題はないか，また，そのような考え方は先例に基づいたものといえるかといった点も考察する必要があろう。さらに，虚偽ではあっても種々の観点から有益な表現も様々に考えられることや，真実は誤りと衝突することによってより明確に認識されるのだから虚偽の言明ですら公共的な議論に価値のある貢献をするものだ，という考え方もあり得ることにも留意が必要である。

立法措置①については，具体的状況によっては虚偽か真実かの判定が難しい場合が相当あるという意味において不明確ではないか，処罰の範囲が広すぎ過度に広汎ではないか，といった点について検討することが求められる。目的が極めて重要な公共の利益といえるか，問題文に示されている混乱の事例をどのように評価するか，対抗言論や報道による検証などが優先されるべきではないか，他の規制方法が考えられ必要最小限度のものに留まっているとは言い難いのではないか，訴追は公平になされるかといった点についても同様であろう。

その際には，立法措置①が，特定の人の社会的評価や業務とは無関係の規制であり，ありとあらゆる表現が，虚偽であるというだけで，規制の対象となるため，政治的に激しい争いのある事柄や，歴史的・学問的な事柄まで対象となり，真実性の判断が難しいものとなり得ることに留意が必要である。立法措置①が認められるとなると，あらゆる領域について，何が真実かを，刑事責任を問うことで問題にできるということになり，恣意的な訴追を通じて，全て真実は政府が決めるということになりかねないという懸念もある。これらの点を踏まえた上で，立法措置①について検討することが求められる。

次に立法措置②について，ここでは，削除義務を課されるという形で直接に制約の対象となっているのは，ＳＮＳ事業者の自由であるとともに，削除されるという形で制約されているのは個々の発信者の表現の自由であることを適切に分析することが必要である。ＳＮＳの特徴である拡散性が，ＳＮＳのみを規制の対象として取り上げることを正当化するかどうかが論じられる必要もある。ＳＮＳ事業者が私的な検閲の主体となるおそれについても論じることは不可能ではなかろう。

立法措置②については，選挙の公正ということの明確性が問題になるかもしれない。その場合，合憲限定解釈の可能性も含めて検討することがあり得る。立法措置②を，内容中立規制とする見解があるかもしれない。しかし，内容規制と，時・場所・方法の規制のような内容中立規制が組み合わされたときに，直ちに内容中立規制と評価することは問題がないか，検討が必要であろう。選挙に関する表現をどのように位置付けるべきかについては，国際的に比較しても非常に厳しい我が国の選挙運動規制を合憲とする先例は多数あるが，その評価を含めて論じることが可能であろうし，それらの選挙運動規制と本問を区別することも可能であろう。

立法措置②は，表現の削除を罰則をもって強制するという強力な規制であるので，検閲や事前抑制の原則的禁止の法理との関係を問題にすることも可能である。ただ，その際には，立法措置②による規制によって，発表が禁止されている訳ではなく，一旦発表されたものの削除が命じられていることに留意が必要である。また，選挙の公正は，仮処分による差止めで保護される名誉権のような人格的権利ではなく，この点についての分析も必要であろう。

一旦表現されたものの削除が命じられるという点では，検索結果の表示の削除が問題となった事案も参考になり得よう。比較衡量的な枠組みを提示しつつ，要件が満たされていることが「明らか」なことを要求する判例の立場から見た場合，立法措置②の要件が十分に限定されたものになっているか否かを検討することになろう。

ただ，その場合であっても，立法措置②が，司法手続ではなく行政手続によるものであること，さらに，行政手続法の事前手続や理由提示の制度が適用除外とされていることをどのように評価するかが問題となり得る。人格権侵害を理由に仮処分で差止めを認める場合，少なくとも審尋が必要とされているが，要件が充足されていることが明白である場合には例外が認められている。行政手続の適正性の要求を憲法上どのように位置付けるかを踏まえつつ，これらのこととの関係をどう理解するかを論じることが必要となろう。

選挙は公共性が高く，迅速な対応が必要だとはいい得るが，誤って削除された場合には公益が大きく害される。より制限的でない手段の検討が必要である。選挙に際してのＳＮＳが問題であるというのであれば，ＳＮＳ事業者に自主的な削除手続を定めることを義務付け，これについての報告義務を課すという方法も考えられる。ただ，この場合には，上に述べた私的な検閲のおそれは増大するかもしれない。また，とりわけＳＮＳ上のフェイク・ニュース記事の拡散が，出所の不透明な資金に支えられていることが問題であるというのであれば，政治資金規制を及ぼして，資金の流れの透明化を義務付けることも考えられる。このような，諸外国・地域で実施・検討されている他の方法が有益ではないか，といったことも論じるに値する。

以上のような諸点についての検討を踏まえ，自らの示した判断枠組みの中で適切に結論を導くことが求められている。

採点実感

第１　総論

１　出題の趣旨に即した論述の必要性について

⑴　本問の設定は，昨年と同様，法律の制定に当たり法律家として助言を求められているというものである。このような問題設定において，期待されているのは，法律家としての自らの見解を十分に展開する中で，必要に応じて，自らの見解と異なる立場に触れる形で論述をすることである。昨年に比べて少なくなったものの，依然として，主張，反論，私見という構成を取る答案があり，このような答案は，全体として論述が平板で，説得力の乏しいものとなっていた。また，訴訟の場面ではないのであり，主張適格について論じることは必要ない。

⑵　本問で問題となっている自由ないし権利について，「表現の自由」として憲法の保障が及ぶこと，それに対する制約があることを論じた上で，違憲審査基準を設定して，当てはめ判断をするという基本的な枠組み自体は概ね示されていた一方，こうした判断枠組みの下での具体的検討が不十分又は不適切な答案も見られた。

⑶　仮想の法案が何をどう規制しようとしているのかを丁寧に把握することが必要であるところ，法案の内容を誤って論じている答案が多く見られた。

例えば，立法措置①は規制の対象をＳＮＳ上の表現に限定していないが，これを誤って論じている答案が多かった。条文の読解は法律家としての基本的な能力の一つであり，それができないのでは議論の前提となる規制内容が理解できていないこととなってしまう。学習の中で，条文を素読する力を身に付けてほしい。

また，法案の内容を踏まえずに，営業の自由や財産権など，手当たり次第に取り上げて枚数を稼ごうとする答案も見られた。

２　論述内容全般について

⑴　「明確性の原則」の機械的な適用や，「検閲」「事前規制」の文言を使っての機械的な当てはめなど，目の前の具体的な素材について考察しないまま，不正確に概念を適用する答案が相当数あった。また，「内容規制」「内容中立規制」「事前規制」「事後規制」「間接的・付随的規制」など，基本的な概念について，不正確な理解に基づく論述をしている答案も相当数認められた。

⑵　合憲性を判断する枠組みを定立する際に考慮されるべき事項と，定立された枠組みに照らして合憲性を判断する際に考慮されるべき事項は，重複する場合もあるが，両者はある程度自覚的に区別される必要があると思われる。あらゆることを総合的に衡量することを常に原則とすることは，司法審査による基本的人権のあり方としては必ずしも適切ではないと思われる。

⑶　違憲審査基準の恣意的な設定をしている答案があるが，審査基準の設定に当たっては，どうしてその審査基準を用いるのかを意識して，説得的に論じるようにしてほしい。

⑷　審査基準の用語と内容が不整合である答案も見られたところ，基本的事項であり，正確な理解が求められる。

(5) 厳格な基準を立てているにもかかわらず，その基準を満たすかどうかの具体的な検討の中では，それほどの理由のないまま，制約の必要性を認める答案が相当数あった。厳しい基準を立てても具体的な検討で緩やかにしてしまっては，厳しい基準を立てることの意味が希薄になってしまうように思われる。日頃から，具体的な事例を学ぶ中で，基準の設定と具体的な検討を行い，整理しておくことが望ましい。

(6) 設問の「自己の見解と異なる立場に対して反論する必要があると考える場合は，それについても論じる」との求めを適切に踏まえ，自己の見解を述べる中で，異なる立場を取り上げつつこれに説得的に反論している答案は高く評価された。他方，何が自説なのかが明確に示されていない段階で先に反論を指摘しているため何に対する反論なのかが不明確な答案や，反論として書き始めたものを結論において自説としてしまう答案もあり，構成段階での検討が不十分なのではないか，と思われた。

3 判例への言及について

関連する判例への言及は，以前に比べると増えているが，問題はその引用の適切さである。判例の表面的な理解が目に付くことが多く，当該判例を正確に理解し，本問との区別の可能性を検討した上で，自らの見解を基礎付けるために適切に引用しているものはまだ多くない。

具体的には，後述の第３の２の(4)，第３の３の(7)のとおりである。

第２ 表現の自由の基本的論述等について

1 表現の自由と虚偽表現の論点について

(1) 虚偽表現が対象となっていることに着目した検討が不足，あるいは欠如している答案が相当数認められた。

(2) 現実世界でフェイク・ニュースが問題となっていることに引きずられたのか，十分な検討をしないまま規制に肯定的な議論を展開するものが意外に多く見られた。しかし，フェイク・ニュースの問題性を認識することと，それをいかに規制し得るかは別の問題であり，規制の合憲性については，より慎重な検討がほしかったところである。

(3) 表現の自由の重要性の理由として論ずるべき事項を取り上げ，虚偽表現はそれに該当しないので表現の自由の対象とならないという論述があったが，出題の趣旨にもあるように，虚偽表現について，安易に表現の自由の保障範囲から外したり，低価値言論として制約を簡単に認めたりすることには慎重な姿勢が必要である。

(4) 事実の伝達は表現の自由として保障されるかという命題で論じ始める答案が相当数あり，このような答案の中には，虚偽表現が保障の対象かという本来の命題の検討が不十分になってしまっているものも見られた。

(5) 「虚偽表現の自由」の制約として論じている答案が散見されたが，問題となるのは「表現の自由」であり，「虚偽の事実を流布する」ことが表現の自由として保障されるか，という観点で論述をすべきであろう。

2 明確性や過度広汎性の論点について

(1) 明確性や過度の広汎性の問題に全く触れない答案が予想より多かった。

(2) 明確性を問題にするのであれば，法令の規定について，漠然と「○条の規定は不明確である」というのではなく，当該条文のうちどの文言の明確性が問題になるのかを具体的に示す必要がある。

(3) 用語が抽象的であるとして，やみくもに「虚偽」や「公共の利害」を不明確であるとして有効無効を論じる答案が相当数あった。明確性の原則を機械的に適用しているだけで，実際に目の前にある具体の素材について考察する姿勢が欠けている。

(4) 明確性の観点から，「虚偽」の要件の適用がもたらし得る問題について全く検討しない答案が相当数あったが，本問の特質は，「虚偽」の判断が恣意的となる危険性であり，その萎縮効果に着目すれば，やはり「虚偽表現」の明確性について丁寧に論じるべきであろう。

(5) 明確性の原則や過度の広汎性の問題を取り上げた場合には，合憲限定解釈の可能性に触れてしかるべき場合があるはずであるが，合憲限定解釈について触れた答案は非常に少なかった。

(6) 明確性の原則と過度の広汎性の原則とを混同して論じられている答案が散見された。

(7) 明確性だけを理由として法令違憲として論述を終える答案は高い評価はできなかった。本問では，法律家としてある法案の違憲性について助言を求められている以上，文面審査のみでなく，目的手段審査までするべきである。

第３　各立法措置に関する論述

1　総論

(1) 立法措置①と②を区別せずに論じている答案があった。しかし，規制の対象，内容等が異なるのであるから，それぞれ検討することが出題者の意図であることは容易に分かるはずであり，適切に論じることが求められる。

(2) 立法措置①が，何人に対しても，公共の利害に関する虚偽表現を流布しないことを義務付け，違反すれば処罰するもので，表現行為に対して極めて広汎な規制をする異例の措置であるのに対し，立法措置②は，選挙に近接した時期に選挙の公正を害するおそれのある虚偽表現を対象とし，ＳＮＳ事業者に特定虚偽表現の削除を義務付けているものであり，比較的要件が絞り込まれたものとなっている。これらの事情を適切に指摘した答案は，自ずから，それぞれの立法措置の合憲性を検討する上で着眼すべきポイントが捉えられ，的確に評価がなされていた。

(3) 表現の自由の内容規制として，厳格審査を採用しつつ，「社会的混乱の防止」という抽象的な目的で簡単に目的審査を済ませてしまう答案が見受けられたが，問題文中に記載のある程度の事実関係で，立法事実として十分と言えるかどうかについて立ち入って検討がなされることが期待されていたところ，そのような検討を適切に行っている答案は極めて少数であった。

2　立法措置①について

(1) 立法措置①は表現内容規制であり，かつ，問題文中で指摘されている現行法上の諸法規と異なり，特定の個人的法益侵害に限定せず，広く社会的法益を保護するために，虚偽表現をする目的や対象，媒体，主体の限定をせずに規制するものであり，表現に対する制限の程度が著しい表現内容規制である。

(2) 虚偽表現それ自体を規制するのではなく，社会的混乱が実質的に発生した場合にその混乱のみを規制することで立法措置①が想定している保護法益は十分守れるのではないか，との観点から検討されている答案は高く評価できた。

(3)　立法措置①について，検閲や事前抑制であるとして許されないとする答案も少なからず見られた。そもそも，事前抑制の原則的禁止というときの「事前」の概念が理解されていないのではないか。本問は，虚偽表現を「一般的に禁止」しているが，事前規制をしているわけではない。

(4)　北方ジャーナル事件は出版の事前差止めの問題であり，立法措置①は事前抑制ではないにもかかわらず，立法措置①を事前抑制であるとして北方ジャーナル事件の最高裁判決の基準を参照するのは，判例の参照方法としては不適切である。

3　立法措置②の表現の自由の制約に関する論述について

(1)　立法措置②について，発信者の表現の自由とＳＮＳ事業者の表現の自由の双方を指摘できている答案は少なく，誰の権利が問題となるのかを明確にせずに表現の自由を論じているものがあった。

(2)　ＳＮＳ事業者の営業の自由の問題としてのみ論じている答案が相当数あった。営業の自由の問題となり得ないという必要はないであろうが，表現の自由を論じないということは，立法措置②には表現の自由の制約は含まれていないと評価することを意味する。それは，明らかに不適切な判断と言わざるを得ない。

(3)　立法措置②も，表現内容規制と言い得るものであり，表現の自由への制限の程度は相当に重い。規制において，適用の時点が限定されているということのみを理由として内容中立規制とするものがあったが，早合点というべきである。

(4)　ＳＮＳ投稿者の表現の自由保障という視点に立つと，自分の投稿が同意なく削除され，かつフェイク・ニュース規制法（案）第１３条の損害賠償免除規定からして，特定虚偽表現ではない表現を事業者が削除しても，故意または重大な過失がない場合には免責されるため，事業者による予防的な過剰削除の危険がある。このような点を指摘している答案については高く評価することができた。

(5)　立法措置②について，仮に合憲と論じるのであれば，厳しい判断枠組みの下で，問題文中の立法事実を適切に援用し，どうしてもやむを得ないので合憲である，ということになるはずであるところ，選挙の公正という公益の重要性のみを取り上げて，制限は当然であるという答案は低い評価にとどまった。

(6)　条文上，特定虚偽表現については虚偽表現の「明白性」や，選挙の公正が「著しく」害されるおそれの「明白性」を満たすことが必要となっているところ，これらの文言により，規制対象が限定されていると適切に評価する答案があった一方で，その文言があるために抽象的で不明確になると評価した答案があった。実務的には，このような限定が重みを持って使われているのであり，明確性の判断の過程や手段審査において適切に取り上げるのが望ましい。

(7)　立法措置②の合憲性を判断するに当たり，在外日本国民選挙権訴訟を引用する答案があったが，立法措置②では表現の自由の制約が問題となっているのであって，選挙権の行使に対する制約が問題となった判例を引用するのは適切ではない。

4　立法措置②の手続保障の論点について

(1)　手続保障の問題に全く触れない答案が予想以上に多かった。弁明の機会や理由提示のいずれもが除外されていることは問題文中に示されており，気付いてほしいところであった。

(2)　適正手続の観点から問題があると論じるものについても，成田新法事件の基準を提示し，総合衡量の要素を当てはめるといった丁寧な論述をしている答案はあまりなかった。

第４　形式的面での注意点について

昨年も指摘したところであるが，憲法の条項の正確な摘示や法律上重要な語句の正確な表記などに心掛けてもらいたい。

また，読み手を意識して，文章として理解できる記載をするように留意してもらいたい。その点で，文章にはできる限り論理的な明晰さが求められるのであり，内容にかかわらず改行を繰り返して文章をむやみに細分化したり，逆に適度に改行を行うことなく一気に文章を書き連ねたりする答案構成をしないように注意すべきである。

MEMO

再現答案① A評価 13～16位（149.60点，K・Oさん 論文順位43位）

第1 立法措置①は憲法２１条１項に反し，違憲とならないか。
1 文面上違憲
「公共の利害に関する事実」（フェイク・ニュース規制法（以下「法」という。）６条）は，明確性の原則（憲法２１条１項），適正手続（憲法３１条），過度広範として憲法２１条１項に反しないか。
(1) まず，明確性，適正手続について，判例は，通常一般人の理解において当該場合が適用ならしめるかどうかの基準が読み取れるかで判断している。
表現行為を規制する法律の文言は明確でなければならない。なぜなら文言が不明確である場合萎縮効果が生じるからである。また，２５条は６条違反に罰則を設けている。そのため，不明確な法律により罰されないという適正手続に反しないかが問題になる。
上記文言について見るに，何が公共の利害かは通常一般人の理解において何がこれにあたるか判断ならしめる基準かは読み取れないといえる。なお，「公共の利害」は裁判例において差止等の基準となっているが，ＳＮＳ利用者にとってはやはり何が公共の利害かはやはり不明確であるといえる。
したがって，明確性の原則，適正手続に反し憲法２１条１項，３１条に反する。
(2) 過度広範の原則は，表現行為の規制は広範であると同じく萎縮効果が生じるからである。
上記文言についてこれを見るに，「公共の利害」はあまりに範囲が広く不明確である。
(3) よって，法は，明確性の原則，適正手続，過度広範の原則に反し，憲法２１条１項，３１条に反し違憲無効である。
2 法令違憲
(1) ６条は，ＳＮＳ利用者のＳＮＳに投稿する自由を侵害し憲法２１条１項に反しないか。
(2) 上記自由は表現の自由（憲法２１条１項）により保障される。
(3) 上記自由は６条により制約されている。
(4) 上記自由について虚偽表現の自由に過ぎず要保護性は低いと反論する。しかし，上記のように６条の文言は広範であり，虚偽表現だけでなくＳＮＳ上の表現すべてを制約するといえる。また，仮に虚偽表現の自由であっても，その真偽が思想の自由市場で決することである。したがって，かかる反論は妥当しない。
また，制約は６条による直接かつ内容規制である。その上，ＳＮＳという利用者にとって世界に情報を発信する貴重な場であり，まさに自己実現，自己統治という表現の自由の保障根拠が妥当するものであり，その制約は重大である。また，罰則（２５条）もありやはり制約が強度である。
その上，名誉毀損罪など表現そのものを規制する法律は限定が付されているが，法には限定が付されておらず，その点でも制約は強度である。
そのため，重要な権利に対する，重大な制約があるといえる。したがって，目的がやむにやまれぬもので手段が必要最小限度で

● 過度広汎性の「汎」は，「範」ではなく「汎」が一般的である。

● 徳島市公安条例事件判決（最大判昭50.9.10／百選Ⅰ［第７版］〔83〕）は，「通常の判断能力を有する一般人の理解において，具体的場合に当該行為がその適用を受けるものかどうかの判断を可能ならしめるような基準が読み取れるかどうか」としており，判例を踏まえた規範を定立できている。

● 明確性の原則に関する検討においては，単に「公共の利害」を摘示してこれが不明確であると論述するだけでは不十分である。採点実感によれば，「実際に目の前にある具体の素材について考察する姿勢」を示す必要がある。

● 極めて高い評価を受けた本答案ですら，合憲限定解釈について言及できていないから，今後の論文式試験において，明確性の原則や過度広汎性の原則の問題を論述する際，合憲限定解釈の可能性についても検討するクセを身に付けておけば，相対的に高く評価される可能性があるといえる。

● 本答案は，「ＳＮＳ利用者のＳＮＳに投稿する自由」を侵害すると論述しているが，立法措置①は規制の対象をＳＮＳ上の表現に限定していないため，法案の内容を誤って把握している。

● 既存の法令との異同を指摘しつつ，具体的に規制方法の強度について論じることができているが，規制対象を読み違えているため，表現の媒体や主体等の制限がなされていないといった指摘が十分にできていない。

なければならない。

(5) 目的について見るに，確かに，甲県の工場爆発事故においてＳＮＳ上の表現により混乱を招いたという立法事実がある。しかし，公共の利益を守る（法１条）という目的は，公共の利益にも軽重があり，そのすべてが国民の生命，身体等の重大な利益に関するものではない。したがって，目的はやむにやまれぬものではない。

必要最小限度か見るに，そもそも虚偽表現を規制しないでも，政府広報等によりかかる表現が虚偽表現であることを告知するなどすることで，混乱を防ぐことができる。したがって，より制限的でない手段が存在し，必要最小限度といえない。

よって，法はＳＮＳ利用者の自由を侵害し，憲法２１条１項に反し違憲無効である。

第２　立法措置②はＳＮＳ事業者のＳＮＳサイトの運営の自由を侵害し憲法２１条１項に反しないか。

１　文面上違憲

(1) 「選挙の公正が著しく害されるおそれがあることが明白」は，明確性の原則に反しないか。

上記の基準で判断する。上記文言は，「選挙の公正」という文言があり，選挙の際の表現であることがまず分かる。そして「著しく害する」という文言から，選挙の結果に影響を及ぼす表現ということが分かる。したがって，通常一般人の理解において何がこれにあたるか判断ならしめる基準は読み取れるといえる。したがって，明確性の原則，適正手続に反しない。

(2) また上記のように限定されているから，過度広範性の原則に反しない。

２　法令違憲

(1) そもそも上記自由は，営業の自由に過ぎず，憲法２２条１項の制約があるに過ぎないとの反論が考えられる。

しかし，かかる反論は妥当しない。なぜなら，表現の自由は情報流通自体も保護しており，ＳＮＳは情報流通の基盤になっているからである。

したがって，上記自由は憲法２１条１項によって保障される。

(2) 法９条１項はかかる自由を制約している。

(3) 上記自由は重要な自由である。なぜなら，ＳＮＳの運営は利用者によって自由な言論の場を提供しているからである。

そして，法９条１項はＳＮＳ事業者に９条１項各号の表現を規制することを定めて規制している。これに従わない場合，法９条２項はＳＮＳ事業者に削除を命じ，法２６条２７条は，罰則をもって削除命令に従うことを強制している。また，法９条２項の命令には事前の手続保障がない（法２０条）。

したがって，重要な権利に対して，強度の制約が課されている。そのため，目的がやむにやまれぬもので，手段が必要最小限度でなければ違憲と解する。

(4) 目的について見るに，法９条の目的は，選挙の公正のためである。選挙の公正は，国民主権に関するものでやむにやまれぬものである。その上，実際に乙県では，ＳＮＳ上の虚偽表現により現職の

●　本答案は，立法事実を踏まえて規制目的がやむにやまれぬものといえるかについて具体的に検討できている。また，規制方法についても，社会的混乱が実質的に発生した場合にその混乱のみを規制することで立法措置①が想定している保護法益は十分守れるのではないか，との観点から検討がなされており，「他の規制方法が考えられ必要最小限度のものに留まっているとは言い難いのではないか」という点について検討を求める出題趣旨に合致し，高く評価されたものと考えられる。

●　法案９条の文言を指摘しながら，その文言により規制対象が限定されている旨の適切な評価ができている。なお，採点実感では，「条文上，特定虚偽表現については虚偽表現の『明白性』や，選挙の公正が『著しく』害されるおそれの『明白性』を満たすことが必要となっているところ，これらの文言により，規制対象が限定されていると適切に評価する答案があった」とされており，本答案は，「明白性」や「著しく」といった文言から規制対象が限定されるということにまでは言及が及んでおらず，かかる点まで言及できればより高い評価を受ける論述になったものと考えられる。

●　出題趣旨は，「行政手続法の事前手続や理由提示の制度が適用除外とされていることをどのように評価するかが問題となり得る」としているところ，本答案は，「法９条２項の命令には事前の手続保障がない（法２０条）」ことを厳格審査基準を設定する理由の１つとしているが，なぜ，法20条の規定の存在が厳格審

知事が落選した可能性があるとの立法事実もある。
　手段について見るに，まず，かかる表現が虚偽であるかは国民自身が思想の自由市場で判断すべきであり，そもそも表現自体の削除を強制せずとも，規制委員会の公式アカウントを作成し，かかる表現が誤りであるなどを拡散するなど国民に判断機会を与えるという手段によっても十分目的を達成できるといえる。また，委員会は１５条で組織され２人以上が同一政党に属する者としているが，選挙に関係のある国会によって任命されているため，恣意に運用される可能性は低いものの否定できない。そのような委員会にＳＮＳの削除が強制されれば，ＳＮＳ自体の信用性が低下し表現の場としての機能を失う可能性がある。そのため，かかる点でも過度である。
　よって，法は上記自由を侵害し憲法２１条１項に反し，違憲無効である。
第３　立法措置②はＳＮＳ利用者のＳＮＳ投稿の自由を侵害し憲法２１条１項に反しないか。
１　上記自由は表現の自由として保障される。
２　上記のように９条２項で投稿の削除が強制されるため，同項は上記自由を制約する。
３　まず，上記自由は限定された虚偽表現の自由に過ぎないと反論することが考えられる。そもそも表現が虚偽であるかどうかは国民が判断すべきことである。そのため，かかる点で権利の重要性が低下するとまでは言えない。

　次に，確かに内容規制であり，かつ規制される自由は選挙に関する表現であり，まさに自己統治の価値を有するものである。もっとも，規制対象が明確化されており，かつ前述のように恣意的に運用される可能性が低い。その上，規制期間は選挙期間及び当日と短期間である。したがって，規制態様は強いとは言えない。
　したがって，目的が重要で，手段が実質的関連性を有しない限り違憲と解する。
４　目的については前述の通り重要である。手段について見るに，まず，かかる表現が虚偽であるかは国民自身が思想の自由市場で判断すべきであり，そもそも表現自体の削除を強制せずとも，規制委員会の公式アカウントを作成しかかる表現が誤りであるなどを拡散するなど国民に判断機会を与えるという手段によっても十分目的を達成できるといえる。
５　よって，法９条２項は上記自由を侵害し，憲法２１条１項に反し違憲無効である。

以　上

査基準を導くのかについての理由が述べられておらず，不十分である。

● 出題趣旨によれば，立法措置②により誤って削除された場合には公益が大きく害されるため，「より制限的でない手段の検討が必要である」とされているところ，本答案は，「そもそも表現自体の削除を強制せずとも，規制委員会の公式アカウントを作成し，かかる表現が誤りであるなどを拡散する」という具体的な代替手段を提示できており，出題趣旨に合致する秀でた論述といえる。

● 出題趣旨によれば，「立法措置②について，ここでは，削除義務を課されるという形で直接に制約の対象となっているのは，ＳＮＳ事業者の自由であるとともに，削除されるという形で制約されているのは個々の発信者の表現の自由であることを適切に分析することが必要である」としている。本答案は，ＳＮＳ事業者の自由と個々の発信者の表現の自由を区別して検討しており，出題趣旨に合致した構成となっている。また，採点実感も，「立法措置②について，発信者の表現の自由とＳＮＳ事業者の表現の自由の双方を指摘できている答案は少な」かったとしており，本答案のような構成は高く評価されたものと思われる。

MEMO

再現答案②　A評価　515～554位（116.77点，K・Iさん　論文順位1126位）

第１　立法措置①について
１　法案６条は，一定の場合の「虚偽表現」を２５条で罰則をもって禁止しているので，「虚偽表現」をする自由，すなわち，言いたいことを言わせる自由を制約するので，憲法２１条１項に反し違憲ではないか。
⑴　２１条１項は，「その他一切の表現の自由」と規定していることから，表現の内容について特別に制限していない。そして，「公共の利害に関する事実」（法案６条）については，北方ジャーナル事件が公益に関する事項は，重要だと判示している。
　そのため，言いたいことを言わせる自由は，憲法２１条１項の「その他一切の表現の自由」として，憲法上保障される権利である。
⑵　そして，上記の自由が法案６条で制約され，また２５条で罰則をもって制約されている。
⑶　それでは，上記憲法上の権利の制約が許されるか。
ア　形式的審査
㈠　「公共の利害に関する事実」，「虚偽表現」という法案の文言は，漠然性故に無効のため，違憲とならないか。
㈡　法律で表現の自由の制約をした場合，当該条文の文言が明確でないと，どの表現が制約の対象になるか分からず，表現を萎縮させてしまう。そして，法律の文言が明白であっても規制対象が漠然として広すぎる場合に同様の萎縮効果が生じてしまう。その効果を防止するため，表現の自由を制約する法律の文言が過度広範な場合は，２１条１項に反し，違憲無効となる。
　そして，判例は，一般人が当該条文を読み，どのような事案に適用されるのか判断できない場合に過度広範故に無効になる，と判示している。
　しかし，最高裁が想定する一般人とはどのような一般人なのか不明確であるため，分かりにくい。
　そのため，ここで想定される一般人とは，一定の教養を備えた一般人であると解するべきである。
㈢　本件で，法案６条は，公共の利害に関する事実について，虚偽であると認識しながら，虚偽表現をすることは禁止している。この「公共の利害に関する事実」について，一般人が文言だけを見てもどこまでが「公共の利害に関する事実」なのかが不明確のため，規制対象が明確ではない。
　また，「虚偽表現」（法案２条２号）についても，表現した者が主観的に虚偽だと思っていることなのか，それとも客観的に虚偽の事実であるのか，法案の文言だけを一般人が見ても把握することはできない。
㈣　したがって，法案６条は，過度広範故に憲法２１条１項に反し，違憲無効となる。
イ　実質的審査
㈠　仮に，形式審査で法案６条が合憲であるとしても，実質審査で違憲とならないか。

● 採点実感によれば，本問において問題となるのは「表現の自由」であり，「虚偽の事実を流布する」ことが表現の自由として保障されるか，という観点で論述をすべきであるとされている。

● 「虚偽表現」をする自由が表現の自由として憲法21条１項により保障されるかどうかということと，北方ジャーナル事件判決（最大判昭61.6.11／百選Ⅰ［第７版］〔68〕）が「公共の利害に関する……表現が私人の名誉権に優先する社会的価値を含み憲法上特に保護されるべきである」と判示していることとの間に論理的なつながりはないように思われる。また，立法措置①が表現の自由に対する制約となることは明らかであるから，上記判例を引用する必要があるかは疑問である。

● 徳島市公安条例事件判決（最大判昭50.9.10／百選Ⅰ［第７版］〔83〕）は，「通常の判断能力を有する一般人の理解において」と判示しているから，あえてこの点を論点化する意味はない。

● 採点実感によれば，「明確性の原則と過度の広汎性の原則とを混同して論じられている答案が散見された」としている。本答案は，漠然性ゆえに無効とならないかと問題提起しているにもかかわらず，過度の広汎性ゆえに無効であるとの帰結に至っており，両者の概念を混同して論じている点で，不適切である。
● 「虚偽表現」の明確性について検討することができている点は，再現答案①よりも秀でている点である。

(イ)　確かに，法案６条は，規制対象を「虚偽表現」，「虚偽であることを知りながら」と限定している。また，「虚偽表現」は真実ではないので，表現の価値として，高いとはいえない。したがって，厳格な審査基準は妥当しない。

しかし，表現の自由は，自由に人が表現し，それを他人が受領し，自己が正しいと思うことを採用し，それが多数意見として形成され，そうすることによって民主主義が発展していくので，重要といえる。また，何が真実で，虚偽であるかは曖昧であり，それは思想の自由市場に委ねるべきである。それにもかかわらず，国家が「虚偽表現」と決めつけて，事前に当該表現を制約することは恣意的になりやすい。同様のことを北方ジャーナル事件も判示している。

そうだとすれば，法案６条による制約が許されるためには，厳格な審査基準で判断しなければならない。

具体的には，目的が必要不可欠で，手段が目的達成のために必要最小限度でなければならない。

(ウ)　法案の目的は，公共の利害に関する虚偽の表現について必要な規制を行うことによって，虚偽の表現により社会的混乱が生じることを防止することにある。虚偽の表現が流布することで，多数の意見が間違った方向に流され，社会が混乱することを防止することは必要不可欠である。

そして，手段として法案６条で，公共の利害に関する事実について，虚偽表現を流布することを禁止し，それを罰則（２５条）でもって禁止している。しかし，「公共の利害に関する事実」という一般的表現を幅広く規制している。また，「何人も」と規定しているから，例えば，未成年が不用意にＳＮＳで虚偽表現を発信したとしても規制され，罰則が与えられる。

このように規制が広範である場合，規制しなくても良い表現を規制対象にしてしまう。そうだとすれば，必要最小限とはいえない。

(エ)　したがって，実質的審査でも違憲となる。

２　よって，立法措置①は，違憲である。

第２　立法措置②について

１　法案９条１項柱書は，同項を各号に該当する場合，特定虚偽表現を禁止し，同条２項で当該表現を強制的に消去させ，２６条で罰則をもってこれを規制している。この規制は，ＳＮＳ事業者がＳＮＳ利用者の表現を他の利用者に提供する自由を制約するため憲法２１条１項に制約し，違憲ではないか。

(1)ア(ア)　ＳＮＳ事業者（２条３号）としており，法人とは断定していないが，法人である可能性が高い。そのため，法人が表現の自由という人権の享有主体となれるか。

(イ)　八幡製鉄事件は，法人も性質上可能な限り，人権の享有主体となれる。

しかし，上記判例は，批判が多い。まず，上記の事案は，法人の寄付行為が目的の範囲内かどうかが問題となったた

●　出題趣旨によれば，「虚偽表現」の自由の保障程度が低いと論じる際には，そのように考えることに問題はないかという点などを考察する必要がある。本答案は，表現の自由の価値の重要性を改めて重視し，結果的に厳格審査基準を設定している点で，再現答案③とは異なる。

●　本答案は，「事前に当該表現を制約する」と論じた上で，北方ジャーナル事件を引き合いに出しているが，立法措置①は虚偽表現を罰則をもって「禁止」しているだけで，虚偽表現の発表それ自体を事前に抑制するものではないから，不適切である（採点実感参照）。

●　採点実感は，「表現の自由の内容規制として，厳格審査を採用しつつ，『社会的混乱の防止』という抽象的な目的で簡単に目的審査を済ませてしまう答案が見受けられたが，問題文中に記載のある程度の事実関係で，立法事実として十分と言えるかどうかについて立ち入って検討がなされることが期待されていた」としている。本答案は，目的審査において立法事実に触れることなく，抽象的な検討をするにとどまっており，不十分である。

●　立法措置①は違憲であるという妥当な結論を示すことができている。

●　本問では，ＳＮＳ事業者の表現の自由とＳＮＳ利用者の表現の自由の双方を指摘・検討する必要があった（採点実感参照）。本答案は，ＳＮＳ利用者の表現の自由について検討できていない。

●　本問において，法人の人権享有主体性は主要な論点にはなり得ない（出題趣旨・採点実感のいずれも法人の人権享有主体性について何ら言及していない）上，本問において問題となる権利・自由が，性質上法人に保障されないものとは解されない

けで，法人が人権の享有主体となるかについて判断する必要はなかった。また，人権は，本来自然人のみに保障されるものであって，法人に保障すると，構成員の人権が制約されてしまう。そして，その後の最高裁判例も，八幡製鉄事件は，引用していない。

(ウ) そのため，私は，法人が人権の享有主体となるわけではなく，法人が構成員の人権を代わりに行使していると考える。

イ　ＳＮＳ事業者がＳＮＳ利用者の表現を他のＳＮＳ利用者に提供する自由は表現の自由（憲法２１条１項）として保障されるか。

判例は，前科者がインターネット検索で表示される前科について，消去を請求した事案で，グーグルが検索結果を表示することに表現の自由を認めている。

そうだとすれば，ＳＮＳ事業者（そこに含まれる構成員）の上記権利も上記判例の射程が及ぶので，表現の自由として保障される。

(2) 法案９条１項，２項で上記権利を制約している。

(3)ア　形式審査

法案９条１項は，特定虚偽表現と限定し，同項各号は「明白であること」と規定し，厳格な制限をしているので，文面上無効とはならない。

イ　実体審査

(ア) 確かに，規制される特定虚偽表現は，「選挙の公正が著しく害されるおそれがある」表現であり，これは内容規制である。また，法案９条２項は，ＳＮＳ事業者が特定虚偽表現を消去しない場合に強制的に消去させ，それを２６条で罰則をもって強制する。そのため，制約態様としては強度である。

しかし，法案１条は，選挙の公正（憲法１５条１項参照）という重要な利益を目的としている。そして，法案９条１項の規制は，「選挙の期間中及び選挙の当日」というある一定の期間のみである。また，同項は，事後規制である。

そうだとすれ，戸別訪問事件のように，①目的が正当で，②手段が目的達成の手段として合理的関連性があり，③当該表現を制約することによって得られる利益とそれによって失われる不利益を比較衡量して，本件規制の合憲性を判断するべきである。

(イ) 本件で，本件規制の目的は，前述したとおり，「選挙運動の期間中及び選挙の当日における虚偽の表現について必要な消去義務等を定めることにより，選挙の公正を確保すること」（法案１条）である。選挙の公正を確保しなければ健全な民主主義は行われないので，かかる目的は正当である（①）。

そして，かかる目的を達成する手段として，９条２項は，特定虚偽表現を規制する手段を用いている。かかる手段を

にもかかわらず，相当な紙幅を割いてその検討を行っており，妥当とは言い難い。仮に，法人の人権享有主体性について言及するのであれば，立法措置②により制約される表現の自由は，性質上法人にも適用される旨を端的に指摘すれば足りるものと思われる。

● 出題趣旨によれば，「一旦表現されたものの削除が命じられるという点では，検索結果の表示の削除が問題となった事案も参考になり得よう」としており，判例（最決平29.1.31／百選Ⅰ［第７版］〔63〕）を参考にすることは許容されていた。そして，上記判例は，「検索結果の提供は検索事業者自身による表現行為という側面を有する」としており，本答案は，上記判例の判示に整合するものといえる。もっとも，判例の射程が及ぶ理由を明確に論述すべきである。

● 通常，目的の重要性は違憲審査基準定立後の当てはめ段階で検討されるべき事項である。採点実感も，「合憲性を判断する枠組みを定立する際に考慮されるべき事項と，定立された枠組みに照らして合憲性を判断する際に考慮されるべき事項は，重複する場合もあるが，両者はある程度自覚的に区別される必要がある」としている。

また，本答案は，立法措置②により表現の自由が制約され，しかもその制約態様が強度だとしておきながら，合理的関連性の基準を設定し，結論として合憲としているところ，これらは説得的な論理展開とはいえない。採点実感は，「立法措置②について，仮に合憲と論じるのであれば，厳しい判断枠組みの下で，問題文中の立法事実を適切に援用し，ど

とれば，選挙の公正を確保することができるので，上記目的達成の手段として，合理的関連性が認められる（②）。

また，上記規制は，表現内容を直接的に規制することを狙いとしたものではなく，特定虚偽表現がされることによって生じる害悪が発生するのを避けるため，すなわち，本件規制は間接的付随的な制約といえる。そうだとすれば失われる利益よりも，得られる利益のほうが大きい（③）。

(ウ) したがって，法案９条とそれに伴う２６条は，憲法２１条１項には違反しない。

2　法案２０条は，行政手続法の適用を除外しているため，憲法３１条の適正手続に反し，違憲とならないか。

この点について，憲法３１条は，刑事手続のみに適用され，行政手続には適用されないので，憲法３１条に違反しない。

3　よって，立法措置②は，合憲である。

以　上

うしてもやむを得ないので合憲である，ということになるはずである」としている。

● 本答案は，行政手続法の適用がない事実に言及することができている。採点実感では，「手続保障の問題に全く触れない答案が予想以上に多かった」としていることから，かかる事実に言及していることは評価されたものと思われる。もっとも，本答案は，憲法31条が刑事手続にのみ適用されるとしている。しかし，判例（最大判平4.7.1／百選Ⅱ［第７版］〔109〕）は，「憲法31条の定める法定手続の保障は，直接には刑事手続に関するものであるが，行政手続については，それが刑事手続ではないとの理由のみで，そのすべてが当然に同条による保障の枠外にあると判断することは相当ではない」としている。

再現答案③　B評価　304～332位（122.65点，K・Kさん　論文順位923位）

第１　立法措置１について

法案２条，６条，２５条は国民の「ＳＮＳ上で虚偽表現を行う自由」を侵害し，憲法２１条１項に反し違憲でないか。

１⑴　法２１条１項は，表現の自由を保障している。そして，虚偽表現であっても表現のうちに入ることに間違いはないから，「ＳＮＳ上で虚偽表現を行う自由」は表現の自由の保障範囲に含まれるといえる。したがって，憲法２１条１項は「ＳＮＳ上で虚偽表現を行う自由」を保障しているといえる。

確かに虚偽表現はその刺激的な内容で多くの人の注目を集めることができ，上手に利用すれば，表現活動を行う上で有益な表現といえる。また，インターネットによって，一瞬で多くの人へ表現を届けることもできる。そのため，上記自由は重要なものとも思える。しかし，実際に甲県の化学工場爆発事故の際に飲料水が供給できなくなるという情報が流れたり，選挙に不当な影響を与えたりと，不適切な利用をされた場合に生じる害も相応に大きい。また，一瞬で拡散されるという点は，修正が困難という難点にもなりうる。

したがって，権利が重要とはいえない。

⑵　法案２条により定義された「虚偽情報」を虚偽と知りながら行うことは，法案６条の規定に反することとなり，この場合法案２５条によって罰金をうけるおそれもある。そのため，上記自由は法案により制約されているといえる。

ここで，当該制約は虚偽の情報という内容に着目した規制であるため，公権力の恣意による制約の可能性があるため，制約は強度であるという意見が考えられる。しかし，内容に着目した制約であるとはいえ，あくまで規制は事後的なものであるため，過度に恣意的運用がされるおそれは小さい。

したがって，制約も強度とまではいえない。

⑶　よって，上記自由が一定程度制約されているといえるため，上記法案は，目的が重要で，手段が目的と実質的関連性を有する場合にのみ合憲となると解する。

２⑴　目的について

目的は法案の１条及び立法過程から，虚偽の表現が流布されることによる社会的混乱の防止にあると解する。そして，前述の通り，虚偽の情報が流布されることによって現実に飲料水を巡った混乱が起きたり，選挙における不当な影響力が行使されたりといった事態が生じている。そのため，目的は上記自由に比して重要なものであるといえる。

⑵　手段について

まず，一切の虚偽表現を禁じれば，社会的な混乱は防止しうるため，手段の合理性は認められる。

ここで，現行の刑法や公職選挙法は一定の虚偽表現のみを規制するものであり，現実に発生した上記のような事態は防止しようがないため，法案のような制約には必要性があるという反論が考えられる。しかし，刑法や公職選挙法の規制では足りないとしても，一切の例外なく虚偽表現を禁じることはやりすぎであり，例

●　本答案は，「ＳＮＳ上で虚偽表現を行う自由」を侵害すると論述しているが，立法措置①は規制の対象をＳＮＳ上の表現に限定していないため，法案の内容を誤って把握している。

●　本答案は，虚偽表現であっても表現の自由として保障範囲に含まれると論述しているにもかかわらず，結論として「権利が重要とはいえない」としているから，相当説得的な説明が求められる。その説明として，本答案は，立法事実に関する本問の具体的事実を摘示しているが，これらの事実は立法措置①②の目的審査において用いるべきものであり，権利の重要性を左右するものではない。したがって，説得的な説明がないまま「権利が重要とはいえない」としている本答案の論述は，不適切である。

●　本答案が，「虚偽」の判断が恣意的となる危険性がある旨指摘している点は採点実感にも沿うものであるが，この点は「虚偽」ないし「虚偽表現」の明確性において指摘すべきものである。また，採点実感は，立法措置①について，表現に対する制限の程度が著しい表現内容規制であるとしているところ，本答案は，特に説得的な理由付けもなく立法措置①の「制約も強度とまではいえない」との結論を導いており，明らかに不当である（恣意的運用がなされるおそれが小さくても，「虚偽表現」をすれば広く罰せられる以上，制約は強度と言わざるを得ない）。したがって，本答案が厳格審査基準を設定せず，厳格な合理性の基準を設定したことも説得的な論理展開とは言い難い。

●　本問では，規制対象の範囲が限定されておらず，その意味で処罰の範囲が広すぎ過度に広汎ではないかと

えば悪質性が高いものや，社会的影響力の大きいものに対象を限定する規制にすべきである。そのため必要性が認められない。

(3) 以上より，手段と目的の間に実質的関連性があるとはいえず，法案２条，６条，２５条は違憲である。

第２ 立法措置２について

１ 法案９条各項，１５条はＳＮＳ事業者の「表現活動の場を提供する自由」を侵害し憲法２１条１項に反し違憲でないか。

(1)ア 憲法２１条１項は前述の通り，表現の自由を保障している。そしてこの保障は単に表現者のみを保護するだけでは達成できず，その流通過程自体を保障して初めて達成される。そのため「表現活動の場を提供する自由」も表現の自由の中に含まれる。したがって，憲法２１条１項は「表現の自由の場を提供する自由」を保障しているといえる。

ここで，ＳＮＳ事業者の上記自由はせいぜい営業の自由にすぎず，表現の自由ほどの保護は受けないとの反論が考えられる。しかし，現在ＳＮＳは安価で簡単かつ瞬時に多数の人に自己の意見を表現することが可能な場となっており，このような場は表現の自由の保障に不可欠である。そうするとＳＮＳ事業者の上記自由も営業の自由にとどまるとはいえないし，重要なものといえる。

イ 法案９条１項はＳＮＳ事業者が特定虚偽表現の存在を知った場合には，これを削除することを義務付けている。また２項では，委員会によって命令もなしうるとしている。

そして，これらの規制は表現内容に着目するものであるが，事後的規制であるため，公権力の恣意的規制のおそれは大きくなく制約の強度は大きくない。

ウ したがって，重要な権利に対する一定程度の制約があるため，上記法案は目的が重要で，手段と目的が実質的関連性を有する場合にのみ合憲となると解する。

(2)ア 目的について

本条の目的は，虚偽表現の中でも特に選挙の公正を害するようなものを処罰することにあると解する。そして，選挙は国家の意思決定に関わるものであるから，これの公正の実現は重要な目的といえる。

イ 手段について

まず，特定虚偽表現を規制することは選挙の公正につながるため，合理性はある。

ここで，特定虚偽表現を判断する委員会は内閣総理大臣が任命するものであるため，法案１５条の仕組みだと委員会を通じて自己の意見に反対する者に対して規制をすることができるようになる。そのため，過剰規制であり必要性を欠くとの意見が考えられる。しかし，１５条４項によると２人以上が同一の政党に属することになってはならないこととされているため，上記のような総理大臣の影響力は制限されている。また，日々大量に行われる表現について特定虚偽表現かについて判断するためには，少人数で活動できる委員会のような形が適切である。

いう点が問題となるが，本答案の「悪質性が高いものや，社会的影響力の大きいものに対象を限定する規制にすべきである」との論述は，手段審査ではなく，過度広汎性の問題においてなされるべきであった。

● 出題趣旨によれば，「立法措置②について，ここでは，削除義務を課されるという形で直接に制約の対象となっているのは，ＳＮＳ事業者の自由であるとともに，削除されるという形で制約されているのは個々の発信者の表現の自由であることを適切に分析することが必要である」としており，ＳＮＳ事業者以外にＳＮＳ利用者の自由も検討する必要があった。

● 目的の重要性を検討するに当たっては，立法事実について検討することが求められる。本答案は，立法事実についての検討がなされていない。

● 出題趣旨によれば，「選挙は公共性が高く，迅速な対応が必要だとはいい得るが，誤って削除された場合には公益が大きく害される。より制限的でない手段の検討が必要である」とされていた。本答案は，厳格な合理性の基準に立っているところ，この基準においても，単に手段が目的に適合的なだけではなく，他の手段との比較において必要であることが求められるから，他の代替手

したがって，必要性も充たされる。よって，手段と目的に実質的関連性があるといえる。

ウ　以上より，法案９条各項，１５条は合憲である。

2　法案２０条は憲法３１条に反し，違憲でないか

⑴　参考とすべき判例

成田新法事件を参考とすべきである。この事件は，行政行為にも行為の性質に応じた手続を，憲法３１条を根拠に与えるべき場合があると判示した判例である。

⑵　本件の事案について

ア　上記判例を参考に，行政行為であっても，行為の性質に応じた手続保障が必要であり，これを欠いた場合には，憲法３１条に反し違憲になると解する。

イ　本件では，確かに低価値表現たる虚偽の表現を規制する行政行為が問題になっており，その保護の要請は低いとも思える。しかし，虚偽表現であっても憲法２１条１項の保障の対象となる権利であり，手続的保障は受けるべきである。また虚偽表現であるかどうか，虚偽表現であるとして，それが「選挙の公正が著しく害されるおそれがある」かについては極めて判断が難しい問題であり，被処分者らにも弁解の機会や理由付記等の手続を保障すべきである。それにもかかわらず，法２０条は行政手続法の適用を除外している。

⑶　そのため，性質に応じた手続保障がされているとはいえず，法２０条は違憲である。

段があるか否かについても検討すべきであった。なお，他の代替手段については，再現答案①参照。

●　本答案は，行政手続法の適用が除外されており，手続保障上の問題がないかという論点に触れている。採点実感によれば，「手続保障の問題に全く触れない答案が予想以上に多かった」とされており，本答案の指摘は相対的に高く評価されたものと思われる。ただ，本答案は，権利利益の内容，性質，制約の性質は検討しているものの，公益の内容，程度，緊急性などといった公益側からの要素を検討できておらず，成田新法事件（最大判平4.7.1／百選Ⅱ［第7版］〔109〕）のような総合衡量による判断まではできていない。

3　法案１３条は憲法１７条に反し違憲でないか

⑴　参考とすべき判例

郵便法事件を参考とすべきである。当該事件は普通書留と特別な送達手続の二つの行為の際の免責について定めており，後者については軽過失免責を認めなかった。これは手続の数が少なく，厳格な運用を求めても制度が破綻するおそれが低いからである。

⑵　本件の事案について

ア　上記の判例を参考に，手続の数に着目し，公務員またはこれと同視すべきものの行為に厳格な運用を求めても制度が破綻しない場合には，軽過失免責を定める法律は違憲であると解する。

イ　本件において，ＳＮＳ事業者は委員会から命じられて表現の削除を行う者である。そのため公務員と同視しうる。そして，表現の数は膨大であるといっても，９条１項の要件を充足するケースはそう多くないと考えられるから，厳格な運用を求めても制度が破綻することはないと解する。

ウ　したがって，ＳＮＳ事業者の軽過失免責を認める法案１３条は違憲である。

以　上

●　憲法17条は，「何人も，公務員の不法行為により，損害を受けたときは，法律の定めるところにより，国又は公共団体に，その賠償を求めることができる」と規定しており，私的企業への損害賠償責任を制限する立法を行った場合に同条が適用されるとはいえない。本問においても，私的企業であるＳＮＳ事業者への損害賠償責任を限定しているのみであって，憲法17条の適用場面ではない。採点実感によれば，「フェイク・ニュース規制法（案）第１３条の損害賠償免除規定からして，特定虚偽表現ではない表現を事業者が削除しても，故意または重大な過失がない場合には免責されるため，事業者による予防的な過剰削除の危険がある」としており，法案13条はそうした観点からの検討を要する事項であった。

MEMO

再現答案④　B評価　678～712位（112.11点，Y・Oさん　論文順位396位）

第１　ＳＮＳ利用者との関係について
１　法案２条１号，６条及び２５条が，利用者のＳＮＳに投稿する自由との関係で問題となりうる。
２　まず，上記自由は，情報を発信する自由といえ，表現の自由（憲法２１条１項）として捉えられる。また，表現の自由の本質は，表現を通じて自己の人格を発展させる（以下「自己実現」）手段や，政治的意思形成に関与する（以下「自己統治」）手段としての価値にあるところ，上記自由は現代における主たる表現手段として，これらの価値を有する。ゆえに，上記自由は表現の自由として憲法上保障される。
３　そして，法案２条１号，６条及び２５条により，虚偽投稿という上記自由の一部が刑罰をもってして禁止されているので，上記自由の制約が認められる。
４　かかる制約が「公共の福祉」（憲法１２，１３条）による制約として合憲であるかを，いかなる基準により判断するべきか。
(1)　まず，上記自由は，表現の自由一般として，自己実現・自己統治の手段として，大きな価値を有する。
(2)　それに加え，現代において，ＳＮＳは個人が有する数少ない有効な表現手段であることからも，上記自由の価値は非常に大きいといえる。これらから，上記自由は非常に重要な権利であるといえる。
(3)　他方，本件の制約はあくまで，虚偽表現が有する実害に着目した内容中立規制であり，表現活動への萎縮効果が大きくなく，規制態様としては弱いという反論も考えられる。
しかし，虚偽か否かの点で内容に着目しているといえるし，虚偽か否かの判断の過程で，権力側に都合の良い解釈が行われるおそれも大きい。さらに，未必の故意による虚偽表現も禁止の対象となり得，真偽を確認しない限り表現することをためらわせることとなる。表現活動への萎縮効果が大きい点で，内容規制として，規制態様は強度であるというべきである。
(4)　しかも，本件の規制は，罰金という軽いものとはいえ刑罰を伴うものであり，この点でも規制態様は強い。
(5)　以上より，上記規制の合憲性は，目的が必要不可欠で，手段が最小限度といえるか否かにより判断するべきである。
５　本件においてこれをみる。
(1)　上記規制の目的は，社会的混乱の防止であり，これは問題なく必要不可欠であるといえる。
(2)　ただ，政府がＳＮＳの公式アカウントを取得することは容易であり，公式アカウントで正確な情報を発信すれば，フォロワーに真実を伝えることができる。さらに，広告料を払って公式見解として正確な情報を流布すれば，フォローの有無に関係なく，正確な情報を伝えることができ，社会的混乱は防ぐことができる。よって，必要不可欠な手段であるとはいえず，上記制約は憲法２１条１項に反し，違憲である。
第２　ＳＮＳ事業者（以下「業者」）との関係について
１　法案９条２項と２６条が，業者の投稿を表示する自由との関係で問題となりうる。
２　憲法上の保障の有無について

●　本答案は，ＳＮＳ利用者との関係と，ＳＮＳ事業者との関係とに分けた上で，立法措置①②の合憲性をまとめて検討している。しかし，立法措置①は規制の対象をＳＮＳ上の表現に限定していないため，このような構成ではＳＮＳ利用者以外の者の表現の自由に対する制約を捕捉できない。したがって，このような構成を取ること自体，法案を正しく理解できていないことを示すものであり，不適切である。
また，本答案は，明確性の原則や過度広汎性の問題について全く言及できておらず，この点で，他の受験生との間で差が開いてしまったものと考えられる。

●　表現内容規制とは，表現の内容に着目した規制であり，表現の内容が名誉毀損・プライバシー侵害といった害悪を発生させるとの理由で規制するものである。他方，表現内容中立規制とは，表現の内容とは関わりなく，表現の時・所・方法に着目した規制であり，表現の態様（方法）がもたらす弊害を除去するために規制するものである。立法措置①②は，いずれも表現の内容に着目した規制であり，表現内容規制に当たるが，本答案は，「虚偽表現が有する実害に着目した内容中立規制」としており，表現内容中立規制を正しく理解できていない。

●　採点実感は，「表現の自由の内容規制として，厳格審査を採用しつつ，『社会的混乱の防止』という抽象的な目的で簡単に目的審査を済ませてしまう答案が見受けられた」としている。本答案も，特に理由もなく必要不可欠であるとの評価をしており，具体的な事案の考察を目的審査でも行うべきである。なお，本答案は，手段審査の方では代替手段の検討ができている点で，具体的な考察が加えられており，高く評価されたものと思われる。

(1) まず，上記自由は情報を発信する自由といえ，一応は表現の自由として捉えられる。

(2) そして，表示される投稿はあくまで投稿者の表現であり，業者の編集等を経ているわけではない以上，業者による表現としては捉えられないという反論がありうる。しかし，投稿の表示は業者の作成したプログラムによってなされているから，この点で業者による表現行為として捉えることができる（忘れられる権利の判例参照）。

(3) さらに，投稿を見る人々の情報を受領する自由，すなわち知る権利に資するものとして，表現の自由の本質的な価値を有するといえる。

(4) 以上から，上記自由は表現の自由として憲法上保障される。

3　そして，法案９条２項，２６条により，上記自由の一部である虚偽投稿を表示することが禁止されるので，上記自由への制約が認められる。

4　かかる制約が「公共の福祉」による制約として合憲であるかを，いかなる基準により判断するべきか。

(1) まず，上記自由は，表現の自由一般として自己実現・自己統治の価値を有するし，国民の知る権利に資するものとしての価値も有する，重要な権利である。

(2) 上記制約は，虚偽投稿を削除することのみを要求しており，投稿の表示自体を禁止するものではないので制約の程度は弱いとの反論が考えられる。しかし，業者が選挙期間中の投稿の内容の真偽を審査しなければいけないとすれば，業者に多大なコストを負担させることになる。そして，業者はコストを避けるため，選挙期間中は投稿の表示を停止するという措置を取らざるを得なくなり，投稿の表示が事実上不可能となる。このように規制の程度は弱いとはいえない。

(3) また，２６条において，懲役刑もありうる刑罰が定められており，この点からも，投稿の表示に対する萎縮効果は強い。規制態様は強度のものであるといえる。

(4) 以上より，上記規制の合憲性は，目的が必要不可欠で，手段が最小限度といえるか否かにより判断するべきである。

5　本件においてこれをみる。

(1) 上記規制の目的は，選挙の公正の確保であり，憲法１５条において憲法上要求される事項であるから，必要不可欠なものであるといえる。

(2) ただ，選挙管理委員会や，各候補者が公式アカウントを取得して，自ら正しい情報を発信することで，選挙の公正を回復することは可能である。反対派の炎上工作に対しては，コメントをできないように申請することによって対処可能である。事前に虚偽情報が広まるのを予防する必要性も否めないが，その点はＳＮＳを介さない現実世界での虚偽の情報にもいえることであり，ＳＮＳ上の表現に限られたことではない。これをもってして，事前の規制が必要不可欠であるということはできない。よって，上記規制は憲法２１条１項に反し違憲である。

以　上

● 出題趣旨では，「一旦表現されたものの削除が命じられるという点では，検索結果の表示の削除が問題となった事案も参考になり得よう」としている。本答案も，検索結果の表示の削除が問題となった判例（最決平29.1.31／百選Ⅰ［第７版］〔63〕）に言及している。

● 本答案は，表現の自由一般に認められる要素のみの指摘をもって権利の重要性の論述としているが，適切ではない。平成25年採点実感では，「表現の自由の性質の論述では，『自己統治，自己実現を支えるから重要な人権である』という紋切り型のものが多かった」としており，ほとんど表現の自由の一般論に終始している本答案も高い評価を受けなかったものと思われる。

● 採点実感によれば，目的審査では，問題文中の事実関係も踏まえた具体的な検討が期待されていた。

● 目的達成のための代替手段に関する検討ができており，出題趣旨に合致する。もっとも，本答案の想定している「反対派の炎上工作」というものがどのような事態なのか不明確である。また，「事前の規制が必要不可欠であるということはできない」としているが，そもそも立法措置①②はともに事前抑制的な規制ではなく，法案を正しく把握できていない。

予備試験

平成27年

問題文

［憲　法］

違憲審査権の憲法上の根拠や限界について，後記の**〔設問〕**にそれぞれ答えなさい。

〔設問１〕

違憲審査権に関し，次のような見解がある。

「憲法第８１条は，最高裁判所に，いわゆる違憲審査権を認めている。ただし，この条文がなくても，一層根本的な考え方からすれば，憲法の最高法規性を規定する憲法第９８条，裁判官は憲法に拘束されると規定する憲法第７６条第３項，そして裁判官の憲法尊重擁護義務を規定する憲法第９９条から，違憲審査権は十分に抽出され得る。」

上記見解に列挙されている各条文に即して検討しつつ，違憲審査権をめぐる上記見解の妥当性について，あなた自身の見解を述べなさい。（配点：２０点）

〔設問２〕

内閣は，日本経済のグローバル化を推進するために農産物の市場開放を推し進め，何よりもＸ国との間での貿易摩擦を解消することを目的として，Ｘ国との間で農産物の貿易自由化に関する条約（以下「本条約」という。）を締結した。国会では，本条約の承認をめぐって議論が紛糾したために，事前の承認は得られなかった。国会は，これを事後に承認した。

内閣が本条約上の義務を履行する措置を講じた結果，Ｘ国からの農産物輸入量が飛躍的に増加し，日本の食料自給率は２０パーセントを下回るまでになることが予想される状況となった。ちなみに，Ｘ国の食料自給率は１００パーセントを超えており，世界的に見ても６０から７０パーセントが平均的な数字で，先進国で２０パーセントを切る国はない。

農業を営むＡは，Ｘ国から輸入が増大したものと同じ種類の農産物を生産していたが，Ｘ国と日本とでは農地の規模が異なるため大量生産ができず，価格競争力において劣るため，農業を継続することが困難な状況にある。Ａは，本条約は，農業を営む者の生存権や職業選択の自由を侵害するのみならず，国民生活の安定にとって不可欠な食料自給体制を崩壊させる違憲な条約であるとして訴訟を提起した。これに対して，被告となった国から本条約は違憲審査の対象とならない旨の主張がなされ，この点が争点となった。

本条約が違憲審査の対象となるか否か，及び本条約について憲法判断を行うべきか否かに関して，Ａの主張及び想定される国の主張を簡潔に指摘し，その上でこれらの点に関するあなた自身の見解を述べなさい。（配点：３０点）

MEMO

出題趣旨

本年は，憲法上の基本的論点である，裁判所の違憲審査権の憲法上の根拠及び限界に関する問題である。

設問１は，裁判所の違憲審査権の憲法上の根拠に関する問題である。日本国憲法は，アメリカ合衆国憲法とは異なり，裁判所の違憲審査権に関する明文の規定として第８１条を置いている。もっとも，昭和２３年最高裁判決（最大判昭和２３年７月８日刑集２巻８号８０１頁）は，アメリカのマーベリー対マディソン判決（１８０３年）を引きつつ，第８１条の規定がなくとも，日本国憲法の他の規定から裁判所の違憲審査権が導かれると判示した。設問１は，この判示を題材として，憲法の条文解釈として，裁判所の違憲審査権の根拠に関する論述を求めるものである。条文解釈は，法曹が有すべき基礎的能力として当然に求められるものである。設問１では，その問題文にも明記されているとおり，条文から離れた観念的・抽象的な議論ではなく，具体的な条文の文言及びその解釈を踏まえた論述が求められる。

次に，判例は，司法権に関する第７６条があって，その上での第８１条であると位置付けていることからすると，司法権の限界が違憲審査権の限界でもあることになる。設問２は，憲法と条約の関係という基本的問題を題材として，その限界を問う事例問題である。設問２では，その問題文にも明記されているとおり，本条約がそもそも違憲審査の対象となるか否か，対象となるとして本条約について憲法判断を行うべきか否かに関して，判例及び学説に関する基本的な知識を踏まえて検討することが求められる。すなわち，判例及び多数の学説が肯定するいわゆる統治行為論を含め，憲法と条約の関係や本条約に対する違憲審査の可否等につき，一般的理論の論拠及びその射程範囲，その上での事案の内容に応じた具体的検討についての論述が求められる。

MEMO

再現答案①　A評価（A・Yさん　順位214位）

第1　設問1

1　本件見解は，憲法（以下省略）８１条がなくても，①９８条・②７６条３項・③９９条から，最高裁判所の違憲審査権が導かれる，というものである。

2(1)　①９８条は，憲法の形式的最高法規性を定めたものであり，憲法に違反する法令等が無効である旨を規定する。ここで，法令等が違憲無効であれば，当該法令等の効力を法の解釈・適用によって確定すべき裁判所は，その法令等を違憲無効と解釈して適用すべきこととなる。

そのための前提として，①９８条により裁判所の違憲審査権が導かれる。

(2)　②７６条３項は，裁判官の独立について定める規定である。そのため，「憲法及び法律にのみ拘束される」とは，「憲法及び法律」以外の形態によっては他の国家機関の影響を受けないことを意味するにとどまり，それ以上の積極的な意味を有するものではない。

したがって，②７６条３項により最高裁判所の違憲審査権を導くことはできない。

(3)　③９９条は，裁判官を含む公務員の憲法尊重擁護義務を規定する。当該規定が公務員に対してすべての法令等に優先して憲法の規定を遵守すべき積極的義務を課しているのであれば，そこから最高裁判所の違憲審査権を導くこともできる。しかし，内閣が法令を違憲であると考えても法律を誠実に執行する義務（７３条１号）は免除されないと解されることから，少なくとも，内閣に対しては憲法尊重擁護義務に上記のような積極的意義はないといえる。そうであれば，裁判官を含む他の公務員についても，９９条は公務員自ら憲法違反の行為をすべきでないという消極的義務を規定したにすぎないと解すべきである。

したがって，③９９条により最高裁判所の違憲審査権を導くことはできない。

3　よって，①９８条から最高裁判所を含む裁判所の違憲審査権が導かれる。また，権力分立（４１条，６５条，７６条１項）の統治構造自体からも，裁判所の違憲審査権を導くことができると解する。

そうすると，８１条は，最高裁判所の違憲審査権については確認的な意味を持つにとどまる。むしろ，８１条の積極的な意味は，憲法上の問題にかかわる訴訟を常に最高裁判所に上訴できるとする点にあると解される。

4　以上より，本件見解のうち，８１条がなくても，①９８条によって最高裁判所の違憲審査権が導かれるとする点は妥当であるが，②７６条３項・③９９条からそれが導かれるとする点は不当である。

第2　設問2

1　本条約が違憲審査の対象となるか

● 98条に関して，出題趣旨の「具体的な条文の文言及びその解釈を踏まえた論述」がなされている。

● 76条３項の文言解釈を趣旨から行っており，出題趣旨の「具体的な条文の文言及びその解釈を踏まえた論述」がなされているものといえる。

● 法を執行する機関である内閣に対して「積極的義務」を課すことはできないとしたとしても，法を適用する機関である司法に対し，内閣と担う役割が全く異なるにもかかわらず，同様の論理で99条から積極的な意義は導けないとするのは，論理的に飛躍している。また，本答案が論述するように，99条は裁判官に「消極的義務」を課したにすぎないと考えたとしても，裁判官が憲法に違反する法令を当該裁判に適用することは，裁判官が憲法に違反する行為をしてはならないという義務に反することになるため，その義務に反しないようにするには，結局，裁判所に違憲審査権を認める必要があると考えることになる。

(1)　Aの主張

憲法の形式的最高法規性を定める９８条１項の趣旨にかんがみ，条約も「法令，命令……その他の行為」にあたると解すべきであるから，本条約も違憲審査の対象となる。

(2)　国の主張

９８条１項が「法令，命令……その他の行為」の中に条約を挙げていないのは，条約の国際法的側面にかんがみ，これを特に違憲審査の対象から除外する趣旨と考えられるから，本条約は違憲審査の対象とならない。

(3)　私見

まず，特に自動執行条約については，条約がそのまま国内法としての効力も有するから，少なくとも国内法としての側面については違憲審査の対象としても問題はない。

また，条約の締結（７３条３号，６１条）が憲法の改正（９６条１項）よりも緩やかな手続で認められることから，硬性憲法の性質を没却しないために，形式的効力として憲法が優越すると解すべきである。

したがって，条約は「法令，命令……その他の行為」（９８条１項）に含まれ，違憲審査の対象となると解する。

２　本条約について憲法判断を行うべきか否か

(1)　Aの主張

そもそも，福祉国家の理念に基づき行政権の範囲が拡大する行政国家現象が生じている現在，行政権による人権侵害を防ぐために司法権の積極的な介入が求められるので，統治行為論は採用すべきでない。たとえ統治行為論が採用されたとしても，本条約は経済的観点が主であるから，それが適用されるケースではない。

(2)　国の主張

裁判所は統治行為について判断する能力を有していないため，統治行為論は司法権の限界として認めるべきである。

本条約の締結はX国との関係改善という国際関係上の考慮が強く働いているから，統治行為論が適用される。

(3)　私見

直接国の統治に関わる政治的な事項については，民主的基盤の弱い裁判所ではなく，国民に「選挙された議員」で構成される国会や内閣といった行政部が最終的に責任を負うべきである。したがって，直接国の統治に関わる政治的な事項については，憲法判断をすべきでないと解する。

もっとも，本件ではX国との関係も貿易摩擦という経済的観点によるものであり，争点となるのは食料自給率の低さであって，これらが直接国の統治に関わる政治的な事項であるということはできない。

したがって，本条約に統治行為論は適用されず，裁判所は本条約について憲法判断を行うべきである。　　　　以　上

●　98条の文言に着目し，「条約」が違憲審査の対象となるか否かについて適切に争点化できている。

●　憲法改正手続に着目して条文を引用しつつ適切に理由付けしており，統治機構の理解を示すことができている。

●　「一般的理論の論拠及びその射程範囲」という出題趣旨からすれば，統治行為論自体を認めるべきかどうか，統治行為論を認めるとしても本問の事例において統治行為論を適用すべきかどうか，という議論の区別が必要と考えられるところ，Aの主張において区別ができていることを示せており，出題趣旨に沿う。

●　出題趣旨によれば，「一般的理論の論拠及びその射程範囲」にとどまらず，「その上での事案の内容に応じた具体的検討についての論述」が求められているが，本答案はかかる出題趣旨に沿う論述となっている。

再現答案② A評価（A・Kさん 順位59位）

第１ 設問１について
１ ９８条について検討する。
　９８条１項は，憲法が国の最高法規であること，つまり憲法に反する法令は違憲無効になるということを示している。しかし，９８条自体は違憲審査権について一切言及していない上，裁判所という文言すらない。よって，９８条自体から裁判所に違憲審査権があるということはいえない。
２ ７６条３項について検討する。
　この条文は，裁判官の独立について定めた規定である。裁判官は，憲法及び法律にのみ拘束されると述べている。この趣旨は，裁判官が憲法・法律以外の規定によって拘束され，裁判官の独立が害されることを防止するというものである。とすると，たとえ違憲審査権が裁判所以外にあったとしても，裁判官が憲法・法律以外に拘束されない限り，この条文の趣旨に反することはないのであるから，この条文をもって裁判所が違憲審査権を有すると帰結することもできない。
３ ９９条について検討する。
　この規定は，裁判官の憲法を尊重し擁護する義務を定めている。仮に，裁判所に違憲審査権がないとしても，裁判官が憲法を尊重することを義務付けることは何ら問題がない。また，法令等に違憲の疑いが生じた場合に，裁判所が違憲審査権を有する別の機関に速やかに報告する義務などを定めれば，憲法尊重擁護義務についても責任を果たしているということができる。よって，この条文からも，裁判所が違憲審査権を有する必要性が導かれるわけではない。
４ 以上のように，個々の条文をもって裁判所の違憲審査権を基礎付けることはできないにもかかわらず，それらを総合考慮すれば裁判所に違憲審査権があるといえるとする本件見解は，理論的でなく，妥当ではないと考える。
　私見としては，違憲審査権は国民の権利を救済する最終手段であり，その重要性は明確にしておくべきであり，憲法に明文を設けず曖昧なままにするのではなく，明文をもって裁判所に違憲審査権があると定めることが妥当であると考える。
第２ 設問２について
１ Aの主張について
⑴ 本条約は違憲審査の対象になる。憲法は国の最高法規であって（９８条１項），条約に優位するのは当然である。条約は国会と内閣によって制定されるが（６１条，６０条２項，７３条３号本文），憲法は９６条によって厳格に改正されるのであり，簡単に制定できる条約によって憲法が制約を受けるというのは不合理である。
⑵ 本条約について憲法判断を行うべきである。Aは本条約によって農業を継続できないという不利益を被っている。

● 出題趣旨によれば，「具体的な条文の文言及びその解釈を踏まえた論述」が求められている。この点,「裁判所という文言すらない」という点を捉えて98条から違憲審査権を導くことができないという論述は，出題趣旨に沿う。

● 裁判官は「憲法……にのみ拘束される」（76Ⅲ）という文言からは，裁判において，憲法に違反する法が適用されてはならないことが導かれる。そのため，裁判所は憲法に反する法が適用されないように違憲審査権を有すると解することができる。設問１の見解に反対する場合には，この点に対する反論をすることができると良かった。

● 「裁判所が違憲審査権を有する別の機関に速やかに報告する義務」との論述がなされているが，本答案が想定する「違憲審査権を有する別の機関」というものが机上のものであるため，説得力に欠ける。

● 設問１では，設問上の見解の妥当性に関する私見を述べることが求められているにすぎない。仮に，81条がなくても違憲審査権が導けるかどうかという問題点に関する私見を述べるのであれば，本答案のような抽象論を述べるのではなく，多数決原理の下での基本的人権の保障や裁判所の特徴等を踏まえた具体的な論述が望まれた。

● 憲法優位説の論拠が十分に示されている。

● 設問２は「本条約について憲法判断を行うべきか否か」について検討

そして，Ａは適切な勤労をしているにもかかわらず，「最低限度の生活」（２５条１項）を下回る程度の不利益をもたらすものであり，生存権を侵害しているのは明らかである。また，２２条１項は職業選択の自由を保障しているものの，職業遂行の自由についても保障しなければ無意味となることから，職業遂行の自由も保障している。そして，Ａは職業遂行ができなくなっていることが明らかである。以上より，違憲判断をすべきである。

2　国の主張について

⑴　本条約が違憲審査の対象になることはないと主張する。８１条，９８条１項に条約という文言がないことからも明らかである。

⑵　本条約が違憲審査の対象になるとしても，憲法判断を行うべきではない。生存権の主張については本条約によって最低限度の生活を下回るとはいえない。職業遂行の自由の主張については，職業遂行自体なんら問題なくできるのであるから，そもそも制約されていない。

3　私見について

⑴　本条約は違憲審査の対象になるとすべきである。国の主張の通り条約という文言は出てこないものの，それをもって条約が憲法に優位すると結論づけることはできないはずである。他方で，国民の権利が侵害されている際の最終手段が憲法なのであり，それを許さないこととすると国民の権利救済の観点から問題がある。対内的効力については少なくとも憲法を優位させるべきである。

⑵　また，本条約について憲法判断をすべきである。生存権については，最低限度の生活を下回るか不明であるならそれについて立証を尽くさせるべきであり，憲法判断を避けるという措置をとった結果，侵害されている権利を救済しないこととなるのを見逃すべきではない。

職業遂行の自由についても，確かに国の主張の通り，直接には制約されているとはいえないが，間接的には制約されているというべきである。そうであるのに，憲法判断を避けるというのは妥当ではない。

このように，憲法判断をしたとしても，高度の専門的技術的判断が必要となるので裁量は広範になり，不当に国側を害することにならない。

以　上

を求めている。すなわち，ここでは統治行為論の採否について，Ａの立場からその主張を論じることが求められていた。本答案は，本条約について違憲判断をすべき旨論述しているが，本条約が違憲かどうかについて，設問２は検討を求めていない。

● 条約優位説に立つ論述であり，適切である。

● 「憲法判断を行うべきか否か」という問題と，「違憲判断をすべきか否か」という本案上の問題を混同して論述している。権利の制約の有無は，司法権が行使できるかという問題点をクリアした後の問題である。

● 条約優位説に立つ国の主張に対する有効な反論（98条１項は国内法的秩序における憲法の最高法規性を宣言した規定である以上，条約が除かれているのは当然である，等）ができていない。

● 国内法的効力のある条約が憲法に優位するかどうかが問題となっている以上，「対内的効力については少なくとも」との論述に意味はない。

● 設問２は「本条約について憲法判断を行うべきか否か」という問いであるから，条約という高度に政治性のある国家行為について，憲法判断を行うことができるかどうかをメインテーマとして検討する必要があった。この点，本答案は「最低限度の生活を下回るか不明であるならそれについて立証を尽くさせるべき」「職業遂行の自由についても，……間接的には制約されている」というように，本案上の問題とその前提問題である憲法判断の可否の問題を混同している。

再現答案③　B評価（Y・Kさん　順位271位）

第１　設問１について
１　私は，本問の見解は妥当ではないと考える。以下，その理由を述べる。
２　本問見解は，憲法（以下略）９８条，９９条，７６条３項によって，最高裁判所の違憲審査権を導くことができるというものである。しかし，この見解は妥当ではない。
　まず，９８条は憲法の最高法規性を規定するものであり，これを維持するためには何らかの者による違憲審査権が必要不可欠となる。したがって，９８条は何らかの者の違憲審査権を前提とする条文であると考えられる。しかしながら，９９条は憲法尊重擁護義務を定める規定であるが，ここには裁判官のみならず，天皇，摂政，国務大臣，国会議員その他公務員が主体として掲げられているため，この規定から最高裁判所に違憲審査権があることを導くことはできない。次に，７６条３項を見ても，この規定は裁判官の独立を示す規定に過ぎず，この規定から違憲審査権を導くことはできない。さらにいえば，９９条，７６条３項ともに，「裁判官」と規定しており，最高裁判所に限っている規定ではない。
３　以上のことからすれば，本問見解のように，８１条が仮になくとも，９８条，７６条３項，９９条から最高裁判所の違憲審査権を導くことができるという考えは妥当ではない。
第２　設問２について

●　本答案は，「98条は何らかの者の違憲審査権を前提とする条文である」としつつも，99条には「裁判官のみならず，天皇，摂政……その他公務員が主体として掲げられている」ことを理由に，最高裁判所に違憲審査権があることを導くことはできないとしている。しかし，99条により，裁判官は憲法尊重擁護義務を負う以上，憲法に反する法を適用しないよう，裁判所は違憲審査権を有するはずであり，98条は，裁判所に違憲審査権が認められることを前提にした条文と考えることができる。また，本答案は，「76条３項を見ても，この規定は裁判官の独立を示す規定に過ぎず，この規定から違憲審査権を導くことはできない」としているが，その実質的な理由付けもなく，説得力に欠ける。

１　Aの主張について
　本条約は，Aの生存権や職業選択の自由を侵害するのみならず，国民生活の安定にとって不可欠な食料自給体制を崩壊させる違憲な条約である。
　まず，本条約は，上記の通り憲法に反する条約である以上，憲法の最高法規性を維持すべく，裁判所による違憲審査権が及ぶ。
　そして，本条約について憲法判断を行うべきか否かに関しては，憲法が条約より優位にある最高法規である以上，これに反する違憲な条約について，裁判所は憲法判断を行うべきである。
２　国側の主張について
　本条約はそもそも，裁判所による違憲審査権の対象となるものではない。
　なぜなら，条約は憲法に優位する法規範であるためである。これは，８１条の規定に条約が列挙されていないことからもうかがわれるものであり，８１条に条約が列挙されていない以上，条約は違憲審査権の対象となるものではない。
　また，仮に裁判所による違憲審査権の対象となるものであったとしても，本条約について裁判所は憲法判断を行うべきではない。
　なぜなら，本条約は日本経済のグローバル化を推進するた

●　設問は「本条約が違憲審査の対象となるか否か，及び本条約について憲法判断を行うべきか否か」を問うているので，具体的な権利の中身から論述を始めることは妥当でない。

●　形式面では，原告・被告・私見間の対応関係を明確にするため，論点ごとに項目を設けると良い。

●　条約優位説について，その根拠も触れつつ論述されており，適切な論述になっている。

●　統治行為論に言及されている点は適切であるが，苫米地事件判決（最

めの貿易自由化に関するものであり，これは高度に政治性を有するものである。したがって，国の裁量を尊重し，裁判所は違憲審査権を及ぼすべきではないためである。

したがって，前述のAの主張は失当である。

3　私自身の見解について

本条約が違憲審査の対象となるか否か，及び本条約について裁判所が憲法判断を行うべきか否かに関しては，私は以下のように考える。

まず，憲法は条約に優位するため，本条約は裁判所の違憲審査権の対象になる。なぜならば，国側の主張のように条約が憲法に優位すると考えてしまうと，憲法に反する条約が締結された際に，条約によって憲法が改正されることになり，硬性憲法の建前をとる憲法の本質に反することとなってしまうためである。そして，８１条に条約が明記されていない旨の国側の主張に対しては，条約を「法律」に含めて解すれば足りる。

次に，本条約について裁判所は憲法判断を行うべきである。なぜならば，本条約は違憲な条約であり，人権侵害を伴うものでもあるから，これについて裁判所が憲法判断を行うことができないとすると，人権保障を全うするために裁判所が違憲審査をすることができる旨を定めた８１条の趣旨が没却されてしまうためである。したがって，仮に本条約が高度に政治性を有するものであったとしても，人権侵害を伴う違憲な条約である以上，国側の主張のような統治行為論は及ばないと考えるべきである。

以上より，本条約については，違憲審査権の対象となる上に，裁判所は憲法判断をすべきである。

以　上

大判昭35.6.8／百選Ⅱ[第７版]〔190〕）や砂川事件判決（最大判昭34.12.16／百選Ⅱ［第７版］〔163〕）を意識した論述ができれば，さらに高く評価されたものと思われる。

● 条約優位説を踏まえ，憲法優位説に立った私見が述べられており，適切な論述になっている。

● 憲法判断をするかどうかという入口の問題において，本案上の問題であるはずの本条約の違憲性を理由に憲法判断すべきと論述するのは，論理的に矛盾している。

● 出題趣旨によれば，「事案の内容に応じた具体的検討についての論述が求められる」とされているところ，本答案は事案における事情をほとんど用いることなく検討を終えており，この点でC評価につながったものと思われる。

平成28年

問題文

［憲　法］

次の文章を読んで，後記の**〔設問〕**に答えなさい。

Ａ市は，１０年前に，少子化による人口減少に歯止めをかけるためＡ市少子化対策条例（以下「本件条例」という。）を制定し，それ以降，様々な施策を講じてきた。その一つに，結婚を希望する独身男女に出会いの場を提供したり，結婚相談に応じたりする事業（以下これらを「結婚支援事業」という。）を行うＮＰＯ法人等に対する助成があった。しかし，Ａ市では，近年，他市町村に比べ少子化が急速に進行したため，本件条例の在り方が見直されることになった。その結果，本件条例は，未婚化・晩婚化の克服と，安心して家庭や子どもを持つことができる社会の実現を目指す内容に改正され，結婚支援事業を行うＮＰＯ法人等に対する助成についても，これまで十分な効果を上げてこなかったことを踏まえ，成婚数を上げることを重視する方向で改められた。これに伴い，助成の実施について定めるＡ市結婚支援事業推進補助金交付要綱も改正され，助成に際し，「申請者は，法律婚が，経済的安定をもたらし，子どもを生みやすく，育てやすい環境の形成に資することに鑑み，自らの活動を通じ，法律婚を積極的に推進し，成婚数を上げるよう力を尽くします。」という書面（以下「本件誓約書」という。）を提出することが新たに義務付けられた。

結婚支援事業を行っているＮＰＯ法人Ｘは，本件条例の制定当初から助成を受けており，助成は活動資金の大部分を占めていた。しかし，Ｘは，結婚に関する価値観は個人の自由な選択に委ねるべきであるから，結婚の形にはこだわらない活動方針を採用しており，法律婚だけでなく，事実婚を望む者に対しても，広く男女の出会いの場を提供し，相談に応じる事業を行っていた。このため，Ｘは，改正後の本件条例に基づく助成の申請に際し，本件誓約書を提出できず，申請を断念したので，Ａ市からの助成は受けられなくなった。

そこで，Ｘは，Ａ市が助成の要件として本件誓約書を提出させることは，自らの方針に沿わない見解を表明させるものであり，また，助成が受けられなくなる結果を招き，Ｘの活動を著しく困難にさせるため，いずれも憲法上問題があるとして，訴訟を提起しようとしている。

〔設問〕

Ｘの立場からの憲法上の主張とこれに対して想定される反論との対立点を明確にしつつ，あなた自身の見解を述べなさい。なお，条例と要綱の関係及び訴訟形態の問題については論じなくてよい。

MEMO

出題趣旨

本問は，消極的表現の自由（憲法第２１条第１項）及び結社の活動の自由（同）に対する制約の合憲性に関する出題である。ただし，ここでは，私的団体の活動に対する政府による助成の条件付けが論点となっており，これを踏まえた検討が求められる。現代国家において，国や地方自治体は様々な給付活動を行うが，その際，一定の条件を付すことがあり，その条件付けが，私人の憲法上の権利への制約となる場合があることに注意する必要がある。

Ｘとしては，まず，①結婚に関する価値観は個人の自由な選択に委ねるべきであるとして，結婚という形にはこだわらない活動方針を採用しているところ，本件誓約書により法律婚の推進を積極的に支持するよう求められることについては，その法人・団体の基本方針に沿わない見解を表明させるものであって，Ｘの消極的表現の自由を侵害する，との意見主張が考えられる。他の議論も考えられないではないが，そうした主張が最も直裁であり，的を得たものとなろう。次に，②本件誓約書を提出することができず，その結果助成が受けられなかったことについては，Ｘの活動の自由を著しく困難にさせ，結社としての活動の自由を侵害する，との違憲主張が考えられる。

これに対し，解答者としては，Ａ市の側から想定される反論を，助成の性質を踏まえつつ明確にした上で，基本的な判例・学説の知識を前提にしながら，説得力のある形で自身の見解を述べることが求められる。

MEMO

再現答案① A評価（T・Kさん 順位50位）

第１

１　A市が助成の要件として本件誓約書の提出を義務付けることは，団体の消極的表現の自由（憲法２１条１項）を侵害し違憲である。

２　「表現」とは，思想の外部的表明であるところ，同条項は思想を外部的に表明する自由のみならず表明しない自由も保障している。

本件誓約書を提出するということは，団体が「法律婚を積極的に推進し，成婚数を上げるように力を尽く」す旨の意見表明をすることに等しい。法律婚のみを尊重するのか，それに加えて事実婚をも尊重するのかは，夫婦という家庭に対する考え方の基本となるものであるから，同条にいう思想といえる。そうだとすれば，これを表明しない自由は消極的表現の自由の保障を受ける。

また，団体は構成員の憲法上の権利を援用するという形で，その性質上可能な限り憲法上の権利の保障が及ぶところ，消極的表現の自由も団体に保障される。

３　本件誓約書を提出しなければ，助成金を受けられないことから，誓約書の提出が事実上義務付けられているといえる。

４　そして，本件制約は正当化されず違憲である。

(1)　法律婚と並んで事実婚を尊重するか否かは，夫婦観という思想に密着した重要な視点であり，これは政治において争点になるような重要な事項である。そこで，これについて意見を発することも発しないことも自己実現にとって重要な価値を有する。

また，本件誓約書は法律婚のみを奨励するという見解に着目した制限であり，政府が国民の思想市場を歪める度合いが強い。

(2)　したがって，本件制約が正当化されるためには，規制目的は必要不可欠であり，規制手段が目的達成のために必要不可欠であることを要する。

本件規制の目的は，少子化が急速に進行したことに伴う解決策として，本件条例にもあるように，未婚化・晩婚化の克服と安心して家庭や子供を持つことができる社会の実現にあるが，必要不可欠なものとまではいえない。また，特に背景事実からして少子化の解消が主たる目標であるところ，少子化の解消のためには必ずしも法律婚ではなく，事実婚であっても家庭を持ちやすい環境を整備することで達成可能であることからすれば，法律婚のみを尊重するような本件誓約書を提出させることは，規制目的を達成するための必要最小限度の制約とはいえない。

５　よって，違憲である。

第２　反論及び私見

１　本件誓約書の提出は助成の要件に過ぎず義務ではないとの

●　消極的表現の自由とは，他者の意見を表明することを強制されない自由をいうが，単なる言わない自由や沈黙の自由とは異なる。その制約の是非は，意に沿わない意見表明が団体自身の意見であると表現の受け手側に認識されうるものか否かで判断される（平成18年新司法試験論文式試験出題趣旨参照）。本答案は，消極的表現の自由の保障を検討している点では，（本問の）出題趣旨に沿う。しかし，制約の認定においては，本件誓約書の提出によって，X自身が法律婚の推進という見解を表現したものであると受け手の側に認識されるか否かという観点から検討ができると，なお良かった。

●　本答案は，違憲審査基準の定立において，事案の特殊性に即した適切な論述ができている。すなわち，①本件誓約書の提出は，法律婚の推進という見解を表明することを強制するものであるから，見解に着目した規制であること，また，②政府見解についてのみ助成することは，それ以外の見解の価値を希釈化し思想の自由市場を歪めることにもなることから，規制態様が重大であることを論じることができている。

●　本答案は，「本件規制の目的は，……必要不可欠なものとまではいえない」としているが，その理由を述べておらず，説得力に欠ける。他方，手段審査においては，事実婚であっても環境を整備すれば少子化を解消できるとして，より制限的でない他の選び得る手段があることを指摘しており，必要最小限度の制約ではないことを端的に論じることができている。

反論

たしかに，本件誓約書は結婚支援事業を行う団体に対して提出を義務付けるものではない。そうだとすれば，そもそも本件において憲法上の権利に対する制約はないとも考えられる。しかし，A市では，本件条例を制定したことにより，結婚支援事業を行う団体に対してA市結婚支援事業推進補助金交付要綱を制定することで，助成金の交付をすることを決めており，いったん市が給付を決めた以上，これは表現の自由を保障する手段として権利として保障されると考える。したがって，本件において制約を観念することができる。

2　仮に権利として保障されるとしてもA市に広い裁量が認められるとの反論

たしかに，助成金の交付は資金に税金が使われることや予算による制限があることからすれば，A市に裁量を認めるべきである。しかし，本件助成は結婚支援事業に対してなされるものであり，その事業の根幹が記述の通り表現活動と密接に結びつくものであることからすれば，裁量は一定限度の制約を受けざるを得ない。

そこで，規制目的が重要であり，手段が目的との間に実質的関連性を有している場合には，必要最小限の制約として合憲となると考える。

(1)　本件規制目的は，本件条例の制定にかかる背景事実からして，少子化の解消が主たるものであるところ，一般に市町村等の地方公共団体は住民による地方自治に基づいて運営されることからすれば，住民の確保やそのための少子化の解消は重要な目的であるといえる。

(2)　しかし，規制手段として結婚支援事業者に対して本件誓約書の提出を義務付けているところ，本件誓約書は法律婚のみを尊重していることを事業者に表明させるものである。そして，この見解表明によって少子化の解消につながるかを検討すると，事実婚によっても子育てのためにより良い環境が整備されることにより，上記目的は達成できるといえる。そうだとすれば，手段としての実質的関連性を欠く。

3　以上より，違憲である。

以　上

●　出題趣旨によれば，本問では，「私的団体の活動に対する政府による助成の条件付け」が論点であり，これを踏まえた検討が求められている。この点，団体には政府に助成を請求する権利が当然に認められるわけではないこと，本件誓約書の提出も強制ではなく，あくまで助成を受ける場合の条件付けにすぎないことからすれば，Xの自由が直接制約されるわけではない。そこで，本問では，このような助成の場面においても，憲法上の権利の制約が認められるのかが問題となっている。

本答案は，かかる問題点を意識した上で反論及び私見を論じていることが窺われるが，本答案の「いったん市が給付を決めた以上，これは表現の自由を保障する手段として権利として保障される」との論述には，論理的な飛躍がある（なお，このような場面で憲法上の権利の制約を認める考え方として，違憲な条件の法理等がある）。

●　目的の重要性について，自分なりの理由付けを付して認定できており，適切である。しかし，手段審査の検討においては，原告の主張とほぼ同じ内容を記載しているにすぎない。ここでは，A市側の反論等をも考慮した上で，具体的検討ができているとなお良かった。

●　なお，出題趣旨によれば，結社としての活動の自由に対する制約の合憲性も問題となっていたが，本答案は検討できていない。

再現答案② A評価（Y・Nさん 順位91位）

1　Xは，本件誓約書を提出させる要綱が，A市の事業者の，自らの方針に沿わない見解を表明しない自由（以下，本件自由という）を侵害するものであり，要綱は，２１条１項に反し，違憲無効であると主張する。

2(1)　まず，本件自由は，消極的表現の自由の一環として，２１条１項により保障される。

そして，本件自由は，要綱により制約されている。

本件自由は，思想良心の自由（１９条）と密接に関連し，個人の自律性を保つうえで不可欠な権利である。また，通常の表現の自由よりも，他者の人権との衝突が起きにくい性質を有することからしても，本件自由は重要な権利といえる。

一方で，要綱は，法律婚の推進のみを事業とする事業者以外には，一律に助成をしないものであり，規制態様も強度といえる。

したがって，要綱は，①その目的が必要不可欠であり，②手段として必要最小限度でなければ，違憲であると考える。

(2)　本件では，少子化を食い止めるべく，成婚数を上げるというのが，要綱の目的である。しかし，現代，多様なカップルが存在する状況において，成婚数を上げることと，少子化を食い止めることとの因果関係は希薄といわざるをえない。よって，①をみたさない。

仮に，①をみたすとしても，少子化を食い止めるには，法律婚に限らず，事実婚カップルをも推進する事業者にも助成した方が，目的達成に資する。したがって，②をみたさない。

3　以上より，要綱は，２１条１項に反し違憲無効である。

4　想定される，被告の反論を述べる。要綱が制約しているのは，本件自由ではなく，A市の事業者の営業の自由（２２条１項）を制約しているにすぎない。営業の自由に対する制約については，行政裁量，立法裁量とも広く認められる。そして，助成は，あくまで給付請求権であり，A市の裁量が広く認められる。また，助成を受けなかったとしても，A市の事業者は営業を継続することができるのだから，原告の主張する違憲審査基準よりもゆるやかな基準を採用すべきである。以上より，上記自由に対する制約は必要かつ合理的なものとして，合憲である。

5(1)　以下，私見を述べる。要綱によって，A市の事業者は，自らの方針に沿わない見解を表明させられることもある。また，結婚支援事業を行っているのはＮＰＯ法人であり，営利性の乏しい事業者といえるから，通常の営業の自由に対する制約に認められるような制約の裁量が広いとはいえない。以上から，要綱は，本件自由を制約している。Xの

● 制約される権利を「消極的表現の自由」と構成している点では，出題趣旨に合致する。もっとも，「本件自由は，消極的表現の自由の一環として，21条１項により保障される」とする理由が述べられていない点，及び「本件自由は，要綱により制約されている」とするだけで，制約の中身を具体的に認定していない点は，不十分である。

● 本答案は，本件要綱は「一律に助成をしないものであり，規制態様も強度といえる」としているが，規制される権利は「消極的表現の自由」であるから，これと関連付けて規制態様が強度であることを明確に論述する必要がある（この点については，再現答案①参照）。

● この点に関する論述は，説得的である。

● 本答案は，本件要綱がどうして「A市の事業者の営業の自由」を制約するものなのか，その理由についても全く言及しておらず，不適切である。

いうように，本件自由は重要な権利であるが，営業の自由としての側面を有するから，本件自由の制約にあたり，行政裁量，立法裁量が一定程度認められる。また，助成は給付請求権であるが，今まで助成を受けてきた者にとっては，助成を受ける権利が既得権として一定の保護を受けるものといえ，A市の裁量を広く解することはできない。さらに，助成を受けなければ，廃業する事業者もありうるから，規制態様として，弱いとはいえない。

以上より，要綱は，①その目的が重要であり，②手段として実質的関連性を有するものであれば，合憲と考える。

(2) 本件では，少子化を食い止めるべく，成婚数を上げるというのが，要綱の目的であるから，①をみたす。

次に，要綱が改正された背景には，事業者に対する助成がこれまで少子化を食い止めるという成果をあげていなかったからだとされている。しかし，現代，多様なカップルが存在することから，事実婚をも推進する事業者にも助成した方が，目的達成に資する。また，法律婚であれば，安心して家庭や子供をもつことができるというのがA市の考えであるが，それはあくまで観念的な考え方であって，法律婚の方が事実婚のカップルよりも安心して家庭や子供をもつことができるとは限らないし，必ずしも子供が生まれる可能性が高いとはいえない。また，事実婚の状態から，法律婚に至るカップルも多く存在し，現代では，法律婚，事実婚とでカップルのあり方に目立った差異は生じていない。そして，助成が打ち切られることで，廃業する事業者が多いと考えられることからすると，過度な規制といえる。以上より，②をみたさない。

6 よって，要綱は，２１条１項に反し違憲無効である。

以　上

● 本答案は，消極的表現の自由の一環として本件自由が21条１項により保障されることを前提としているところ，特に理由を示すこともなく，「営業の自由としての側面を有する」としている点で，論理的でなく不適切である。

● 本答案は，実質的関連性の有無を検討するに当たり，本問の具体的な事実関係を摘示しつつ，適切な評価も加えて説得的に論理展開しており，当てはめでは高く評価されたものと思われる。

● 本答案は，「助成が打ち切られることで，廃業する事業者が多いと考えられる」としているところ，「ＮＰＯ法人Ｘは，本件条例の制定当初から助成を受けており，助成は活動資金の大部分を占めていた」という事情は，Ｘの結社としての活動の自由に対する制約の合憲性に関する事情と位置付けるのがより適切である。

再現答案③　B評価（S・Iさん　順位323位）

1　まず，Xとしては，本件条例は本件誓約書を提出しない自由を侵害するとして，憲法１９条に反し無効であると主張することが考えられる。

⑴　「思想及び良心」とは，人の内心における人格形成の核心をなす精神活動を意味する。そして，法律婚とは人の人格的生存において重要な要素であるといえるから，これに対する賛否についての精神活動は人格形成の核心をなすといえる。

　また，思想等の自由の保障は，それが内心における限りは絶対的に保障されるというべきであるが，それにとどまるものではなく，自己の内心を表明させられない自由や，自己の真摯な内心に反する外部的行為を強制されない自由も含まれると見るべきである。もっとも，後者の自由については，これを絶対的に保障するとなるとあらゆる行為を拒否できることになりかねないから，客観的に見て思想等に関わる価値観などに密接に結びついていることを要するというべきである。

　これを見るに，本件誓約書の内容は法律婚の賛否に関わる価値観とまさに一致するものであり，思想・良心に関わる価値観に密接に結びついているといえる。そして，誓約書においてかかる内容が文字として表明される以上，これは客観的に明らかといえる。したがって，本件誓約書を提出させられない自由は，自己の内心に反する外部的行為を強制されない自由として，憲法１９条により保障されるといえる。

● 本件誓約書は，「法律婚を積極的に推進」するという「特定の思想」を表明するものといえるから，助成の際に本件誓約書の提出を義務付ける要綱は，Xの思想・良心の自由に違反する旨の主張も，「他の議論」（出題趣旨参照）として考えられる。もっとも，本件誓約書を提出することによって，Xは「法律婚を積極的に推進」するNPO法人であると表明することとなり，そのように周囲に受け取られることになる。したがって，本問では，「Xの消極的表現の自由を侵害する，との……主張が最も直截であり，的を得たもの」（出題趣旨参照）といえる。

⑵　本件条例は，本件誓約書を提出しない限り助成金を交付し得ないというものであるから，上記自由を侵害するといえる。

⑶　もっとも，かかる自由も絶対的に保障されるものではなく，「公共の福祉」（１３条後段）の観点からの合理的な制限を受ける。そこで，いかなる場合に公共の福祉に反する制限として違憲になるか，問題になる。

ア　この点について，Xの立場としては，内心の自由が絶対的に保障されることに準じ，厳格の基準を用いて判断すべきと主張することが考えられる。しかし，上記自由は内心に反する外部的行為を強制されないという形で間接的に思想・良心の自由を保障しているにすぎず，その重要性は本来の思想・良心の自由と比して相当程度劣後するといわざるを得ないと思われる。

　そこで，これについては厳格な合理性の基準で判断するべきであり，具体的には，目的が重要であり，手段が目的との関係で実質的関連性を有することを要するものと解する。

イ　これを検討するに，本件条例は未婚化・晩婚化の克服のために制定されたものであり，法律婚に賛同する旨の誓約書を提出させるという手段もまさにこれに資するものであるから，その目的は法律婚の推進に資する点にあるといえる。そして，法律婚制度を採用することが明らかなわが国の民法体系の下では，かかる目的の重要性を否定することは適当でないと思われるから，かかる目的は重要な目的であるというべきである。

● 思想・良心の自由の制約態様としては，①思想の強制あるいは思想に基づく不利益の処遇，②思想の告白の強制，③内心に反する行為の強制，の３つに分けて検討した上で，上記①②は絶対的に禁止されるが，上記③は絶対的に禁止されず（社会生活上の義務の履行を，自己の思想に反することを理由に常に拒絶できるとすると，社会生活が成り立たないため），違憲審査基準を用いて具体的に合憲性を検討する見解が有力に主張されている。この点，本答案は，本問が上記③のケースであることを示した上で，違憲審査基準を用いて具体的に本件誓約書の提出を要求することの合憲性を検討している点で，上記見解に沿った論述といえる。

● 目的の重要性について，理由とともに論じることができている。また，手段審査においても，関連性，必要性，相当性をそれぞれ丁寧に検討できている点で，適切な論述といえる。もっとも，本問の設問は，Xの憲法上の主張とこれに対して想定されるA市側の反論との対立点を明確にし

そして，法律婚に賛同する誓約書を提出した法人の方がそれを提出しない法人よりもより多くの法律婚の成婚数をあげられるものと見込まれるから，これには手段適合性が認められる。また，誓約書すら提出できないような法人であっては法律婚の推進という目的は達成できないと思われるから，かかる手段にはその必要性も認められる。さらに，誓約書を提出させるという手段は，その提出により相手方になんらかの具体的な権利義務の負担を課すものではないと思われるから，その権利を制約する程度は過大ではなく，手段の相当性も認められる。

ウ　したがって，これは上記自由を不当に侵害するものではないというべきである。

２　次に，本件誓約書を提出しないＸに助成金を交付しないことは，ＸのＮＰＯ法人として活動する自由を侵害するものであり，かかる運用は違憲であると主張することが考えられる。

⑴　ここで，結社の自由（２１条１項）とは，第一次的には，字義通り結社する自由の保障であるが，単に形式的に結社できることで足りるものではなく，当該団体が実質的に活動できることの保障までを含むものと解するべきである。

したがって，Ｘが当該ＮＰＯ法人として実質的に活動できることの保障も，同条に含まれるものというべきである。

⑵　そして，結婚資金事業のように，純利益的な事業ではなく公益的な目的を含む活動においては，当該事業による収益のみで活動ですることは困難であり，一般に国等による助成がなければ活動が困難であるといえる。現に，Ｘの活動資金のうちの大部分が本件条例による助成によっていたのだから，これが廃止されればＸはその活動を継続することが困難になるといえる。

したがって，Ｘへの助成をしないことは，上記自由を制約するものであるといえる。

⑶　では，これが公共の福祉の観点からの合理的制約であるとして正当化されるか，その判断基準も含め，以下，検討する。

ア　この点について，そもそも助成金の支給は限られた財源を分配するものであるから，行政に広い裁量が認められることが原則である。また，上記自由の制約は，結社行為そのものを直接的に侵害するものではなく，実質的な結社活動を制約するにすぎないものであるから，直接的な結社の自由に比してその保護の必要性は劣後するといえる。

しかし，本件条例によれば，本件誓約書を提出することにより法律婚に賛同する旨を表明した者には助成金が交付される一方，そうでない者にはこれが交付されないことになる。そうだとすれば，これは法律婚への賛否という「信条」（１４条１項）を理由に助成金を交付するか否かを決定するものであり，「信条」に基づく別異取扱いとしての性質を有するものというべきである。そして，「信条」等に基づく不当な差別的取扱いが繰り返されてきたという歴史的事実に鑑みれば，これに基づ

た上で，自らの見解を述べる必要があるとしている。本答案は，原告と被告のそれぞれの主張の対立点を明確に論じておらず，設問の指示に従っていない点で，不適切である。

● 出題趣旨によれば，本件誓約書を提出できない結果，Ｘが助成金を受けられなかったことについては，Ｘの結社（としての活動）の自由を侵害するとの主張を行うことが求められていた。本答案は，Ｘの違憲主張として，結社（としての活動）の自由の侵害を論述できている点で，出題趣旨に合致する。

● 出題趣旨によれば，本問では，「私的団体の活動に対する政府による助成の条件付けが論点」であり，これを踏まえた検討が求められている（再現答案①コメント参照）。本答案は，現にＸの活動資金の大部分を助成が占めている以上，助成が廃止されれば助成を前提としていたＸは事実上活動が困難となることをもって，結社の自由の制約がある旨論述している。もっとも，政府（本問ではＡ市）に対して助成を請求する権利が団体に当然に認められているわけではない点に留意する必要がある。

● 21条１項に違反するかどうか（結社としての活動の自由を侵害して違憲かどうか）を検討する中で，14条１項違反を盛り込むと，結局，何について検討しているのかが不明確となる。また，改正後の補助金交付要綱は，助成に際して本件誓約書をＮＰＯ法人に提出することを義務付けるのみであり，ＮＰＯ法人によって

く別異取扱いがなされようとしている場合に行政の裁量を肯定することは妥当ではなく，違憲の推定が働くものとみるべきであり，厳格に判断するべきものと思われる。

したがって，結社の自由が表現の自由のひとつとしての重要性を有すること，別異取扱い的性格による違憲の推定が働くことに鑑み，これについては厳格な基準で判断するべきであり，具体的には，やむにやまれぬ目的のための必要最小限の制約であることを要するというべきである。

イ　これを検討するに，法律婚に賛同する誓約書を提出しないXに助成金を交付しない目的は，法律婚を推進することにあるといえる。しかし，我が国において法律婚が重要な施策であるとしても，必ずしも法律婚を採用しなければならない論理必然性は存在しないのであり，民法が法律婚制度を採用することから直ちにやむにやまれぬ目的であるということはできない。そして，法律婚の推進は，私人の重要な権利利益を保全するためになされるものでもないから，かかる観点からもやむにやまれぬ目的であるということはできない。

したがって，この目的は，やむにやまれぬ目的に当たらないというべきである。

ウ　よって，かかる制約は正当化されない。

(4)　以上より，Xに助成金を交付しないことは，Xの結社の自由を不当に侵害するものであり，違憲である。　以　上

※　実際の答案は4頁以内におさまっています。

別異取扱いをする仕組みを設けているわけではない以上，14条1項に着目するのは疑問である。

●　本答案は，違憲審査基準の定立において，通常の結社の自由に比してその価値が劣後することや助成の決定・運用について行政の広範な裁量が認められるとする一方で，平等原則を根拠に行政裁量を肯定することは妥当でないとして厳格な審査基準を導いているが，通常より価値の低い自由であることや原則として行政の広範な裁量が認められるとしている以上，厳格な審査基準まで審査密度を高めるとするのは説得力に欠ける。

●　目的審査について，自分なりの理由を述べて，結論を導くことができている点では良いが，仮に目的審査が満たされない場合であっても，手段審査の検討も行っておくのが答案作成上得策といえる。また，本答案は，原告の主張と被告の反論の対立点が明確になっていないことから，一方的な議論となってしまっている。

MEMO

再現答案④　C評価（J・Oさん　順位1540位）

第１　Ｘの立場からの主張

１　Ａ市の結婚支援事業推進補助金交付要綱（以下「本件要綱」という。）は，Ｘの自らの方針に沿わない見解を表明することを強制されない自由を侵害し，違憲であると主張する。

⑴　まず，上記自由は，自己の意思に基づいて意見を決定し，他者から強制されないことを規定した憲法１９条によって保障される。

⑵　そして，本件条例に基づく助成の申請をするには，本件誓約書を提出することが本件要綱によって義務付けられている。当初から市の助成はＸの活動資金の大部分を占めていたことにかんがみると，助成を受けられなくなることはＸが事業を続けていく上で重大な支障を生じかねない。したがって，Ｘは助成を受けるにはやむなく本件誓約書を書くことを強制されているといえ，上記自由に制約が認められる。

⑶　そして，下記理由により，上記制約は正当化されない。

まず，上記自由は，自己の意思に基づいて意見を決定することで，さまざまな意見を持つことができ，自己の人格を発展させることができるという自己実現の価値を有することから，重要な人権といえる。

そして，上記のように，Ｘは助成を受けるために，本件誓約書の提出を心理的に強制されるという制約態様は強い。

したがって，厳格な審査基準で審査すべきである。

⑷　これを本問についてみると，本件要綱の目的は，未婚化・晩婚化の克服と，安心して家庭や子どもを持つことができる社会の実現を目指すことにある。

しかし，本件要綱の誓約書を提出させ，法律婚を推進・成婚数を増加させることによって，安心して家庭や子どもを持つことにつながるという科学的根拠に乏しく，適合性に欠ける。

また，仮に適合性が認められるとしても，結婚に関する価値観は個人の自由な選択に委ねられるべき事柄であり，結婚の形を法律婚に限って推進させる旨の本件要綱は必要最小限度の制約とはいえず，必要性にも欠ける。

２　以上より，上記制約は正当化されず，本件要綱は憲法１９条に反し違憲である。

第２　想定される反論について

１　まず，原告の主張するように，自らの方針に沿わない見解を表明することを強制されない自由は，憲法上保障される。

２　もっとも，本件要綱は，事業を行うにあたって本件誓約書の提出を義務付けているものではなく，Ｘの意思決定を何ら制約するものではない。

したがって，上記自由に対する制約は認められない。

３　仮に，制約が認められたとしても，上記のように本件要綱は意思決定を強制するものではなく，制約態様は弱いといえる。したがって，緩やかな基準で判断すべきである。

● 出題趣旨によれば，本問は，消極的表現の自由（21Ⅰ）に対する制約の合憲性に関する出題である。この点，制約される憲法上の権利を19条で構成した場合，ＮＰＯ法人であるＸに思想・良心の自由を観念できるのか（人権享有主体性が認められるのか）は必ずしも明らかではないから，これについて言及できると良かった。また，思想・良心の自由の意義を明らかにした上で，結婚に対する価値観がこれに含まれることを指摘することが必要である。

● 「厳格な審査基準」とするだけでは不十分であり，基準の内容を具体的に示すべきである。

● 目的自体が，必要不可欠なものといえるのかについて，十分に検討できていない。

● 要綱が助成の際に本件誓約書の提出を義務付けていることは，Ｘの憲法上の権利を制約するものではない旨の反論がなされており，適切である。

● 「緩やかな基準」の内容を示すべ

4　本問では，法律婚を推進すれば，法律上の夫婦であれば相続が可能となる等法律上の利益が享受できる結果，家庭や子どもを持つことに対し，安心感を抱くことになり，上記目的を達成できるといえる。

仮に，適合性が認められないとしても，A市は１０年前から少子化による人口減少に歯止めをかけるために様々な対策を講じてきたが，どれも実効性にかけ，少子化の進行を止めることができなかった。そのような状況下にあっては，法律婚のみを推進することも必要性に欠けるとはいえない。

第３　私見について

1　まず，原告の主張のとおり，自らの方針に沿わない見解を表明することを強制されない自由は，憲法１９条により保障される。

2　そして，確かに被告の主張のように，本件要綱は申請を強制し，無理やり提出させるものではなく，任意に提出するものである以上，制約はないとも思える。

しかし，Xは当初より助成を受けており，助成は活動資金の大部分を占めていたことからすると，市の助成が事業を支える根幹となっており，助成が受けられないとすると，Xの事業の継続も危ぶまれ，事業に与える影響は極めて大きいといえる。

そうであるとすると，Xは助成を得るためにやむなく本件誓約書による意思表示をすることを考えざるを得ず，Xの意思決定に大きな心理的影響をもたらすものとして，制約があるといえる。

3　もっとも，上記自由も絶対無制約ではなく，公共の福祉（１２条後段，１３条後段）による制約を受ける。そこで，上記制約が公共の福祉によるものとして正当化されるか。審査基準が問題となる。

(1)　まず，上記自由は，自己の意思に基づいて意思決定をすることで，様々な意見を持ち，知見を広げ，もって自己の人格を発展させる自己実現の価値を有する。また，思想はその性質上たびたび制約されてきた過去があることにかんがみ，制約にあたっては慎重にならなければならない重要な権利である。

(2)　そして，制約は上記のように強く，当初受けていた助成を受けられなくなることからも，制約態様は非常に強度といえる。

(3)　そこで，厳格な審査基準，具体的には，①目的がやむにやまれぬものであり，②手段が必要不可欠かつ必要最小限度であることが必要であるといえる。

4　これを本問についてみると，本件要綱の目的は，未婚化・晩婚化の克服と，安心して家庭や子どもを持つことができる社会の実現を目指すことにあり，少子化が社会問題となっている今日において，明日の社会を担う子どもたちを安心して持つことは日本社会にとって至上命題ともいえるべきものであり，やむ

きである。

● 適合性が認められなければ，その手段は不合理なものといえるから，反論として成り立たない。

● むしろ，「そのような状況下」にあるからこそ，法律婚のみを推進することには問題があるといえるから，反論自体失当である。

● 本問では，「私的団体の活動に対する政府による助成の条件付けが論点」（出題趣旨参照）であるところ，本答案は，上記出題趣旨に正面から応えた論述とはなっていないが，本問の事案の特殊性に着目することはできている。

● 思想・良心の自由の制約態様，及びその憲法上の保障の程度については，再現答案③コメント参照。

● 本答案は，Xの憲法上の権利として「自らの方針に沿わない見解を表明することを強制されない自由」（19）を設定しているが，「当初受けていた助成を受けられなくなる」という事情が，上記自由に対する強度な制約といえる理由について，具体的かつ明確に論述すべきである。

にやまれぬものといえる（①充足）。

　そして，確かに法律婚を推進すれば，法律上の利益が享受でき，家族および子どもを持つことに積極的になるとも思える。しかし，結婚は家族を形成するという人生における重要な決定事項であり，多くの考え方が存在するところでもある。かかる重要事項の決定は，特に個人の自由な選択に委ねられるべきであり，法律婚のみを推進すれば，法律婚を望まない人々は結婚に消極的になることも考えられる。したがって，法律婚を推進することで，上記目的が達成されるとする科学的根拠に欠ける（②不充足）。

5　したがって，本件要綱は憲法１９条に反するものとして，違憲である。

以　上

※　実際の答案は４頁以内におさまっています。

● 出題趣旨によれば，本問は，結社としての活動の自由に対する制約の合憲性に関する出題でもあり，この点についても検討する必要があった。

平成29年

問題文

［憲　法］

次の文章を読んで，後記の〔**設問**〕に答えなさい。

Ａ県の特定地域で産出される農産物Ｘは，１年のうち限られた時期にのみ産出され，同地域の気候・土壌に適応した特産品として著名な農産物であった。Ｘが特別に豊作になる等の事情があると，価格が下落し，そのブランド価値が下がることが懸念されたことから，Ａ県は，同県で産出されるＸの流通量を調整し，一定以上の価格で安定して流通させ，Ａ県産のＸのブランド価値を維持し，もってＸの生産者を保護するための条例を制定した（以下「本件条例」という。）。

本件条例では，①Ｘの生産の総量が増大し，あらかじめ定められたＸの価格を適正に維持できる最大許容生産量を超えるときは，Ａ県知事は，全ての生産者に対し，全生産量に占める最大許容生産量の超過分の割合と同じ割合で，収穫されたＸの廃棄を命ずる，②Ａ県知事は，生産者が廃棄命令に従わない場合には，法律上の手続に従い，県においてＸの廃棄を代執行する，③Ｘの廃棄に起因する損失については補償しない，旨定められた。

条例の制定過程では，Ｘについて一定割合を一律に廃棄することを命ずる必要があるのか，との意見もあったが，Ｘの特性から，事前の生産調整，備蓄，加工等は困難であり，迅速な出荷調整の要請にかなう一律廃棄もやむを得ず，また，価格を安定させ，Ｘのブランド価値を維持するためには，総流通量を一律に規制する必要がある，と説明された。この他，廃棄を命ずるのであれば，一定の補償が必要ではないか等の議論もあったが，価格が著しく下落したときに出荷を制限することはやむを得ないものであり，また，本件条例上の措置によってＸの価格が安定することにより，Ｘのブランド価値が維持され，生産者の利益となり，ひいてはＡ県全体の農業振興にもつながる等と説明された。

２０××年，作付け状況は例年と同じであったものの，天候状況が大きく異なったことから，Ｘの生産量は著しく増大し，最大許容生産量の１．５倍であった。このため，Ａ県知事は，本件条例に基づき，Ｘの生産者全てに対し，全生産量に占める最大許容生産量の超過分の割合に相当する３分の１の割合でのＸの廃棄を命じた（以下「本件命令」という。）。

甲は，より高品質なＸを安定して生産するため，本件条例が制定される前から，特別の栽培法を開発し，天候に左右されない高品質のＸを一定量生産しており，２０××年も生産量は平年並みであった。また，甲は，独自の顧客を持っていたことから，自らは例年同様の価格で販売できると考えていた。このため，甲は，本件命令にもかかわらず，自らの生産したＸを廃棄しないでいたところ，Ａ県知事により，甲が生産したＸの３分の１が廃棄された。納得できない甲は，本件条例によってＸの廃棄が命じられ，補償もなされないことは，憲法上の財産権の侵害であるとして，訴えを提起しようと考えている。

〔設問〕

甲の立場からの憲法上の主張とこれに対して想定される反論との対立点を明確にしつつ，あなた自身の見解を述べなさい。なお，法律と条例の関係及び訴訟形態の問題については論じなくてよい。

出題趣旨

本問は，架空の条例を素材に，憲法上の財産権保障（憲法第２９条）についての理解を問うものである。

本件条例は，Ｘのブランド価値を維持し，Ｘの生産者を保護する目的で，生産量が増大し，Ｘの価格を適正に維持できる最大許容生産量を超えるときに，Ａ県知事は，全ての生産者に対し，全生産量に占める最大許容生産量の超過分の割合と同じ割合で，収穫されたＸの廃棄を命じることとしている。まず，このような措置を定める本件条例が，憲法第２９条第１項で保障される財産権を侵害する違憲なものであるかを論じる必要がある。その際，本件条例の趣旨・目的と，それを達成するための手段の双方について，森林法違憲判決（最高裁昭和６２年４月２２日大法廷判決，民集４１巻３号４０８頁）及び証券取引法判決（最高裁平成１４年２月１３日大法廷判決，民集５６巻２号３３１頁）などを参照しながら，検討する必要がある。特に，規制手段については，甲のように，平年並みの生産高となった者や，天候状況に左右されず一定量を生産することが可能な者が存在することを念頭に置きつつ，その合理性・必要性について考察することが求められるであろう。

次に，本件条例では，Ｘの廃棄に起因する損失については補償をしないとされているが，それが，憲法上の損失補償請求権（憲法第２９条第３項）を侵害する違憲なものであるかを論じる必要がある。この場合，①本件条例が一般的に損失補償規定を置いていないことの合憲性と，②仮に一般的に損失補償規定を置いていないことが合憲であるとしても，甲の事情が，損失補償が認められるべき「特別の犠牲」に該当し，損失補償請求権を侵害すると主張しうるか，という二つの論点がある。これらについて，河川附近地制限令事件（最高裁昭和４３年１１月２７日大法廷判決，刑集２２巻１２号１４０２頁）などを参照しながら，検討することが求められる。

MEMO

再現答案①　A評価（M・Hさん　順位40位）

第１　甲の立場からの憲法上の主張
１　結論
　本件条例は，憲法２９条１項もしくは同条３項に違反し無効であり，同条例に基づいてなされた本件命令も無効である。
２　理由
⑴　憲法上の権利の制約
　甲は，本件条例に基づく本命令により，自ら所有するＸの廃棄を余儀なくされた。
　この点，憲法２９条１項は，私有財産制を制度として保障するのみでなく，個人の現に有する個々の所有権をも保障するものである。
　とすれば，甲がＸの廃棄を強制されたことは，本件条例によってその所有権が制約されたものといえる。
⑵　判断枠組み
　本件条例の規制目的は，県内Ｘ農家を保護することにあり，県の裁量が広範に認められるべき積極的なものであるということは否定できない。とすれば，法令の審査も，これを緩やかにすべきようにも思える。
　しかし，規制目的のみに注目して審査基準を定立するのは硬直に過ぎる。この点，本件条例は天候などに左右される生産過剰の有無という，本人の自助努力では回避できない理由に基づいて行われるものである。さらに規制の度合いとしても，最大許容生産量の超過分を，何らの補償なく，強制的にこれを処分させるものであるから，極めて強い財産権に対する制約であるといえる。
　とすれば，本件条例の審査はむやみに緩やかにするべきでない。そこで，①重要な目的のために，②必要最小限の手段といえる場合に，これを本条に反しない法令というべきである。
⑶　個別具体的審査
ア　目的審査
　本件条例の目的は，Ｘ農家の保護にある。
イ　手段審査
　一方で，本件条例はそのために最大許容生産量超過分のＸ一律廃棄を命じるものである。しかし，かかる目的は，同じＸ農家とはいえ，Ｘ栽培法の工夫などにより独自の顧客を獲得するよう努めれば，例え豊作年であってもそのために価格の暴落を防ぐことは十分に可能である。とするならば，全ての農家にＸ一律廃棄を求める本条例は，必要最小限の手段であるということはできない。
ウ　結論
　以上より，本条例は憲法２９条１項に反する。
⑷　憲法２９条３項違反について
　たとえ本件条例が憲法２９条１項に反しないとしても，Ｘの廃棄に起因する損失についてこれを保障しないと定める部分

● 出題趣旨によれば，「本件条例が，憲法第29条第１項で保障される財産権を侵害する違憲なものであるか」どうかについて論じる必要がある。本答案は，本問で問題となる論点を的確に捉えられており，出題趣旨に合致する。

● 憲法29条１項の趣旨について，森林法違憲判決（最大判昭62.4.22／百選Ⅰ［第７版］〔96〕）に基づいた論述ができている。

● 本答案は，違憲審査基準の定立に関して，規制目的二分論の問題点を指摘した上で，規制目的のみならず，規制態様をも考慮すべきとする立場を前提に，具体的に論じることができている。そして，規制態様の検討の際，本人の努力ではいかんともしがたい客観的条件を考慮している点は，財産権侵害に対する重大な制約となることを基礎付けるものであるため，説得力がある。
　もっとも，出題趣旨によれば，前掲森林法違憲判決及び証券取引法判決（最大判平14.2.13／百選Ⅰ［第７版］〔97〕）などを参照しながら検討する必要があるとされており，これらの判例を意識した判断枠組みまで定立できれば，パーフェクトだった。

● 出題趣旨によれば，規制手段について，「平年並みの生産高となった者や，天候状況に左右されず一定量を生産することが可能な者が存在することを念頭に置きつつ，その合理性・必要性について考察すること」が求められている。すなわち，本件条例は，独自の顧客を持ち，例年同様の価格で販売できると考えていた「平年並みの生産高となった者」にとっては，売上や利益を減少させるものでしかなく，生産者を保護する目的達成にそぐわないこと，また，独自の栽培方法を開発して「天候状

は，憲法２９条３項に反する。

すなわち，本条は，適法な公権力の行使に際して特定の者のみに損失を強制することは平等原則（憲法１４条１項）に反するということから，これを補償するものである。そこで，当該損失が特定の者のみに生じ，かつその損失が財産権に内在する制約に起因するといえない場合には，これを補償しないことは憲法２９条３項に違反するというべきである。

本件でも，Ｘ強制廃棄という損失はＡ県下のＸ農家という，地域・生産物とも特定された事業者にのみ生じるので，特定の範囲にのみ生じているといえる。そして，個々の農家は，本来であれば他の農家の経済的保護のために自らの生産物を廃棄する義務を負担していない。にもかかわらず，廃棄を強制することは，農業生産に内在する制約に起因するものとはいえない。

以上より，本件条例がＸ廃棄に起因する損失を補償しないことは，憲法２９条３項に反する。

第２　想定される反論と私見

１　判断枠組みについて

反論としては，本件条例はあくまで積極目的であるし，所有権の制約の度合いも小さいから，より緩やかな審査が妥当する，というものが考えられる。

この点，私見としても，積極目的であることを軽視すべきでないと考える。また，豊作年において一定量を廃棄させたところで，例年より収入が下落するということもないから，所有権に対する制約と言ってもその程度は小さいものといえる。よって，反論は妥当である。

そこで，本件条例の審査基準としては，より緩やかに，その違憲性が明白でない限りこれを憲法２９条１項に反しないものというべきである。

２　個別具体的検討について

反論としては，Ｘ生産農家保護という目的は十分重要であるし，そのために一定量以上のＸ廃棄を命じたところでこれが明白に違憲ということはできない，との反論が考えられる。

この点も反論が妥当である。本件条例は，あくまで豊作年に廃棄を一定量以上のみ命じるのであって，十分Ｘ農家保護の目的に適合するから，これを明白に違憲であるとはいえない。

よって，本件条例は憲法２９条１項に反するものではない。

３　憲法２９条３項違反について

想定される反論としては，第一に，Ａ県下のＸ農家一般という対象は，メイン生産物でなかろうとＸを生産しさえしていればこれに含まれるのであり，これでは特定の対象にのみ生じる損害とはいえない，というものが考えられる。

しかし，Ｘ農家はＡ県の特定地域のみで産出されているものである。とするならば，損失の生じる対象はなお特定されているものといえる。

況に左右されず一定量を生産することが可能な者」や，独自の顧客を獲得するなどの経営努力を行った者ほど，本件廃棄命令によって不利益を受けることになっており，合理性に欠けること等を指摘できれば良かった。

● 出題趣旨によれば，「①本件条例が一般的に損失補償規定を置いていないことの合憲性と，②仮に……合憲であるとしても，甲の事情が，損失補償が認められるべき『特別の犠牲』に該当し，損失補償請求権を侵害すると主張しうるか」の２つの論点があるところ，本答案は，①の論点を論じていない。また，②の論点については論じているが，『特別の犠牲』という文言を指摘した上での論述ができれば，より一層高い評価を得られたものと推察される。なお，損失補償の要件である「特別の犠牲」に当たるか否かは，一般に，財産権の内在的制約として受忍すべき限度を超えたかどうかで判断されるところ，本答案の規範定立は不正確である。

● 出題趣旨によれば，憲法29条３項に関して，河川附近地制限令事件（最大判昭43.11.27／百選Ⅰ［第７版］〔102〕など を参照しながら，検討することが求められていたところ，本答案は，このような判例等を意識した答案とはいえない。なお，同判決は，内在的制約であればおよそ補償を不要とするのではなく，従

第二に想定される反論としては，そもそも農業生産をする者は，いわば相互扶助の一環として需給調整に協力すべきであり，そのための廃棄ゆえに損失を被ったとしても，それは農業生産物に内在する制約に起因する，というものが考えられる。

しかし，農家が相互扶助をすべきとはいっても，それが需給調節への協力に直結するかは疑問である。また，本件条例はXのブランドイメージ維持をも目的とするが，このような目的に協力を強制される理由もない。よって，本件条例によって生じる損失は，農業生産物に内在する制約によるものでないといえ，反論は理由を欠く。

以上より，本件条例の損失補償を行わないことを定める部分は，憲法２９条３項に反して違憲無効である。

以　上

※　実際の答案は４頁以内におさまっています。

来の事業に「相当の資本を投入して」いた者など，「単に一般的に当然に受忍すべきものとされる制限の範囲をこえ，特別の犠牲を課したものとみる余地」がある場合には，信頼保護的な補償を必要とする余地を残した判決である。そして，「特別の犠牲」に当たるか否かに関する判例の考慮要素を分類すると，①規制目的，②規制の強度・期間，③既存の利用形態，④制限される権利の性質等が挙げられる。

MEMO

再現答案② A評価（N・Yさん 順位120位）

第１ 甲からの主張
１ 本件条例は，Ｘを保有する自由を侵害し違憲ではないか。
２(1) Ｘを保有する自由は憲法上保障されているか。憲法２９条１項は財産権を保障するところ，これは人々の既得権を保障したものである。そして，Ｘについても販売することで価値を得ることができるものであり，これを保有することに既得権がある。よって，Ｘを保有する自由は財産権として保障される。
(2) 本件条例によって廃棄命令が出され，代執行によってこれが完全なものとなるため，財産権に対する制約がある。
３(1) では，かかる制約はいかなる場合において許容されるか。
(2) 権利の重要性についてみるに，財産権は人が生活していく上で必要なものであるから，重要といえる。そして，Ｘについても，農家はこれを販売することで生計を立てており，あてはまる。よって，権利の重要性は高い。
(3) 制約の強度についてみるに，本件条例は代執行によって廃棄が完全なものとなる上，一律廃棄としており，損失補償のような代替手段もないことから，制約の強度は強い。
(4)ア 以上より，目的が重要で，手段との間に実質的関連性がない限り，本件条例は違憲といえる。
イ 本件についてみるに，目的は，流通調整することでブランド価値を維持し生産者を保護する点にあるところ，ブランド価値を維持するためにも重要である。

ウ 手段についてみるに，まず手段の適合性については，一律廃棄とすることによって農家が生産を工夫しようとするインセンティブが働かなくなり，むしろブランド価値が低下することが考えられるため，適合性はないように思える。加えて手段の必要性についても，必ずしも一律廃棄とせず，各々の農家の特性に合った規律を設けることも考えられる上，損失補償をすることも考えられるため，手段の必要性もない。以上より，目的と手段と実質的関連性がないため，本件条例は違憲である。
４(1) 仮に，本件条例が違憲でないとしても，損失補償（２９条３項）を求めることができないか。なお，本件ではこれを認める規定はないものの，２９条３項を根拠に，直接損失補償を求めることが可能である。
(2) 「公共のために」とは間接的であってもよいところ，本件はＸのブランド価値を高めることでもってＡ県の産業に資することとなるため，満たす。「用いる」とは一切の用法を許容するところ，本件条例は廃棄という用法で行っており満たされる。
(3) では，本件は特別の犠牲があるといえるか。特別の犠牲があるか否かは，一般人か特定人に対するかという形式的要件と，受忍しうる程度かという実質的要件を加味して行う。本件についてみるに，実質的には甲のような特定の農家が大きな影響を受けることとなり，特定人に対するものとなる。また，ブランド価値を保つということは，ただの農産物であるＸに内在する

● 出題趣旨によれば，「本件条例が，憲法第29条第１項で保障される財産権を侵害する違憲なものであるかを論じる必要がある」ところ，本答案は，①Ｘを保有する自由が憲法29条１項の財産権として保障されるか，②当該自由が本件条例によって制約されるか，③その制約が許容されるか，という論理展開を経た上で，権利の重要性・規制態様に着目して具体的に論述できており，適切である。

● 出題趣旨によれば，森林法違憲判決（最大判昭62.4.22／百選Ⅰ［第７版］〔96〕）及び証券取引法判決（最大判平14.2.13／百選Ⅰ［第７版］〔97〕）などを参照しながら，検討する必要があるとしており，これらの判例を踏まえた審査基準が定立できれば，より良かった。

● 条例の目的及び規制手段の当てはめについて，本問の具体的事実を当てはめており，説得的な論述となっている。

● 出題趣旨によれば，「甲の事情が，損失補償が認められるべき『特別の犠牲』に該当し，損失補償請求権を侵害すると主張しうるか」どうかについて論じることが求められていたところ，本答案は，この点を端的に示せており，適切である。

制約でなく，受忍限度を超えており，実質的制約もある。したがって，特別の犠牲がある。よって，損失補償がなされるべきである。

第２　反論

１　被告としては，まず権利の重要性について反論する。財産権は請求権的な性格である上，制度的保障とされていることからその保障の重要性は低い。

２　次に，財産権については，２９条２項が「法律でこれを定める」としており，立法府の専門技術的な裁量がある。本件でもＡ県の産業を活性化することについては専門技術性が要求されることから，裁量があるといえる。さらに，本件はＸの生産者を保護するという積極目的である。これらから，審査基準は緩やかなものになるといえる。

３　したがって，目的が重要で，手段との間に合理的関連性のある場合には合憲となる。本件において，手段の必要性については，事前の対策等は困難であり一律廃棄もやむを得ないため，手段の必要性はあることから，合憲であるといえる。

４　さらに，損失補償については，一律廃棄であるため一般的なものであるうえ，特産品であるがゆえに内在する制約であり，最終的には生産者の利益にもなることから，受忍しうるものであるといえる。よって，特別の犠牲はなく損失補償は認められないこととなる。

● 憲法29条１項が制度的保障としての私有財産制を保障していることが，どうして財産権の保障の重要性を低くさせることとなるのか，その論旨が不明であり被告の反論として著しく不適切である。

● 立法裁量と規制目的に照らして，審査密度を設定しており，適切な反論といえる。

● 本件条例の合憲性と特別の犠牲の当てはめについて，問題文にある条例制定過程の議論を踏まえた反論がなされており，適切な論述といえる。

第３　私見

１　まず，権利の重要性についてみるに，確かに財産権は請求権的性格のものであるところ，本件は作為を禁ずるものであり，自由権に似た特徴を持つものでこの議論はおよばない。しかし，制度的保障という点で矛盾がないため，権利の重要性はそれほど強くない。

２　また，財産権として裁量がある点や，積極目的であることは否定できず，その審査基準は緩やかなものになるといえる。

３⑴　したがって，目的が正当で，手段との間に合理的関連性のある場合には，本件条例は合憲となる。

⑵　本件目的についてみるに，前述のとおり正当なものである。

⑶　しかし，手段との合理的関連性について検討するに，手段の適合性は，前述のとおり，生産者のインセンティブを失うおそれがあることから，適合性はない。また必要性についてみるに，Ｘは天候に左右されない品質のものを生産しており，独自の顧客も持っているため，例年同様の価格で販売することができた。このような本件条例の趣旨の及ばないような，特に特殊な者については，アンケート調査によって発見することは可能であり，事前の対策が不可能とはいえない。よって，一律廃棄することはやむを得ないものであるといえない。さらに，前述のとおりインセンティブが働かず，むしろ価値が下がるおそれがあることに比べ，生産者の肥料代等を鑑みるとＸを廃棄され

● 本答案が「権利の重要性はそれほど強くない」と結論付けるまでの思考過程の論旨が不明瞭である。本件条例は，甲が現に有する財産権を廃棄命令によって事後的に侵害するものであるから，制度的保障としての私有財産制の核心たる個々の財産権を直接侵害するものといえ，むしろ厳格な審査基準が妥当すると考えるのが論理的である。

● 出題趣旨によれば，「規制手段については，甲のように，平年並みの生産高となった者や，天候状況に左右されず一定量を生産することが可能な者が存在することを念頭に置きつつ，その合理性・必要性について考察」することが求められていたところ，本答案は，これらの事実に十分な評価を加え，論述しており，出題趣旨に合致する。

ることによってこれらの費用が無駄になるから，必ずしも生産者にとって利益があるとはいえない。したがって，損失補償をすることが必要であるといえる。そして，かかる代替手段をとることが可能であったといえるため，手段の必要性はない。よって，手段との合理的関連性があるといえず，本件条例は違憲である。

4　仮に，本件条例が違憲でないとしても，損失補償をすることについての可否をみる。甲のような農家がより不利益を被るとしても，A県内の農家が一律の量の廃棄を命じられていることから，一般的なものといえる。また，Xはただの農産物というよりむしろ，ブランド品としてA県内での地位を占めていることからしても，内在的制約にすぎないといえるため，受忍限度を超えない。よって，特別の犠牲はないため，損失補償は不要である。

以　上

※　実際の答案は4頁以内におさまっています。

●「特別の犠牲」に当たるかどうかの当てはめについて，自分なりに具体的事実を指摘しながら論じているが，評価が不明瞭であり，説得力に欠ける。

MEMO

再現答案③　B評価（M・Mさん　順位306位）

第１　甲の立場からの憲法上の主張
１　まず，甲は，本件条例が憲法（以下法令名称略）２９条１項に違反すると主張する。
　甲は，Ｘの栽培を行う生産者であり，Ｘは財産に当たる。
　しかし，財産権の内容は，「公共の福祉」に適合するように法律で定める（２９条２項）。したがって，甲の財産権が侵害されていたといえるかが問題となる。
　この点につき，憲法２９条２項の文言からは，法律で内容を定めれば財産権を制限できるようにも読める。しかし，２９条１項は私有財産制を定めたものであり，公権力が自由に財産権を制限できると考えるべきではない。よって，重要な利益を守るための必要最小限度の制約のみが許されると解する。
　本件条例についてこれをみると，まず，規制の目的については，Ｘの生産者を保護するというものであり，重要なものといえる。
　次に，規制の内容についてみると，Ｘの生産者は，最大許容生産量の超過分の割合と同じ割合で，収穫されたＸの廃棄を一律に命じられる。これは，甲のように生産量が一定であったものについても一律に廃棄を命じている点で，過剰な規制であるといえる。よって，制約は必要最小限度とはいえない。

●「Ｘが『財産権』に含まれる」というように，条文の規定を引用しながら当てはめるべきである。

●審査基準の定立に当たって，権利の重要性と本件条例の規制態様が踏まえられていない。

●「Ｘの生産者を保護する」という目的が，なぜ重要といえるのかの理由付けが不十分である。

　以上より，本件条例は，２９条１項に違反する。
２　次に，仮に本件条例が２９条１項に違反しないとしても，廃棄について生じた損失を補償しないことは２９条３項に違反すると主張する。
　２９条３項は，正当な補償のもとに，公共のために私有財産を用いることができる旨規定している。具体的には，損失が「特別の犠牲」によるものならば補償が必要であると解する。特別の犠牲に当たるか否かは，侵害される財産の種類，規制の態様などを考慮し，受忍限度を超えるものか否かによって決すべきである。
　本件についてこれをみると，本件において侵害される財産はＸであるが，これはＸの生産者にとっては非常に重要な財産である。また，規制の態様についてみると，超過分について収穫されたＸの廃棄を一律に命じられ，廃棄命令に従わない場合は廃棄が代執行される点で，その制約は強いものである。また，Ｘを生産する上で，廃棄されることが事前に予想されるなど，Ｘの権利に内在する制約があるとはいえない。よって，本件条例における侵害の態様は受忍限度を超えるものであり，それによる損失は「特別の犠牲」に当たる。
　以上より，本件条例では損失補償がなされるべきであるのに，なされていない点で，２９条３項に違反する。なお，この場合の補償は，２９条３項が特別な犠牲により生じた負担

●出題趣旨によれば，「甲の事情が，損失補償が認められるべき『特別の犠牲』に該当し，損失補償請求権を侵害すると主張しうるか」を論じることが求められていたところ，本答案は，この点を示せており，適切である。

●本問の具体的事実を摘示しつつ，詳しく検討できている点は良い。もっとも，個々の事実に対する評価の理由付けが欠けており，説得的な論述とはいえない。

を全員で平等に負担するという趣旨であることに鑑み，完全補償が必要であると解する。
第２　想定される反論と私見
１　まず，２９条１項違反の主張に対しては，本件条例はXの生産者の保護を目的とする積極目的規制であるから，条例の制定にあたり裁量権の逸脱があったことが明らかでない限り，違憲とはならない旨の反論が考えられる。
　この点につき，反論が妥当であると考える。確かに，Xの価格の下落によるブランド価値を防止するという，弊害を防止する消極目的のようにも考えられる。しかし，本件条例は，反論が主張するように，A県の農業を発展させることを目的とする積極目的規制であり，規制内容については条例の制定過程で意見を主張することができるため，その裁量権の逸脱が明らかでない限り，２９条１項には違反しないと考える。
　しかしながら，本件条例は裁量権の逸脱が明らかであり２９条１項に違反すると考える。甲は，特別の栽培法を開発し，Xの生産量を安定させるべく努力を行ってきたものである。このように，営業努力を重ねてきた者に対しても，一律に廃棄を命じることは，甲の努力を無にするものであり，考慮すべき事情を考慮していないと考えられる。
　以上より，本件条例は２９条１項に違反する。

● 「Xの価格の下落によるブランド価値を防止する」という目的を消極目的と考えるのは，無理がある。

● 出題趣旨によれば，森林法違憲判決（最大判昭62.4.22／百選Ⅰ［第７版］〔96〕）及び証券取引法判決（最大判平14.2.13／百選Ⅰ［第７版］〔97〕）などを参照しながら，検討する必要があるとするところ，本答案は，これらの判例を踏まえた審査基準の定立及び当てはめができていない。

２　次に，２９条３項違反の主張に対しては，本件条例は積極目的規制であり，条例制定過程に明らかに不合理な点がない限り同項に違反しない旨の反論が考えられる。
　この点につき，反論が妥当であると考える。１で述べたように，本件条例が積極目的規制であることは否定しがたいためである。
　しかしながら，本件では明らかに不合理な点があると考える。上述の通り，甲はXを安定して生産させるために営業努力を重ねてきた者にもかかわらず，そのような努力をしてこなかった者と同じく補償がなされない。こうなると，営業努力をするモチベーションが失われ，結果としてXの生産の発展が損なわれ，かえってA県の農業を振興させるという目的を阻害する。また，A県は廃棄によりXの価格が安定し，生産者の利益になると考えているが，実際には営業努力を重ねた甲は補償がされないことにより損失を被っている。
　以上より，本件条例は２９条３項に違反する。
以　上

● 本問の具体的事実を指摘できている点は良い。しかし，自ら定立した「特別の犠牲」に当たるかどうかの規範に当てはめられておらず，説得的な論述にはなっていない。

再現答案④　C評価（N・Sさん　順位494位）

第１　甲の主張について

１　本件条例は，甲の農産物Xを好きに取り扱う自由を侵害し，違憲であると主張する。

⑴　憲法（以下法名省略）２９条１項は私有財産制を定め，個人の所有権を保障しているから，かかる自由も２９条１項により保障されると解する。

⑵　そして，本件条例は一定の量を超えた場合にXの廃棄を命じ，これに従わない場合には強制的に廃棄を実行するということを定めており，かかる自由を制約しているといえる。

⑶　かかる自由は農家としての甲の生活の基盤を支える重要な自由である。また，制約についても，強制的に廃棄を可能としており大きいといえる。よって，最小限度の制約のみ許されると解する。

⑷　本件条例の目的は出荷量を調整し，ブランド価値が下がることを防止し，もって農家の生活を保障することにある。この点，たとえ豊作の年に多少Xの値段が下がったとしても大量に売ることでXの農家は大きな利益を上げることができる。それにもかかわらず，出荷量を調整しこのような機会を奪うことはかえって農家の利益を奪い，生活を害することとなり逆効果である。よって，適合性が認められない。

　また，たとえ適合性が認められたとしても，一律に廃棄を命じるのは，甲のように例年同じ生産量で独自の顧客に対して出荷をしている農家を害することとなる。全体の生産量から廃棄量を決めるべきではなく，個別の農家ごとに廃棄量は定められるべきであり，規制手段は過度であり，必要最小限度の制約とはいえない。

⑸　以上より，本件条例は違憲である。

２　本件条例は廃棄された場合の補償を不要としている点で憲法２９条３項に反し，違憲である。

　廃棄命令は農家という個人を対象とするものである。また，Xを廃棄させることは財産権に内在する制約を超えてその本質を侵すほど強度といえる。

　よって，補償は必要であるにもかかわらず，これを不要とする本件条例は違憲である。

第２　想定される反論について

１　甲の第１　１の主張について

⑴　財産権は確かに重要な権利であるものの，制約が内在されている権利であるから，相当程度の制約が許される。

⑵　ブランド価値を保存することにより，不作の年にも一定の価格が保証されるため，一定の稼ぎを確保することができる。よって，農家の生活を保障することにつながり，適合性が認められる。

　また，Xの特性から事前の生産調整，備蓄，加工等は困難であり，迅速な出荷調整をしなければならない。よって，全体の

● 端的に「財産権」を侵害するものと主張すれば足りる。

● 「X所有権も『財産権』に含まれる」などとして，条文の規定を引用しながら当てはめるべきである。

● 本件の具体的事実の指摘に乏しく，権利の重要性及び規制態様の検討が不十分である。

● 規制目的に対する具体的な評価に欠ける。もっとも，規制手段の検討としては，一定の具体的事実を摘示して評価を加えることができている。ここでは，他の手段でも本件条例の目的を達成することが可能であること等を論述できれば，なお良かった。

● 出題趣旨によれば，「甲の事情が，損失補償が認められるべき『特別の犠牲』に該当し，損失補償請求権を侵害すると主張しうるか」を論じることが求められていたところ，本答案は，この点に全く触れられていない。

● 本問の事情を踏まえて具体的な反論を展開することができている。

生産量から廃棄量を決めるという簡便な方法をとることは相当程度の制約といえる。
(3) よって，本件条例は合憲である。
2 甲の第1 2の主張について
廃棄の対象はA県のXを生産している農家であり，特定の農家を対象としているわけではない。
よって，補償は不要であるから，本件条例は合憲である。
第3 私見について
1 甲の第1 1の主張について
(1) 甲の主張する自由が憲法上保障され，これが本件条例により侵害されているのは甲の主張の通りである。
(2) もっとも，かかる自由も絶対的に保障されるものではなく，「公共の福祉」（12条後段，13条後段）により制約を受けうるところ，その基準が問題となる。
この点，甲の主張の通り，本件自由は甲の生活上きわめて重要なものであるものの，財産権には一般に内在する制約が存する。一方，制約については代執行による廃棄を可能としており，強度といえる。
そこで，中間の審査基準を採用し，①目的が重要であり，②手段が適合的で過度でない場合には許されると解する。
(3) 以下検討する。
ア ①について

● ここでは，憲法29条２項の「公共の福祉」を摘示すべきである。

● 本件の具体的事実の指摘に乏しく，権利の重要性及び規制態様の検討が不十分である。
また，本答案は，甲の主張及び反論と重複しており，評価がされていない。

本件条例の目的はXの主張のとおりである。本目的は農家の生活の保障にあり，重要といえる。
イ ②について
確かに，豊作の場合に大量に売ることで大きな利益を上げることはできない。もっとも，不作の際にも価格が一定程度保証されることにより，結果的には農家の生活を保障することにつながる。よって，適合性が認められる。
また，確かにXの特性からして生産量全体から廃棄量を決めることも手段として過度ではないとも思える。もっとも，全体の生産量を調査する段階で個別の農家の生産量も集計するのだから，個別の農家ごとに出荷調整を行うことも容易なはずである。また，個別の農家ごとに出荷調整を行うのが平等原則にかなう。よって，手段は目的に比して過度といえる。
(4) よって，本件条例は29条1項に反し，違憲である。
2 甲の第1 2の主張について
29条3項の趣旨は特定の個人の犠牲のもと全体が利益を受けるのは平等原則に反するというところにある。そこで，対象が特定の個人であり，その侵害の程度が財産権に内在する制約を超え，その本質を侵すほど強度な場合に補償は必要であると解する。
本問では，対象は広くXの農家であるから特定の個人ではな

● なぜ重要といえるのかの理由付けを欠いている。

● 私見が反論の部分と重複しており，甲の主張とかみ合った検討になっておらず，説得的な論述とはいえない。

● 問題文の事情を摘示して自分なりの評価を加えることができている。

く，補償は不要である。また，仮に必要であるとしても私人の権利救済の観点から２９条３項を根拠規定として補償を求めることができるから違憲にする必要はない。

よって，本件条例は合憲である。

以　上

※　実際の答案は４頁以内におさまっています。

●「特別の犠牲」の有無について，自分が定立した規範を十分に用いず，形式的基準のみをもって損失補償を不要としている点で，不十分である。また，本答案は「仮に必要であるとしても……29条３項を根拠規定として補償を求めることができるから違憲にする必要はない」としているが，本件条例は「③Ｘの廃棄に起因する損失については補償しない」旨定めているから，本答案のように，損失補償が「仮に必要である」とするならば，その時点で本件条例は憲法29条３項に反して違憲となるはずである。この点からしても，本答案は不適切である。

平成30年

問題文

［憲　法］

次の文章を読んで，後記の**〔設問〕**に答えなさい。

Ａ市教育委員会（以下「市教委」という。）は，同市立中学校で使用する社会科教科書の採択について，Ｂ社が発行する教科書を採択することを決定した。Ａ市議会議員のＸは，Ａ市議会の文教委員会の委員を務めていたところ，市教委がＢ社の教科書を採択する過程で，ある市議会議員が関与していた疑いがあるとの情報を，旧知の新聞記者Ｃから入手した。そこで，Ｘは，市教委に対して資料の提出や説明を求め，関係者と面談するなどして，独自の調査を行った。

Ｘの調査とＣの取材活動により，教科書採択の過程で，Ａ市議会議員のＤが，Ｂ社の発行する教科書が採択されるよう，市教委の委員に対して強く圧力を掛けていた疑いが強まった。Ｃの所属する新聞社は，このＤに関する疑いを報道し，他方で，Ｘは，Ａ市議会で本格的にこの疑いを追及すべきであると考え，Ａ市議会の文教委員会において，「Ｄは，市教委の教科書採択に関し，特定の教科書を採択させるため，市教委の委員に不当に圧力を掛けた。」との発言（以下「本件発言」という。）をした。

これに対し，Ｄは，自身が教科書採択の過程で市教委の委員に圧力を掛けた事実はなく，Ｘの本件発言は，Ｄを侮辱するものであるとして，Ａ市議会に対し，Ｘの処分を求めた（地方自治法第１３３条参照）。

その後，Ｄが教科書採択の過程で市教委の委員に圧力を掛けたという疑いが誤りであったことが判明し，Ｃの所属する新聞社は訂正報道を行った。Ａ市議会においても，所定の手続を経た上で，本会議において，Ｘに対し，「私は，Ｄについて，事実に反する発言を行い，もってＤを侮辱しました。ここに深く陳謝いたします。」との内容の陳謝文を公開の議場において朗読させる陳謝の懲罰（地方自治法第１３５条第１項第２号参照）を科すことを決定し，議長がその懲罰の宣告をした（この陳謝の懲罰を以下「処分１」という。）。

しかし，Ｘが陳謝文の朗読を拒否したため，Ｄ及びＤが所属する会派のＡ市議会議員らは，Ｘが処分１に従わないことは議会に対する重大な侮辱であるとの理由で，Ａ市議会に対し，懲罰の動議を提出した。Ａ市議会は，所定の手続を経た上で，本会議において，Ｘに対し，除名の懲罰（地方自治法第１３５条第１項第４号参照）を科すことを決定し，議長がその懲罰の宣告をした（この除名の懲罰を以下「処分２」という。）。

Ｘは，Ｄに関する疑いは誤りであったものの，本件発言は，文教委員会の委員の活動として，当時一定の調査による相応の根拠に基づいて行った正当なものであるから，①自己の意に反して陳謝文を公開の議場で朗読させる処分１は，憲法第１９条で保障されるべき思想・良心の自由を侵害するものであること，②議会における本件発言を理由に処分１を科し，それに従わないことを理由に処分２の懲罰を科すことは，憲法第２１条で保障されるべき議員としての活動の自由を侵害するものであることを理由として，処分２の取消しを求める訴えを提起しようとしている。

〔設問〕

Xの提起しようとしている訴えの法律上の争訟性について言及した上で，Xの憲法上の主張とこれに対して想定される反論との対立点を明確にしつつ，あなた自身の見解を述べなさい。

【資料】地方自治法（昭和２２年法律第６７号）（抄録）

第１３３条　普通地方公共団体の議会の会議又は委員会において，侮辱を受けた議員は，これを議会に訴えて処分を求めることができる。

第１３４条　普通地方公共団体の議会は，この法律並びに会議規則及び委員会に関する条例に違反した議員に対し，議決により懲罰を科することができる。

②　（略）

第１３５条　懲罰は，左の通りとする。

一　公開の議場における戒告

二　公開の議場における陳謝

三　一定期間の出席停止

四　除名

②・③（略）

出題趣旨

本問は，地方議会の内部における紛争について，①その法律上の争訟性を論じた上で，②陳謝の懲罰（処分１）を科すことがＸの良心の自由を侵害し，憲法第１９条に反しないか，③処分１に従わなかったことを理由とする除名の懲罰（処分２）を科すことが，Ｘの議員としての活動の自由を侵害し，憲法第２１条に反しないかを論ずることを求める問題である。①については，地方議会における除名処分が司法審査の対象となることを示した最高裁判例（最高裁昭和３５年１０月１９日大法廷判決，民集第１４巻第１２号２６３３頁等）を踏まえて検討することが求められる。②は，最高裁判例（謝罪広告事件・最高裁昭和３１年７月４日大法廷判決，民集第１０巻７号７８５頁）を参照しながら，本問における事情の下で，Ｘの良心の自由を侵害するものであるかを論ずる必要があろう。③は，地方議会の議員としての活動の自由が憲法第２１条で保障されるかを論じた上で，議会における発言を理由として科された処分１に従わなかったことを理由として，議員としての身分を剥奪する処分２が科されたことについて，その合憲性を検討することが求められる。②・③については，いずれも，地方議会に自律権として認められている懲罰権を意識しながら論ずることが重要である。

MEMO

再現答案①　A評価（K・Kさん　順位186位）

第１　法律上の争訟性について
１　Xの提起しようとしている訴え（以下，「本件訴訟」という。）は法律上の争訟に当たるか。司法権は裁判所に属するところ（憲法７６条１項），裁判所は法律上の争訟を裁判する権限を有する（裁判所法３条１項）ことから，本件訴訟が法律上の争訟に当たらなければ，本件訴訟は司法権が及ばないとして不適法となる。そのため，法律上の争訟の意味が問題となる。
⑴　この点について，法律上の争訟とは，①当事者間の権利義務及び法律関係の存否についての争いで，②具体的法律を適用して終局的解決ができるものをいうと解する。
⑵　本件についてみると，本件訴訟はXとA市議会とのXの議員としての身分を巡る争いであり，かかる二当事者間の身分という法律関係の存否についての争いである（①充足）。また，本件訴訟において処分２が取り消されればXの議員としての身分は保たれ，上記争いは解決されるから，本件訴訟は具体的法律を適用して終局的解決ができるものといえる（②充足）。
⑶　したがって，本件訴訟は法律上の争訟に当たる。
２　もっとも，法律上の争訟に当たるとしても，地方自治体の議会は当該自治体の住民の直接選挙により選出された議員で構成される（憲法９３条１項，２項）民主的基盤を持つから，かかる民主的基盤を持った機関の処分の当否を，民主的基盤を持たない裁判所が判断してよいのか。司法権の限界が問題となる。

●　本答案は，憲法76条１項及び裁判所法３条１項を摘示しつつ，「法律上の争訟に当たらなければ，本件訴訟は司法権が及ばないとして不適法となる」と述べることで，法律上の争訟性を論じる実益を示すことができている。

●　判例（最判昭56.4.7／百選Ⅱ［第７版］〔184〕）は，「法律上の争訟」（裁３Ⅰ）とは，「当事者間の具体的な権利義務ないし法律関係の存否に関する紛争であって，かつ，それが法令の適用により終局的に解決することができるもの」としているところ，本答案は，この判例と同様の基準に従い，法律上の争訟か否かの判断をすることができている。

⑴　この点，地方自治体の議会が下した処分にまつわる争訟は，原則として当該議会の判断を尊重して司法権の限界を超えると考えるが，一般市民法秩序とかかわる処分にまつわる争訟であれば，例外的に司法権の限界を超えないものと解する。
⑵　これを本件についてみると，本件訴訟は上述の通り地方自治体であるA市の議会が下した処分２にまつわる争訟であるが，その内容はXの議員としての身分を失わしめるものであり，一般市民法秩序とかかわるものといえる。
⑶　したがって，本件訴訟は司法権の限界を超えない。
３　よって，本件訴訟は法律上の争訟に当たる。
第２　Xの主張について
１　Xの主張①について
⑴　Xは，処分１がXの意思に反して謝罪をさせられない自由を侵害しており，憲法１９条に違反すると主張している。
⑵　これに対して，A市議会は，処分１はXの上記自由を侵害するものではないと反論すると考えられる。したがって，対立点は処分１がXの上記自由を侵害するかどうかである。
⑶　これについて私見を述べる。
ア　まず，Xの上記自由は憲法１９条により保障されるか。
㋐　同条が個人のいかなる思想の表出をも保障するという見解もあるが，そもそも同条は近世において思想統制がなされた歴史に鑑み特に設けられたものであるから，あらゆる

●　出題趣旨でも言及されている判例（最大判昭35.10.19／百選Ⅱ［第７版］〔181〕）は，「自律的な法規範をもつ社会ないしは団体に在っては，当該規範の実現を内部規律の問題として自治的措置に任せ，必ずしも，裁判にまつを適当としないものがある」ことを理由に，司法裁判権が及ばない旨判示している。
　他方，本答案は，「民主的基盤を持った機関の処分の当否を，民主的基盤を持たない裁判所が判断してよいのか」と問題提起をしており，問題の視点が上記判例と異なる。もっとも，本答案は，処分内容が議員の身分を失わせるものであり，一般市民法秩序にかかわるものであるとして，上記判例を踏まえた検討ができている点で，出題趣旨に合致する。

●　本問は，自己の意に反して陳謝文を朗読させる処分１がXの思想・良心の自由を侵害するかどうかが問題となっており，どのような思想の表

思想の表出を保障することは人権の価値の希薄化につながる。そこで，同条で保障される思想は個々人の人格形成に関わるような根本の思想をいうと解する。

(イ) 本件についてみると，謝罪をするかどうかは個々人の尊厳にかかわる事項であるから，謝罪をするかどうかの意思は個々人の人格形成に関わるような根本の思想である。

(ウ) したがって，上記自由は同条により保障される。

イ もっとも，処分１によりXの上記自由が侵害されているかが問題となるが，処分１は陳謝文を公開の議場で朗読させる陳謝の懲罰であるが，かかる朗読は形式的行為に過ぎず，単に事実を述べ，陳謝の意を表すに過ぎない行為であるから，これによってXの上記自由が侵害されたとはいえない。

ウ したがって，Xの主張①は認められない。

２ Xの主張②について

(1) Xの主張②は，処分２がXの議員としての活動の自由を侵害しており，憲法２１条１項に違反するというものである。

(2) これに対して，A市議会は処分２がXの上記自由を制約するとしても，それは公共の福祉（憲法１３条）による制約として正当化されると反論すると考えられる。したがって，対立点は処分２がXの上記自由の制約として正当化されるかどうかである。

(3) これについて私見を述べる。

出が保障されるのかを検討しても，特に意味はない（本答案から「の表出」というワードを排除すれば，意味が通じる）。

● 「謝罪をするかどうかの意思は個々人の人格形成に関わるような根本の思想である」とするのであれば，処分１は「陳謝の意を表す」行為を求めるものである以上，Xの思想・良心の自由を侵害するはずであるが，本答案は，「Xの上記自由が侵害されたとはいえない」としており，論理の整合性が取れていない。

なお，本問では，Xの「本件発言は，文教委員会の委員の活動として，当時一定の調査による相応の根拠に基づいて行った正当なもの」という主張が19条によって保障される思想・良心に含まれるかどうかが問題となっており，厳密には，Xの謝罪をするかどうかの意思が問題となっているわけではない。

ア まず，Xの上記自由は処分１に従わないという消極的な自由であるが，同条は消極的な表現の自由も保障しているから，Xの上記自由は同条により保障される。

イ そして，処分２によりXは処分１に従わないことを罰せられているから，Xの上記自由は制約されている。

ウ もっとも，Xの上記自由も絶対不可侵のものではなく，公共の福祉による制約を受けうる。それでは，処分２が公共の福祉による制約として正当化されるか。

(ア) この点について，Xの上記自由は，自己実現・自己統治の価値を有する，民主的社会にとり重要なものである。もっとも，XはA市議会議員であり，地方自治体の議会が民主的基盤を有することに鑑みれば，A市議会の判断は一定程度尊重する必要がある。そこで，①処分目的が重要であり，②処分と目的との間に実質的関連性があれば，処分は公共の福祉による制約として正当化されると解する。

(イ) これを本件についてみると，処分２は，Xが処分１に従わないことからなされたものであり，処分１はA市議会の秩序を維持するためになされたと考えられるから，目的は重要である（①充足）。もっとも，かかる秩序回復のためには，Xを一定期間出席停止にするなどして，Xに対して反省を促すことも考えられたのであり，これらの手段をとることなくいきなりXを除名しその議員資格を剥奪するこ

● 処分１及び処分２によって制約されるXの自由は，本件発言をする自由や議員としての活動の自由である。すなわち，Xは，文教委員会の委員の活動として本件発言を行っており，これが処分１及び処分２によって制約され，ひいては将来の議会等での発言や議員活動ができなくなることが，憲法21条１項で保障されるべき議員としての活動の自由を侵害する旨主張しているものと考えられる。

本答案は，「処分１に従わないという消極的な自由」が制約されていると述べているが，制約の対象となる権利の設定としてはあまり説得的ではない。

● 出題趣旨によれば，処分２の合憲性を検討するに当たっては，「地方議会に自律権として認められている懲罰権を意識しながら論ずることが重要である」ところ，本答案は，明示的には懲罰権について言及しては

とは必要性を欠く（②不充足）。

(ウ) したがって，処分２は公共の福祉による制約として正当化されない。

エ よって，Ｘの主張②は認められる。

以　上

※ 実際の答案は４頁以内におさまっています。

いないものの，「議会が民主的基盤を有することに鑑みれば，Ａ市議会の判断は一定程度尊重する必要がある」として，Ａ市議会の判断を尊重すべきことを，理由を付して述べることができている。また，「処分１はＡ市議会の秩序を維持するためになされたと考えられるから，目的は重要である」等として，懲罰権があることを前提に論述を展開することができており，相応の評価がなされたものと考えられる。

MEMO

再現答案② A評価（S・Tさん 順位384位）

第１ 対立点
１ 法律上の争訟性
⑴ Ｘとしては，「法律上の争訟」（裁判所法３条１項）とは，「司法権」（憲法（以下省略）７６条１項）の及ぶ範囲のものをいうところ，①及び②の訴えは，「司法権」の範囲内といえると主張する。
⑵ 反論として，仮に「司法権」の範囲内であっても，本件では，憲法９２条，９３条１項より，Ａ市議会の自律性を尊重すべきであり，例外的に「司法権」は及ばないと主張する。
２ ①の訴えについて
⑴ Ｘとしては，処分１は，Ｘの意思に反して，陳謝文を朗読させるという点でＸの「思想及び良心」を侵害すると主張する。
⑵ 反論として，処分１は，単に事実を表明させるものにすぎず，「思想及び良心」の侵害とはいえないと主張する。
３ ②の訴えについて
⑴ Ｘとしては，議員として活動する自由は，民主主義の発展に資するという点で極めて重要な権利として，２１条１項で保障され，処分２は，それを全面的にはく奪するものであるため，２１条１項に反し，違憲違法となると主張する。

● Ｘが提起しようとしている訴えは，「処分２の取消しを求める訴え」である。本答案は，問題文中の①②をそれぞれ別の訴えと誤って把握しており，不適切である。事案の把握ミスは，致命傷となりかねないため，注意を要する。

● 本答案は，〔設問〕の指示に忠実に従った答案構成となっており，その内容も端的・的確にＸの主張や反論を指摘できている点で，優れている。

● なお，市議会議員政治倫理条例と議員活動の自由が問題となった判例（最判平26.5.27／H26重判〔４〕）は，議員活動の自由が憲法21条１項によって保障されることを前提に判断している。

⑵ 反論として，地方自治法１３４条に基づく懲罰については，議会に裁量が認められるところ，処分２はその裁量の範囲内であると主張する。
第２ 自分の見解
１ 以下より，Ｘの訴えの法律上の争訟性（憲法７６条１項）は認められる。
⑴ 「司法権」（７６条１項）とは，①当事者間の具体的な権利義務ないし法律関係についての紛争であって，②法の適用によって終局的に解決しうるものを裁定する作用をいう。

本件では，ＸとＡ市議会という「当事者間の」，ＸのＡ市議会議員としての地位の有無という「具体的な権利義務……についての紛争」といえ，憲法１９条及び２１条という「法の適用によって終局的に解決しうるもの」である。

そのため，Ｘの訴えは，「司法権」の範囲内といえる。
⑵ もっとも，自律的な法規範を有する団体内部の紛争については，その団体の自律性を尊重すべきであるため，「司法権」が及ばない（部分社会の法理）。

例外として，一般市民法秩序に関わる紛争といえる場合には，「司法権」が及ぶと解されている。

本件では，確かにＡ市議会という自律的な法規範を有する団体内部での，ＸのＡ市議会議員としての地位の有無と

● 本答案は，判例（最判昭56.4.7／百選Ⅱ［第７版］〔184〕）の規範をほぼ正確に定立し，法律上の争訟か否かの判断をすることができている。

● 本答案は，出題趣旨の言及する判例（最大判昭35.10.19／百選Ⅱ［第７版］〔181〕）と同様，団体内部の紛争であることから，司法権が及ぶか否かが問題となるとして，この点を検討しており，出題趣旨に合致する。

いう点についての紛争である。

もっとも，Xが処分１及びそれを前提とする処分２により除名された場合には，XはA市議会議員として，A市議会の施設を利用しえず，報酬も貰えなくなる。

したがって，Xの訴えは，一般市民法秩序に関わる紛争といえ，「司法権」が及び，法律上の紛争といえる。

2　以下より，Xの①の訴えは認められない。

(1)　「思想及び良心の自由」（憲法１９条）とは，人の世界観，主義，信条をいう。

(2)　本件での，処分１は，Xに対し，XがDについて事実に反する発言を行ったこと及びそれによってDを侮辱したことについて陳謝することを表明させるものにすぎず，単に事実を表明させ，陳謝文を朗読させるものにとどまる。

そのため，処分１はなんらXの世界観，主義，信条を制約するものとはいえず，「思想及び良心」の侵害とはいえない。

3　以下より，Xの②の訴えは認められる。

(1)　地方自治法（以下法）１３４条１項は，「できる」という文言を用いていることから，A市議会は，１３４条１項に基づく処分２を行うか否かについて裁量を有する。

したがって，処分２が違憲違法となるためには，裁量の逸脱，濫用が認められる必要がある。

(2)　議員としての活動の自由については，「その他一切の表現の自由」として２１条１項により保障される極めて重要な権利であり，処分２はそれを全面的に制約する重い処分である。

また，本件発言は，Xの調査とCの取材活動に基づいてなされたものであり，Xは市教委に対して資料の提出や説明を求め，関係者と面談するなどして，独自の調査を行っていることから，本件発言は相応の根拠に基づいてなされたものであり，その目的も専ら公益を図るという点にあった。

法１３４条及び１３５条の趣旨が，様々な違反に対応するという点にある以上，上記の処分により制約される権利の重要性及び制約の程度や，本件発言に至った経緯については，処分２において考慮すべき事情である。

もっとも，処分２において，上記の事情は考慮されておらず，判断内容が社会通念上著しく不合理であるといえ，処分２は裁量の逸脱，濫用として違憲違法となる。

以　上

● なお，前掲判例（最大判昭35.10.19／百選Ⅱ［第７版］〔181〕）は，「議員の除名処分の如きは，議員の身分の喪失に関する重大事項で，単なる内部規律の問題に止らない」旨判示している。

● 出題趣旨の言及する判例（最大判昭31.7.4／百選Ⅰ［第７版］〔33〕）は，謝罪広告の強制について，「単に事態の真相を告白し陳謝の意を表明するに止まる程度のものにあっては」，これを代替執行により強制しても19条に反しない旨判示しており，上記判例を踏まえた論述ができているといえる。これに加え，判例の事案は，代替執行が可能な謝罪広告の掲載が問題となったものであるのに対し，本問の事案は，代替執行が不可能な朗読という方式が採られているという点にも言及できると，さらに高く評価されたものと思われる。

● 本件発言は，文教委員会の委員の活動として，当時一定の調査による相応の根拠に基づいて行った正当なものであるというXの主張を踏まえて，説得的に自説を展開することができている。

再現答案③　B評価（T・Oさん　順位333位）

第１　法律上の争訟について
１　問題となっている紛争が司法権の範囲内というためには，「法律上の争訟」（裁判所法３条１項）に当たる必要がある。
(1)　ここで，「法律上の争訟」とは，①当事者間の具体的な権利義務又は法律関係の存否に関する紛争で，②それが法令を適用することによって終局的に解決できることができるものをいうと解する。
(2)　本件処分１については，地方自治法（以下「法」という。）１３５条１項２号における陳謝という法的義務を負うか否かに関する紛争であるから，①②を満たす。処分２についても，法１３５条１項４号により，A市議会議員という法的地位をはく奪されるかに関する紛争であるから，①②を満たす。
　したがって，処分１，２いずれにおいても司法権の範囲内にある。
２　もっとも，本件処分１，２はA市議会内における内部紛争といえるため，司法審査が及ぶかが問題となる。
(1)　ここで，地方議会の自律的な自治を尊重すべく，一般市民法秩序と直接関連しない純然たる内部紛争には司法審査は及ばず，一般市民法秩序と関連する場合には司法審査が及ぶと解する。
(2)　本件について検討する。処分１については，これにより自己の意に反して陳謝の意を述べさせられるという思想良心の自由（憲法１９条（以下法名省略）に関わるものであるから，一般市民法秩序に関わるものである。処分２についても，上述の通り議員の身分喪失に関わるものであるから，一般市民法秩序に関わるものである。したがって，処分１，２いずれにおいても，一般市民秩序と関連する場合であるといえ，司法審査が及ぶ。
第２　Xの主張について
１　処分１について
(1)　Xとしては，処分１は自己の意に反して陳謝文の朗読を強制されない自由を侵害し，１９条に反して違憲であると主張する。
　ア　まず，１９条は人の内心における世界観を保障するものである。上記自由はかかる世界観に反する行動を強制されない自由であるから，１９条により保障される。
　　次に，処分１はかかる意思に反して陳謝を強制するものであるから，上記自由を直接的に制約したものであり，強度な制約である。そこで，厳格な基準により判断すべきである。
　イ　処分１の目的は議員の不当な行為を正すことにより，議会の公正及び秩序を維持することにある。もっとも，上記目的を達成するためには，何ら調査もせずに侮辱に当たる発言をした場合で足りる。したがって，相応の調査をした上でした本件発言に処分①をすることに必要性が認められない。
(2)　よって，処分１は１９条に反し違憲である。
２　処分２について
(1)　Xとしては，処分２は議員としての政治活動の自由を侵害し，２１条１項の表現の自由に反して違憲であると主張する。
　ア　まず，上記自由は，政治家としての意見を表明，伝達するものであるから，２１条１項により保障される。次に，本件発言を理由に処分①を

●　本答案は，判例（最判昭56.4.7／百選Ⅱ［第７版］〔184〕）の規範をほぼ正確に定立し，法律上の争訟か否かの判断をすることができている。

●　Xが提起しようとしている訴えは，「処分２の取消しを求める訴え」であるから，検討すべきはこの訴えの法律上の争訟性であり，個々の処分について，法律上の争訟性を検討する必要はない。

●　ここでも，上記コメントと同様，処分２が一般市民法秩序と直接の関係を有するかどうかについて検討すれば十分であり，処分１についてこれを検討する必要はない。

●　「侵してはならない」（19）とは，一般的に，①公権力が一定の思想・良心をもつことを禁止又は強制できないこと，②特定の思想・良心に基づいて不利益を課すことはできないこと，③思想・良心の告白を強制できないこと（沈黙の自由）を意味する。本答案は，「世界観に反する行動を強制されない自由」と述べているが，これは上記①に近い意味と解することができる。
　そうだとしても，本答案は「19条は人の内心における世界観を保障するもの」と述べている。しかし，謝罪の意思表示の基礎にある事物の是非弁別（善悪）の判断は，世界観・人生観など個人の内面的な精神作用（信条説）には含まれないと解するのが一般的であり，信条説に立ちつつ処分１が19条に抵触すると

科し，これに従わないことを理由として処分２を科すことによって，事実上本件発言をすることを直接的に制約しているといえる。そして，処分２は「除名」という議員としての身分を喪失する重い処分であり，強度な制約である。そこで，厳格に審査すべきである。

イ　本件における処分２の目的は処分１と同様である。もっとも，仮に侮辱に相当する発言をしたとしても，それのみをもって陳謝を強制させこれに従わなければ除名処分を科すことは，処分を恐れて議員が政治的発言を控える方向に働いてしまう。このような萎縮効果により議員が活発な発言を控えるようになり，かえって多数意見等に迎合するだけの議会となってしまい，目的を阻害する可能性が高く適合性がない。さらに，除名処分よりも軽いけん責等で議会の公正，秩序維持を確保することも可能であるから，過度な制約といえ，必要性がない。

⑵　よって，処分２は２１条１項に反し違憲である。

第３　反論

１　処分１について

⑴　上記自由が１９条により保障されるのは認める。もっとも，処分①は単に事実の真相を告白し陳謝の意を表明するにすぎないから，直接的な制約はない。仮に制約があるとしても，陳謝という外部的行為に対する制約であり，上記自由に対する間接的制約にすぎない。そこで，緩やかな基準により判断すべきである。

⑵　本件における上記目的は原告の主張の通り重要である。もっとも，相応の調査をした場合であっても，結果的に侮辱的な発言をした場合には法１３５条１項２号を適用しなければ議会の公正及び秩序維持を確保できない。したがって，必要性が認められる。

⑶　よって，合憲である。

２　処分２について

⑴　上記自由が２１条１項により保障されるのは認める。もっとも，処分２は発言に伴う名誉侵害という弊害に対する間接付随的制約にすぎない。そこで，緩やかな判断基準により判断すべきである。

⑵　本件における上記目的は原告の主張の通り重要である。もっとも，上記目的を達成するためには他の議員に対する一般予防的効果が重要であるから，処分２により侮辱的発言を未然に防止でき適合性がある。さらに，けん責等によっては侮辱的発言を確実に防止するには足りないから，必要性がある。

⑶　よって，合憲である。

第４　私見

１　処分１について

⑴　原告の主張通り，上記自由は１９条により保障される。そして，次に，たしかに処分１は外部的行為に対する間接的な制約にとどまる。もっとも，意に反して陳謝文を公開の議場で朗読させられるため，制約の程度は弱いとはいえない。そこで，中間基準で審査すべきであり，目的が重要で手段が目的との関係で実質的関連性がある場合に限って合憲である。

⑵　まず，議会の公正及び秩序維持によって健全な政治活動が遂行できるから上記目的は重要である。次に，相応の調査を行った場合においても侮辱

考える場合には，説得的な論理展開が必要となる（再現答案②は，信条説に立ち，処分１は19条に抵触しない旨論述しており，適切な論理展開と評価できる。他方，再現答案①は，信条説に立ちつつも，理由を付して，謝罪するかどうかは19条の保障の範囲内だと述べており，一定の評価が可能と思われる）。しかし，本答案はこの点について何ら言及がなく，説得力に欠ける。

●　判例（最判昭31.7.4／百選Ⅰ［第７版］〔33〕）を意識しつつ，思想・良心の自由への制約の有無が争点になることを明確に論述できている。

●　除名処分である処分２は，Ｘの議員としての活動を直接的に制約するものであることは明らかであるから，「名誉侵害という弊害に対する間接付随的制約にすぎない」との反論には無理がある。

●　本答案は，「処分１は外部的行為に対する間接的な制約にとどまる」としている。しかし，本答案にいう「外部的行為」とは，おそらくＸの本件発言であると思われるが，これはＸの思想・良心の外部的行為ではない。

的な発言によってDの名誉等は侵害されるから，結果的に侮辱発言をした場合には陳謝をさせることは過度とはいえない。したがって，必要性が認められる。

(3)　よって，目的との関係で実質的関連性が認められ，処分１は合憲である。

２　処分２について

(1)　原告の主張通り，上記自由は２１条１項により保障される。そして，議員が議会において自由な発言をすることにより政治的意思決定に関与するという民主政に資する自己統治の価値を有するから，上記自由は極めて重要な権利である。たしかに，上記制約は侮辱的発言により名誉を害したことに対する間接付随的制約ともいえる。もっとも，除名処分は議員としての身分を喪失させるものであり，事実上発言そのものを禁止させる効果を有するから，強い制約である。そこで，中間基準で審査すべきである。

(2)　まず，上述同様，上記目的は重要である。次に，除名処分という重い処分を科されることを恐れ，本来侮辱発言にあたらないものであっても発言を控えるようになる可能性が高い。これにより活発な議論は期待できず，かえって公正な議会を阻害する結果となってしまうといえるから，処分②に適合性がない。さらに，除名処分によらずとも，けん責のほか，法１３５条１号乃至３号による処分を科すことによって侮辱発言を防止することは可能である。また，相応な調査もせずに専ら侮辱の意図で発言をした場合等に限って処分２を科すことでも目的は達成できる。したがって，必要性も認められない。

(3)　よって，処分２は目的との関係で実質的関連性が認められず，違憲である。

以　上

※　実際の答案は４頁以内におさまっています。

Ｘは，「本件発言は，文教委員会の委員の活動として，当時一定の調査による相応の根拠に基づいて行った正当なもの」と主張しているが，処分１は本件発言が誤りであることを公開の議場において認めるものであるから，処分１はＸの思想・良心の自由を直接的に制約することになる（上記Ｘの主張が19条によって保障される思想・良心に含まれると考えた場合）。

本答案は，「原告の主張通り，上記自由は19条により保障される」としているにもかかわらず，「処分１は外部的行為に対する間接的な制約にとどまる」と論述しており，整合的な論理展開とはいえず，説得力に欠ける。

MEMO

再現答案④　C評価（A・Tさん　順位781位）

第１　法律上の争訟性について

法律上の争訟とは，当事者の具体的権利関係，法律関係に関する紛争であって，法の適用により終局的に解決できるものをいう。

本件において，Xが提起しようとしている訴えは，議会による懲罰の取消しを求める訴えであるところ，議員に対する懲罰は議会の自律性を尊重すべきであり，原則として法律上の争訟にあたらない。

もっとも，除名処分のように，社会と交渉を有するに至った事項については，例外的に法律上の争訟にあたると考える。

本件において，Xが取消しを求める処分２は，除名処分であるから，法律上の争訟性が認められる。

第２　Xの主張

１　①について

Xは，処分１は，自己の意に反して陳謝文を公開の議場で朗読させるものであり，憲法（以下法名略）１９条で保障される思想・良心の自由を侵害するものとして，違憲であると主張する。

１９条は，内心における思想・良心の自由を保障しているところ，内心の自由は絶対的に保障される。そして，自己の意に反した陳謝文を朗読させることは，自己の内心とは異なる思想・良心を強制するものであるから，１９条に反する。

２　②について

⑴　Xは，処分２は，２１条１項で保障されるべき議員としての活動の自由を侵害するものであり，違憲であると主張する。

⑵　２１条１項は，「一切の表現の自由」を保障しており，議会において発言する自由を中心とする議員として活動する自由も同条項により保障される。

次に，処分２は，Xの議員としての地位をはく奪する処分であるから，上記自由を制約しており，その程度も強度である。また，議会で発言する等，議員としての活動の自由は議会制民主主義の根幹をなすものであるから，重要である。

そこで，制約が正当化されるかは厳格に判断するべきである。

⑶　本件における処分２がなされた目的は，議会の適正かつ円滑な運営・進行という点にあると考えられるところ，上述のように，処分１は違憲であるから，それに従わないことを理由に処分２を行う必要性がない。また，Dに関する疑いは誤りであったものの，本件発言は一定の調査による相応の根拠に基づいて行った正当なものであるから，XにDを侮辱する意思はなく悪質性はない。にもかかわらず，除名という最も重い懲罰（地方自治法１３５条１項参照）を科すことは手段適合性がない。

よって，処分２は法２１条１項に反し違憲である。

第３　想定される反論

１　①について

原告が主張する通り内心の自由が絶対的に保障されるとしても，定型的な陳謝文を朗読させることは，自己の意に反する思

● 本答案は，判例（最判昭56.4.7／百選Ⅱ［第７版］〔184〕）の規範をほぼ正確に定立し，法律上の争訟か否かの判断をすることができている。もっとも，条文の摘示がない点で，不十分である。

● 本答案は，「処分２の取消しを求める訴え」が「法律上の争訟」に当たるかどうかについて，自身が提示した「法律上の争訟」の意義との当てはめを全く意識できていない上に，除名処分が議員の身分の喪失に関する重大事項で，単なる内部規律の問題に止まらない（最大判昭35.10.19／百選Ⅱ［第７版］〔181〕参照）といった具体的な理由も述べられていない点で，不十分である。

● 思想・良心の自由の保障範囲に関しては，個人の人格の核心に位置するものに限られると狭く解する説（狭義説・信条説）と，内心におけるものの見方ないし考え方であると広く解する説（広義説・内心説）の対立がある。そして，上記２説のいずれをとるかで結論が異なり得るため，19条の保障範囲に関しては具体的な検討を加える必要があると考えられる。

● 違憲審査基準を定立する場合には，その内容をきちんと明示しなければ不十分である。また，後の当てはめにおいても，目的の審査と手段の審査とを区別せずに評価しており，問題がある。

● ここでも，思想・良心の自由の保障範囲について検討できていないため，対立点を明確に指摘することが

想・良心の保持を強制するものではないから，１９条に反しない。

２　②について

議員として議会で発言する自由が２１条１項で保障されているとしても，事実に反する発言や，侮辱的発言をする自由までもが保障されるわけではない。

Ｘは，本件発言をするにあたり，その内容が真実でなければＤに対する名誉毀損に当たりうるものであるにもかかわらず(刑法２３０条の２第３項参照)，独自の調査を行ったのみであり，確実な根拠の上で発言を行ったものではないから，違法性は阻却されない。

とすると，本件発言は２１条１項で保障されるべきものではなく，本件発言のような侮辱的発言は議会の適正かつ円滑な運営・進行を阻害するものであるから，懲罰を科すべき必要性が認められる。そして，陳謝の懲罰（処分１）を科したにもかかわらず，それに従わない者に対して，さらに重い懲罰（処分２）を科すことには手段適合性が認められる。

よって，処分２は２１条１項に反しない。

第４　私見

１　①について

内心の自由については，原告が主張するとおり，それが内心にとどまる限り，１９条による絶対的な保障が及ぶ。

もっとも，被告が主張する通り，陳謝文の朗読は定型的な文章を朗読するにとどまり，それ以上に自己の意に反する思想・良心の保持を強制したりするものではなく，１９条が保障する思想・良心の自由を侵害するものではない。

よって，処分１は１９条に反しない。

２　②について

⑴　議員としての活動の自由が２１条１項により保障されること，及び，その権利が処分２によって強度に制約されていることは原告が主張するとおりである。

そして，議会において自由な議論を闘わせることが議会制民主主義の本質であるから，上記自由が重要であることも原告が主張するとおりである。

そこで，上記自由に対する制約の正当化は厳格に判断するべきである。

⑵　本件では，Ｘに対する疑いは誤りであり，さらに詳細な調査に基づく確実な根拠によるものではなかったのであるから，それに対する懲罰の必要性は認められる。そして，陳謝文を朗読することは１９条に反するものではないにもかかわらず，それに従わない者に対して更なる重い処分を行うことも妥当性が認められる。

もっとも，ＸにはＤを貶める等の意図があったわけではなく，また，一応は独自の調査を行った上で発言をしているの

できていない。

● 判例（最判昭44.6.25／百選Ⅰ［第７版］〔64〕）を意識した論述をしようとする姿勢は窺える。なお，上記判例は，たとえ「真実であることの証明がない場合でも，行為者がその事実を真実であると誤信し，その誤信したことについて，確実な資料，根拠に照らし相当の理由があるときは，犯罪の故意がなく，名誉毀損の罪は成立しない」旨判示している。

● 本問事案は，判例（最判昭31.7.4／百選Ⅰ［第７版］〔33〕）の事案と異なり，陳謝文を公開の議場で朗読させることが問題となっており，このような事情に着目して論じることができれば，さらに高く評価されたものと思われる。

● ここでも，違憲審査基準の内容を具体的に明示できていない。

で，悪質性は低い。とすると，除名よりも軽い，一定期間の出席停止（地方自治法１３５条１項３号）でも議会の適正かつ円滑な運営・進行という目的は達成可能であったと考えられる。よって，手段適合性が認められない。

以上より，処分２は２１条１項に反し，違憲である。

以　上

※　実際の答案は４頁以内におさまっています。

●　出題趣旨によれば，処分２の合憲性を検討するに当たっては，「地方議会に自律権として認められている懲罰権を意識しながら論ずることが重要である」ところ，本答案はこの点を意識して論ずることができていない。

令和元年

問題文

［憲　法］

次の文章を読んで，後記の〔**設問**〕に答えなさい。

甲市は，農業や農産品の加工を主産業とする小さな町である。近年，同市ではこれらの産業に従事する外国人が急増しているが，そのほとんどはA国出身の者である。甲市立乙中学校は，A国民の集住地区を学区としており，小規模校であることもあって生徒の４分の１がA国民となっている。A国民のほとんどはB教という宗教の信者である。

XはA国民の女性であり，乙中学校を卒業し，甲市内の農産品加工工場で働いている。Xの親もA国民であり，Xと同じ工場に勤務している。この両名（以下「Xら」という。）は熱心なB教徒であり，その戒律を忠実に守り，礼拝も欠かさない。B教の戒律によれば，女性は家庭内以外においては，顔面や手など一部を除き，肌や髪を露出し，あるいは体型がはっきり分かるような服装をしてはならない。これはB教における重要な戒律であるとされている。

ところで，Xが工場に勤務するようになった経緯として，次のようなことがあった。Xらは，Xの中学校入学当初より毎年，保健体育科目のうち水泳については，戒律との関係で水着（学校指定のものはもちろん，肌の露出を最小限にしたものも含む。）を着用することができず参加できないので，プールサイドでの見学及びレポートの提出という代替措置をとるように要望していた。なお，Xは，水泳以外の保健体育の授業及びその他の学校生活については，服装に関して特例が認められた上で他の生徒と同様に参加している。

しかし，乙中学校の校長は，検討の上，水泳の授業については，代替措置を一切とらないこととした。その理由として，まず，信仰に配慮して代替措置をとることは教育の中立性に反するおそれがあり，また，代替措置の要望が真に信仰を理由とするものなのかどうかの判断が困難であるとした。さらに，上記のように，乙中学校の生徒にはB教徒も相当割合含まれているところ，戒律との関係で葛藤を抱きつつも水泳授業に参加している女子生徒もおり，校長は，Xらの要望に応えることはその意味でも公平性を欠くし，仮にXらの要望に応えるとすると，他のB教徒の女子生徒も次々に同様の要望を行う可能性が高く，それにも応えるとすれば，見学者が増える一方で水泳実技への参加者が減少して水泳授業の実施や成績評価に支障が生じるおそれがあるとも述べた。

Xは，３年間の中学校在籍中に行われた水泳の授業には参加しなかったが，自主的に見学をしてレポートを提出していた。担当教員はこれを受領したものの，成績評価の際には考慮しなかった。調査書（一般に「内申書」と呼ばれるもの）における３年間の保健体育の評定はいずれも，５段階評価で低い方から２段階目の「２」であった。Xは運動を比較的得意としているため，こうした低評価には上記の不参加が影響していることは明らかであり，学校側もそのような説明を行っている。Xは近隣の県立高校への進学を希望していたが，入学試験において調査書の低評価により合格最低点に僅かに及ばず不合格となり，経済的な事情もあって私立高校に進学することもできず，冒頭に述べたとおり就労の道を選んだ。客観的に見て，保健体育科目で上記の要望が受け入れられていれば，Ｘは志望の県立高校に合格することができたと考えられる。

Ｘは，戒律に従っただけであるのに中学校からこのような評価を受けたことに不満を持っており，法的措置をとろうと考えている。

〔設問〕

必要に応じて対立する見解にも触れつつ，この事例に含まれる憲法上の問題を論じなさい。

なお，Ｘらに永住資格はないが，適法に滞在しているものとする。また，学習指導要領上，水泳実技は中学校の各学年につき必修とされているものとする。

出題趣旨

本問では，主として①信教の自由に基づく一般的な義務の免除の可否，②代替措置を講じることの政教分離原則との関係など具体的な検討が問題となるほか，③教育を受ける権利，④外国人の人権享有主体性や未成年者の人権等の論点が含まれる。判例としては，剣道受講拒否事件（最高裁判所第二小法廷平成８年３月８日判決，民集５０巻３号４６９頁）を意識することが求められる。もっとも，事案には異なるところが少なくないので，直接参考になるとは限らず，同事件との異同を意識しつつ，事案に即した検討が必要である。

①については，水泳実技への参加とＢ教の教義との関係，代替措置が認められないことによる結果の重大性などを事案に即して把握し，信教の自由への影響の大きさを的確に把握して，判断枠組みを設定することが求められる。

②は，①で設定した判断枠組みに基づく具体的検討に当たるものである。政教分離原則との関係の点も含め，代替措置をとらないことについて校長が示した理由が詳しく述べられているので，それに即して分析を進めることが必要である。

以上が必ず論じてもらいたい内容であり，③④はそれに比較すると優先度は落ちるが，詳しく検討するためには必要な点である。特に，本件は，正面からその侵害を問題とするかどうかはともかく，社会権である教育を受ける権利が関わってくる事案である。社会権は外国人には保障されないという一般論が，学習権を背景とする教育を受ける権利との関係でも妥当するかという問題意識を感じてもらいたいところである。

MEMO

再現答案①　A評価（M・Nさん　順位157位）

1　水泳の授業につき代替措置をとらないとする乙中学校校長の措置は，Xの戒律を守る自由を侵害し，憲法２０条１項に反するのではないかが問題となる。
2　Xの戒律を守る自由は，宗教上の行為に関するものであり，信教の自由の核心部分をなすものであるから，２０条１項の保障のもとにある。
3　乙中学校長の上記措置により，Xは水着を着用することにより，肌や髪を露出したり，体型のわかる服装をしたりしてはならないという戒律を破らなければならなくなるから，上記自由に対する制約が存在する。
(1)　この点，水泳の授業につき代替措置をとらなかったからといって，Xに戒律を破るよう強いるものではないし，現にXは戒律を守って水泳の授業に参加しないことを許されているのであるから，制約はないとも考えられる。
(2)　しかし，Xとしては，代替措置がとられなければ，戒律を破って水泳の授業に参加するか，戒律を守り水泳の授業に参加しないことにより評定が下がるという不利益を甘受するかの選択を迫られることになる。内申書が，公立高校への進学にあたって重要な資料となることを考えれば，Xの被る不利益は大きく，制約は存在すると解する。
4　もっとも，信教の自由に対する制約も，絶対的に許されないわけではなく，公共の福祉（１３条）や他の人権との衝突という観点から，一定程度許容されうる場合がある。では，乙中学校長の上記措置がこれらの観点から許容されるか。
(1)　中学校の授業の方針の決定にあたっては，各校の状況に応じた専門的・技術的判断が求められることから，乙中学校長に広範な裁量が認められるかに思える。しかし，中学教育は義務教育（憲法２６条２項）の一環をなすものであり，子どもの教育を受ける権利に配慮する必要があるから，その裁量の行使には慎重を期すべきである。また，前述のように内申書はその後の進路選択に大きく影響し，子どものその後の人生に重大な不利益が生ずるおそれもあるから，その点にも配慮する必要がある。
(2)　そして，信教の自由は，戦前において神道が国家的宗教とされ軍国主義の精神的支柱となった一方，他の宗教は迫害されたという歴史的経緯に鑑み，明文で保障された重要な権利である。また，肌や髪の露出や体型のわかる服装を禁ずるという戒律は，B教において重要なものであり，信教の自由の核心部分をなす。したがって，とくに手厚く保障されなければならない。
(3)　よって，乙中学校長の上記措置が，その裁量の範囲内のものとして許容されるか否かは厳格に判断されるべきである。その判断において，考慮すべきでない事項を考慮し，他方考慮すべき事項を考慮していなかったり，考慮した事

●　本答案は，単に「信教の自由」とするのではなく，本問事案に即して「戒律を守る自由」と具体的に制約の対象となる権利を把握しており，適切である。なお，出題趣旨によれば，本問では「①信教の自由に基づく一般的な義務の免除の可否」が問題となるところ，この論点では，信仰に反する行為を拒否する自由（信仰に基づく不作為という外部的行為の自由）が問題となる（詳細は，再現答案③コメント参照）。

●　出題趣旨によれば，代替措置が認められないことによる結果の重大性を，事案に則して把握することが求められているところ，本答案は，代替措置がとられないことによりXに生じる不利益の内容・程度を具体的に論述できており，出題趣旨に合致する。なお，剣道受講拒否事件（最判平8.3.8／百選Ⅰ［第７版］〔41〕）は，原級留置処分・退学処分という「低評価」よりも重い不利益を課しており，それとの比較もできれば，さらに高く評価されたものと考えられる。

●　本答案は，判断枠組みの設定にあたり，子どもの教育を受ける権利（26Ⅱ）に配慮している。出題趣旨によれば，社会権は外国人に保障されないという一般論が，学習権を背景とする教育を受ける権利との関係でも妥当するかという点まで問題意識を持つことまで期待されていたが，検討の優先度としては劣り，かかる点まで言及できていなくとも評価に大きな影響はなかったものと思われる。

●　本答案は，剣道受講拒否事件（最判平8.3.8／百選Ⅰ［第７版］〔41〕）を意識した判断枠組みを設定することができており，出題趣旨に合致する。

項に対する評価が明白に合理性を欠くこと等により，上記措置が社会通念上著しく妥当性を欠くと認められる場合は，裁量の逸脱・濫用によりなされたものであり，許されないと解する。

5(1)　本件においては，前述のようにXの戒律を守る自由は，信教の自由の核心部分をなす真摯なものであり，重要な権利である。そうであるにもかかわらず，乙中学校長の措置はこの点を十分に考慮していないものと考えられる。

(2)　また，水泳授業につき代替措置をとらない理由として，中立性を害するということを挙げている。これは，代替措置をとることがＢ教に対する「特権」（憲法２０条１項）にあたり，政教分離原則に反するとの懸念であると考えられる。この点につき，政教分離原則は，国家と宗教との関わり合いのうち，信教の自由の保障という制度の根本目的との関係で，相当とされる限度をこえる関わり合いを禁ずるものである。水泳の授業において代替措置をとったとしても，そのような措置は宗教的な目的をもつものではなく，Ｂ教を振興したり，他の宗教を圧迫したりする効果をもつものではないから，相当とされる限度をこえる関わり合いであるとはいえない。したがって，この点は重視するに値しない。

(3)　そして，代替措置をとらない理由としては，他の生徒との公平性や授業の実施・成績評価の円滑性を害すること，代替措置の要望が真摯なものか判断に窮することも挙げられている。しかし，要望が真摯なものであるかは，生徒への聞き取り調査等によって容易に判断が可能である。また，代替措置をとったからといって，水泳に参加した生徒の成績評価に不利益が及ぶわけでもないから，公平性を害するとはいえない。授業の実施や成績評価の円滑性についても，そのような支障が生ずる蓋然性があるにすぎない。したがって，これらの点は，信教の自由を制約してまで代替措置をとらないことを正当づけるに至らない。

(4)　よって，乙中学校長の水泳授業につき代替措置をとらないこととする措置は，その判断過程に瑕疵があり，その結果社会通念上著しく妥当を欠くものであるから，裁量の逸脱・濫用が認められる。

6　以上より，乙中学校長の措置は，その裁量の範囲内にとどまるものとして許容されず，Xの戒律を守る自由を侵害し憲法２０条１項に反する。

以　上

●　出題趣旨によれば，本問では，代替措置をとらないことについて校長が示した理由（①信仰に配慮して代替措置をとることは教育の中立性に反するおそれがあること，②代替措置の要望が真に信仰を理由とするものなのかどうかの判断が困難であること，③Ｘらの要望に応えることは他のＢ教徒の女子生徒との間で公平性を欠くこと，④水泳授業の実施や成績評価に支障が生じるおそれがあること）が述べられているので，それに即して分析を進める必要がある。

本答案は，上記理由①について，政教分離原則との関係を検討し，目的効果基準（最大判昭52.7.13／百選Ⅰ［第７版］〔42〕等）を用いつつ具体的に論述できており，出題趣旨に合致する。また，理由②③④についても，信教の自由への制約を正当化しうるかという観点から検討を加えられている。その上で，裁量権の逸脱・濫用の有無という判断枠組みに当てはめて結論を導き出すことができており，出題趣旨に合致する。

再現答案② A評価（A・Mさん 順位10位）

1 Xは，乙中学校が代替措置を講ずることなく水泳への出席を強制し，これに従わなかったことを理由に調査書に低評価をつけたことは，信教の自由（２０条１項前段）を侵害し違法であると主張して，国家賠償法１条に基づき損害賠償請求することが考えられる。では，上記行為は違憲となるか。

2 まず，水泳への出席を強いられない自由が保障されるかが問題となる。

(1) Xは外国人であるところ，憲法は「国民の」権利（第３章）と定めているため，Xに保障が及ばないとも思える。しかし，国際協調主義（前文参照）に照らすと，権利の性質上我が国の国民にのみ認められると解されるものを除き，外国人にも権利が認められ，このことは永住資格を有しているかどうかで異ならないと考えられる。

(2) 本件で，水泳への出席を拒むことは，肌や髪を露出し，体型がはっきり分かるような服装をすることを禁ずるB教の戒律によるものである。そして，戒律は宗教の本質的に重要な要素であるから，これに反する行為を強いられないことは消極的宗教的行為の自由として保障される。さらに，信教の自由が精神的自由であり世界的にも認められていることに照らすと，この自由はXに対しても保障される。

3 そして，乙中学校は水泳の授業への出席を強制しているのであるから，制約がある。もっとも，乙中学校の他に宗教学校等もある以上，授業への出席を望まないのであれば学校をやめれば済むのであり，制約はないとの反論が考えられる。

しかし，金銭面での都合等から宗教学校に通うことは事実上困難である場合がありうるのであって，義務教育の重要性にも鑑みれば，かかる反論は学問の自由（２３条）ないし教育を受ける権利（２６条１項）をあまりにも軽視しているといえるため，認められない。

また，Xが授業に参加せずに自主的に見学をして提出したレポートを教員が受領していたのであるから，制約はないとの反論も考えられる。しかし，教員はレポートを成績評価の際に考慮せず調査書で低い評価を付けたのであるから，戒律に反する行為をしなかったことを理由とする不利益があるといえ，制約がある。

4 もっとも，外部的行為を伴う以上，公共の福祉等による制約が正当化されうる。そこで，いかなる違憲審査基準を用いるべきかが問題となる。

まず，信教の自由は個人の人格的生存にとって極めて重要なものである。そして，Xは調査書の低い評価によって県立高校への進学を断念せざるを得なくなるという極めて重大な不利益を被っている。

この点，入学試験は当人の能力を計るものである以上，調査書は副次的なものにとどまり，本人の努力によるところが大きいのであるから，不利益は間接的なものにとどまるとも思える。しか

● 本問事案において，乙中学校側がXに対して「水泳への出席を強制」したという事実はない。

● 本答案は，外国人の人権享有主体性の問題も踏まえつつ，信教の自由のうち，信仰に反する行為を拒否する（強制されない）という外部的行為の自由がXに保障される旨論じており，出題趣旨に合致する。

● 「消極的宗教的行為の自由」とは，宗教上の行為等を行わない自由（20Ⅱ参照）であるが，本問では，水泳実技への参加が問題となっており，これは宗教上の行為等ではないから，本問は「消極的宗教的行為の自由」の問題ではない。

● 〔設問〕には，「必要に応じて対立する見解にも触れつつ」と記述しているが，本答案は，無理やり乙中学校側の反論を立てており，不適切である。「学校をやめれば済むのであり，制約はない」との反論や，「レポートを教員が受領していたのであるから，制約はない」との反論は，乙中学校側が実際に代替措置をとらず，Xの調査書における保健体育の評定に低評価を付けたことを度外視している点で，およそ説得的とは言い難い。

● 本答案は，代替措置が認められないことによる結果の重大性について，再現答案①よりも深く掘り下げて分析・検討しており，説得的な論述ができている。

し，Ｘは運動を比較的得意にしていたにもかかわらず調査書に低い評価をつけられたことによって不合格となったことが客観的に認められるのであるから，なお重大な不利益があるといえる。

そして，裁判所は少数者の権利を守ることにこそ意義があるのだから，積極的に審査をすべきである。

そこで，目的が必要不可欠で，手段が最小限度の場合に限って合憲となる。

5(1) まず，公立学校は宗教的中立性を保つ（２０条１項後段，２０条３項）必要があるところ，かかる目的を達するためには代替措置等を講ずることができないのであるから，Ｘに水泳の授業を強いて代替措置をとらなかったことも適法であるとの主張が考えられるが，認められるか。代替措置等をとることが政教分離に反するかが問題となる。

ア 国家と宗教の完全な分離は困難ないし不都合であるから，我が国の文化的社会的条件に照らして，相当とされる限度を超える場合に限って政教分離に反すると解する。そして，相当とされる限度を超えるかは，目的が宗教的意義を持ち，手段が特定の宗教に対する援助・助長・促進または圧迫・干渉等になるか否かで判断すべきである。

イ 本件で，代替措置等の目的はＸらに戒律に反する行為を強いることを回避することにより，信教の自由を保護する点にあるにすぎず，積極的に教義を教育に取り込むなどするものではないのであるから，目的に宗教的意義はない。

また，甲市はＢ教信者の多いＡ国出身の外国人が急増しており，また，乙中学校の１／４もの生徒が実際にＢ教信者であることを踏まえると，彼らへの配慮をすべき必要性が客観的に認められる。そして，代替措置等は，水泳の授業を免除して何もせずとも高い成績評価を与えるようなものではなく，レポート等の課題を提出してはじめて評価が与えられるというものにすぎないのであるから，不当にＢ教徒を優遇するものとはいえない。また，Ｂ教以外の宗教の信者に対しても同様の配慮をすることは容易である。これらに照らすと，一般人からみて手段が援助・助長・促進または圧迫・干渉等になるとはいえない。

ウ したがって，代替措置等は政教分離に反しないため，本件行為は最小限度の手段とはいえず，かかる反論は認められない。

(2) 次に，生徒間の平等（１４条）を確保するという必要不可欠な目的のためには，代替措置等は信者でない生徒によるサボタージュを許すことになるためとりえないとの反論が考えられる。

ア ここで，「法の下」とは法適用の平等をも意味し，「平等」とは相対的平等を意味する。

イ しかし，Ｂ教の戒律は髪や肌の露出がある服装をしてはな

● なお，剣道受講拒否事件（最判平8.3.8／百選Ⅰ［第７版］〔41〕）は，「校長の裁量権の行使としての処分が，全く事実の基礎を欠くか又は社会観念上著しく妥当を欠き，裁量権の範囲を超え又は裁量権を濫用してされたと認められる場合に限り，違法であると判断すべき」であるとしている。もっとも，出題趣旨によれば，事案には異なるところが少なくないので，同事件との異同を意識しつつ，事案に即した検討が必要であるとされている。

本答案は，判断枠組みの設定においては，上記判例を意識できていない（再現答案①参照）。

● 本答案は，目的効果基準（最大判昭52.7.13／百選Ⅰ［第７版］〔42〕等）を正確に提示し，再現答案①よりも詳細に当てはめを行った上で，校長が示した「信仰に配慮して代替措置をとることは教育の中立性に反するおそれ」があるという反論は認められないと論じており，出題趣旨に合致する。

らないという外部から判断が容易なものである。そうだとすると，代替措置等を望む者が真にＢ教の信者であるか，単にサボタージュのために主張しているにとどまる者であるかの判断ができないということはありえない。

したがって，かかる反論も認められない。

(3) そうだとしても，葛藤を抱きつつも水泳授業に参加している他の信者との間での平等確保の必要との関係でも同様の問題が生じるとの反論が考えられる。

しかし，そのような者たちもＸと同様に戒律に反する行為を強いられない自由を有しているのであって，そもそも彼らに参加を強制していること自体が違法なのであるから，このことを理由に合憲性を主張することは矛盾である。

6 以上より，代替措置等のより穏当な手段を講じえたにもかかわらず，何らの代替措置もしないでＸに水泳への出席を強制し，参加しなかったことを理由に低い評価をつけたことは，Ｘの信教の自由を侵害し違憲である。

よって，これによって県立高校に不合格になったことで生じた「損害」について，損害賠償請求が認められる。

以　上

※ 実際の答案は４頁以内におさまっています。

● 本答案は，校長が示した「代替措置の要望が真に信仰を理由とするものなのかどうかの判断が困難である」ことについて，本問の事実に即した具体的な検討をすることができている。

● 校長が示した理由（Ｘらの要望に応えることは他のＢ教徒の女子生徒との間で公平性を欠くこと）に対抗するＸの主張として，説得的な論理展開ができている。もっとも，他のＢ教徒の女子生徒についてもＸと同様の処遇を認めた場合，水泳実技への参加者が減少して水泳授業の実施や成績評価に支障が生じるおそれがあるという点について，本答案は検討できていない（再現答案①参照）。

MEMO

再現答案③　B評価（K・Mさん　順位293位）

第１　学習指導要領上，水泳実技を必須としていることは，Ｘの信仰の自由を侵害し，違憲ではないか。

１　Ｂ教を信仰することは，２０条１項によって保障されるとも思える。しかし，ＸはＡ国民であるから，外国人の人権享有主体性が問題となる。

⑴　まず，第三章表題が「国民の」となっていることから，外国人には人権が保障されないとの見解がある。

しかし，憲法が国際協調主義を採用し（前文３項，９８条２項），人権が前国家的性格を有する（１１条，９７条）ことから，性質上日本国民のみを対象としているものを除き，外国人にも人権が保障されると考える。

⑵　そうだとしても，信仰の自由が性質上日本国民のみを対象としていると解されるか。

この点について，信仰の自由は，日本の歴史上宗教が弾劾されたことに鑑みて規定されたものであるから，性質上日本国民のみを対象としていると解されるとの見解がある。

しかし，宗教は全世界にあるものであり，弾劾の恐れは外国人であっても共通である。

よって，信仰の自由は憲法上保障される。

２　学習指導要領によって水泳が必修とされていることで，Ｘは成績で低評価を受けていることから，信仰を理由に不利益を受けているといえ，信仰の自由が制約されている。

３　しかし，代替措置を講じることにより，Ｘの信仰の自由を制約しないことが可能であり，学習指導要領は，代替措置を講ずることを妨げない。

４　よって，学習指導要領はＸの信仰の自由を侵害せず合憲である。

第２　乙中学校が代替措置を講じずに保健体育で低評価を受けたことは，Ｘの信仰の自由を侵害し，違憲ではないか。

１　Ｂ教を信仰することは，上述のように２０条１項によって保障される。

２　Ｘは，水泳の授業に参加できず，成績で低評価を受けるという不利益を受け，精神的苦痛を被っていることから，Ｘの信教の自由が制約されている。

３⑴　信仰の自由は，日本において歴史上，宗教が弾劾されていたことに鑑みると，保護の必要性が高い。また，宗教活動を通じて，自己の人格を発展させるという重要な価値を有する。

さらに，Ｘは，成績で低評価を受けたことにより，志望した高校に進学することができないという重大な不利益を被っており，規制態様は厳しいといえる。

⑵　一方，対立する見解として，学校教育においては，宗教的中立性を確保する必要があることから，授業をどのように進めるかは学校に裁量が認められているとの見解がある。

⑶　両者はどちらも正当であり，両者のバランスから，目的が重要であり，手段と目的が実質的関連性を有する場合に合憲にな

●　本答案は，学習指導要領自体の合憲性を検討しているが，次の理由により，評価の対象とならない余事記載として扱われたものと思われる。

出題趣旨によれば，本問では「信教の自由に基づく一般的な義務の免除の可否」が問題となるが，〔設問〕の「学習指導要領上，水泳実技は中学校の各学年につき必修とされているものとする」という設定は，水泳実技が「一般的な義務」であることを基礎付けるものの１つと考えられる。したがって，本問は，学習指導要領自体の合憲性が争われることを念頭に置いておらず（仮に学習指導要領が違憲であれば，水泳実技は「一般的な義務」ではなくなり，上記論点が発生しなくなる），これを検討しても評価の対象にならない余事記載として扱われたものと考えられる。

●　上記コメントのとおり，出題趣旨によれば，本問では，「信教の自由に基づく一般的な義務の免除の可否」という論点が含まれている。この論点は，信仰に反する行為を拒否するという外部的行為の自由を理由に，一般的法規制・法義務の免除が認められるか，というものである。本問のように，一般的法規制・法義務の免除を認めなければ，「信仰に反する行為をしない」（不作為）という外部的行為の自由を侵害する一方，一般的法規制・法義務の免除を認めれば，当該信仰に対する優遇措置を意味し，国家の宗教的中立性（政教分離原則）との緊張関係が生じる。

信仰に反する行為を拒否する自由は，外部的行為の自由（宗教的行為の自由）であるから，絶対的に保障される内心における信仰の自由と異なり，公共の安全や公の秩序，他の

ると考える。

4　これを本件についてみる。

(1)　まず，乙中学校が代替措置を講じずに保健体育で低評価をつけることの目的は，学校教育の宗教的中立性を確保する点にある。宗教的中立性が確保できなければ，正常な学校教育が行えないから，上記目的は重要である。

(2)　次に，手段について検討する。

ア　まず，乙中学校が代替措置を講じずに保健体育で低評価をつけないと中立性を害することから，手段は正当化されるとの見解が考えられる。

(ア)　確かに，宗教的中立性の観点からは，厳格な中立性が必要とも思える。しかし，厳格性を要求してしまうと，かえってある宗教に不利益を与えてしまう場合がある。

そこで両者のバランスから，代替措置を講ずる目的が宗教的意義を有し，効果が宗教に対する援助，助長，促進又は圧迫，干渉になる場合には，宗教的中立性に反し違憲となると考える。

(イ)　代替措置を講ずるのは，宗教上の理由からやむを得ず行うものであり，宗教的意義を有するものではない。また，代替措置を講じたとしても，成績評価は実技の場合と同様の水準で行われるのであり，実技か否かで変わるものではなく，一つの宗教に対し援助，助長，促進又は圧迫，干渉

者の基本的な権利・自由を保護するために必要な制約には服するものの，内心における信仰の自由と密接に関連するため，慎重な配慮が要請されるものと解されている。

本答案は，Ｘの「信仰の自由」を問題としている点で，「水泳実技への参加とＢ教の教義との関係」（出題趣旨参照）を正しく把握できていないが，宗教的中立性（政教分離原則）との衝突を問題としている点，及び目的効果基準を用いて本問事案を具体的に検討している点では，適切な論述ができている。

しているわけではない。

(ウ)　よって，代替措置を講じたとしても，宗教的中立性を害しない。

イ　次に，宗教の中立性を判断することは困難であるから，手段は正当化されるとの見解が考えられる。

Ｂ教の信者かの意思表示をさせることにより，確認することは可能である。意思表示を強制させることが消極的表現の自由に反するかが問題となるも，Ｂ教が肌の露出をするような服装をしてはならないという外部から容易にＢ教信者か否かを判断できる戒律があることからすると，Ｂ教であることの意思表示を強いることはそれほど苦痛ではなく，許されるものと考えられる。

よって，中立性を判断することは困難とはいえない。

ウ　さらに，要望に応えると公平性が確保されないとの見解が考えられる。各人には性別，年齢など事実上の差異があるから，合理的区別であれば代替措置も許容されると考える。

確かに，Ｘらの要望に応えると成績評価にも影響を与えかねない。しかし，生徒の４分の１がＡ国民であり，Ａ国民のほとんどがＢ教の信者という乙中学校の特性に鑑みれば，Ａ国民に配慮せざるを得ず，代替措置は合理的な区別といえる。

エ　以上より，手段は目的と実質的関連性を有する。

第３　よって，乙中学校の措置は合憲である。　以　上

● 校長は，「代替措置の要望が真に信仰を理由とするものなのかどうかの判断が困難である」としているが，本答案のように「宗教の中立性を判断することは困難であるから」とはしていない。事案を正しく把握できなければ，出題趣旨が期待する検討・論述から遠ざかっていくだけであり，注意を要する。

● 校長が述べる「公平性」は，Ｂ教徒でありながら水泳実技に参加している生徒と，Ｂ教徒であることを理由に水泳実技への参加を拒むＸとの間の「公平性」である。しかし，本答案は，Ａ国民である生徒とＡ国民以外の生徒との間の「公平性」を検討しており，校長の主張を正しく把握できていない。

再現答案④　C評価（R・Sさん　順位770位）

1　乙中学校校長が，XがB教の教義上の理由から水泳授業に不参加であった点につき何らの代替措置をとらず，これによりXの評定に影響が生じた点（以下：本件取扱い）は，Xの信教の自由（２０条１項）に対する制約であり違憲ではないか。

2　かかる自由は保障されるか。Xは日本国民でないため，憲法上「国民の権利」と定められた同条の保障が及ばないとの反論が考えられる。この点，基本的人権の普遍性（１１条），国際協調主義の観点（前文，９８条２項）から，外国人にも性質上可能な限りで憲法上の人権保障が及ぶ。そして，２０条は，「何人」と規定している。よって，A国民たるXも信教の自由の享有主体である。中学校の授業の評定につき宗教上の理由から差別されないことは同条の自由の内容として当然に含まれる。

3　本件取扱いはかかる自由への制約といえるか。本件取扱いは専ら必修である水泳実技の授業を履修しないことを理由とするもので，宗教的理由により不利益を与えるものではないとも思われる。しかし，肌を露出しないことがB教における重要な戒律であることに鑑みれば，このような仕組みは結果としてXの宗教的生活を困難にするから制約が存在するといえる。

4　では，このような制約は公共の福祉の観点から正当化されないか。本件取扱いは，自己実現の価値を有する要保護性の高い精神的自由権に対する制約である。もっとも，制約態様は，保健体育という教科の５段階評価に影響が生じるというものであり，進級や卒業が困難になることはない。また，評定は県立高校入試の際の評価材料になるものの，これも１要素に過ぎず，高校への進学が実質的に不可能になるほどの不利益とは言えない。Xが試験の得点がわずかに足りなかった結果進学ができなかったことは，それ自体の不利益が大きいとしても，それはXの他の成績との関係により決まるものであるから，これをもって本件の規制態様が厳しいとは言えない。そこで，中間的な審査基準によるべきであり，目的が重要で手段が効果的で過度でない場合には，制約は正当化されると解すべきである。

5⑴　本件取扱いの目的は，①評定の公平性の担保と②水泳指導の実効性確保にあると考えられる。①について，代替措置不実施の理由として教育の中立性に反すること，水泳実技拒否が真に宗教上の理由によるものかの判断が困難であり，個々人が好き勝手に代替措置を要求する可能性があることが説明されている。このような事態は政教分離，平等原則（２０条３項，１４条１項）の観点から好ましくない。よって，これを防止するという目的は重要なものである。また，②について，見学者が増えると水泳の実施に影

●　本答案は，外国人の人権享有主体性の問題について，適切に論理を展開することができている。再現答案②のように，「Xらに永住資格はない」ことについても言及できると，より分析的な論述となった。もっとも，本答案は，「中学校の授業の評定につき宗教上の理由から差別されないことは同条の自由の内容として当然に含まれる」としているが，本問では，信仰に反する行為を拒否する自由（信仰に基づく不作為という外部的行為の自由）が問題となるのであり，平等権侵害が問題となるわけではない。

●　本答案は，「Xの宗教的生活を困難にするから制約が存在する」としているが，権利・自由に対する制約の存在について抽象的な把握にとどまっている。本問では，校長が代替措置を一切とらないこととしたため，XはB教との関係で水泳実技への参加ができず，これにより調査書における保健体育について低評価を受けたことを指摘し，これを避けるにはB教の重要な戒律を破って水泳実技に参加せざるを得ないから，信仰に基づく不作為という外部的行為の自由に対する制約があった旨論述するなどして，権利・自由に対する制約を具体的に認定できると，より分析的・説得的な論理展開を図ることができる。

●　本答案は，「このような事態は政教分離……の観点から好ましくない」としているが，その具体的な理由が述べられておらず，説得的ではない。

響が出ることが説明されている。中学校において本来の授業を想定どおりに行うことは，生徒の教育を受ける権利（２６条）を実現するものである。よって，これも重要な目的である。

⑵　目的①について，代替措置を許せば，水泳が嫌いであるのに我慢して行っている者との間に不平等を生じる。また，水泳が苦手にすぎない者が宗教上の理由と偽って代替措置を受ければ，実技を経験した者よりも高い評価を得られる可能性があり，これも不平等である。このような状態は，実質的にＢ教徒にのみ実技か代替措置かを選択する利益を与えることになる。そこで，代替措置を実施しないことでこれを防ぐ点で，手段として効果的である。②について，代替措置により見学者が増えれば，本来の実際に水泳をさせるという教育が達成できなくなる。水泳は他のスポーツ競技と異なり，水難事故などが発生した際の安全対策等の意味を含んでおり，他のスポーツや見学などとの代替性がない。そこで，実技によらなければ教育の目的を達成することが難しい。代替措置を実施しなければ，ある程度は水泳実技をする者が確保できることが予想され，手段は効果的といえる。

　また，制約態様も先述の通り，強度なものではない。Ｘらも，肌を露出しないような水着で水泳に参加するというような対策も考えられる。よって，目的の限度を超えて，Ｘらの宗教活動を妨害するものではなく，手段は過度ではない。

6　よって，本件制約は許容される範囲にとどまり，憲法に違反しない。

以　上

●　校長が述べる理由の１つである「公平性を欠く」というのは，Ｘと「水泳が嫌いであるのに我慢して行っている者」との間の公平性ではなく，Ｘと「戒律との関係で葛藤を抱きつつも水泳授業に参加している女子生徒」である。本答案は，事案を正しく把握できていない。事案の正確な把握は，合格するための必須条件であり，これを誤れば致命傷にもなり得るため，注意しなければならない。

●　問題文には，戒律との関係で，たとえ肌の露出を最小限にした水着であっても着用することができないとあり，これを度外視している点で，不適切な論述である。

司法試験&予備試験
論文5年過去問 再現答案から出題趣旨を読み解く。憲法

2020年5月15日　第1版　第1刷発行
2021年10月15日　　　　　第2刷発行
編著者●株式会社　東京リーガルマインド
LEC総合研究所　司法試験部

発行所●株式会社　東京リーガルマインド
〒164-0001　東京都中野区中野4-11-10
アーバンネット中野ビル
LECコールセンター　0570-064-464
受付時間　平日9:30〜20:00／土・祝10:00〜19:00／日10:00〜18:00
※このナビダイヤルは通話料お客様ご負担となります。
書店様専用受注センター　TEL 048-999-7581 / FAX 048-999-7591
受付時間　平日9:00〜17:00／土・日・祝休み
www.lec-jp.com/

印刷・製本●株式会社シナノパブリッシングプレス

ISBN978-4-8449-1209-5

司法試験の最終合格に必要な知識を短期間で修得する

【速修】矢島の速修インプット講座

講義時間数

126時間

憲法	17.5時間	民訴法	14時間
民法	28時間	刑訴法	14時間
刑法	24.5時間	行政法	14時間
会社法	14時間		(3.5時間/回)

通信教材発送/Web・音声DL配信開始日

2021/6/24(木)以降、順次

Web・音声DL配信終了日

2022/7/31(日)

使用教材

矢島の体系整理テキスト2022

※レジュメのPDFデータはWebup致しませんのでご注意ください。

タイムテーブル

3.5時間講義　途中10分休憩あり

担当講師

矢島純一
LEC専任講師

矢島講座ラインナップ

- [速修]矢島の速修インプット講座
- [論完]矢島の論文完成講座
- [短答]矢島の短答対策シリーズ
- [スピチェ]矢島のスピードチェック講座
- [法実]矢島の法律実務基礎科目[民事・刑事]

講座概要

本講座(略称:矢島の【速修】)は、既に学習経験がある受験生や、ほとんど学習経験がなくても短期間で試験対策をしたいという受験生が、**合格するために修得が必須となる事項を効率よくインプット学習**するための講座です。**合格に必要な重要論点や判例の分かりやすい解説**により科目全体の**本質的な理解を深める講義**と、覚えるべき規範が過不足なく記載され自然と**法的三段論法を身に付けながら知識を修得できるテキスト**が**両輪**となって、**本試験に対応できる実力を養成**できる講座です。忙しい毎日の通勤通学などの隙間時間で講義を聴いたり、復習の際にテキストだけ繰り返し読んだり、自分のペースで無理なく合格に必要な全ての重要知識を身に付けられるようになっています。また、本講座は**直近の試験の質に沿った学習**ができるよう、**テキストや講義の内容**を**毎年改訂**しているので、本講座を受講することで直近の**試験考査委員が受験生に求めている知識の質と広さ**を理解することができ、試験対策上誤った方向に行くことなく、**常に正しい方向に進んで確実に合格する**力を修得することができます。

講座の特長

1 重要事項の本質を短期間で理解するメリハリある講義

矢島講師の最大の特長は、**分かりやすい講義**です。全身全霊を受験指導に傾け、寝ても覚めても法律のことを考えている矢島講師の講義は、思わず惹き込まれるほど面白く分かりやすいので、忙しい方でも途中で挫折することなく受講できると好評を博しています。講義中は、日ごろから過去問研究をしっかりとしている矢島講師が、**試験で出題されやすい事項を、試験で出題される質を踏まえて解説**するため、講義を聴いているだけで**確実に合格に近づく**ことができます。

2 司法試験の合格レベルに導く質の高いテキスト

使用する**テキストは、全て矢島講師が責任をもって作成**しており、合格に必要な重要知識が体系ごとに整理されています。**受験生に定評のある基本書、判例百選、重要判例集、論証集の内容がコンパクト**にまとめられており、試験で出題されそうな事項を「矢島の体系整理テキスト」だけで学べます。矢島講師が**過去問をしっかりと分析した上で、合格に必要な知識をインプット**できるようにテキストを作成しているので、**試験に不必要な情報は一切なく、合格に直結する知識を短時間で効率よく吸収**できるテキストとなっています。すべての知識に**重要度のランク付け**をしているため一目で覚えるべき知識が分かり、受験生が講義を**復習しやすい工夫**もされています。また、テキストの改訂を毎年行い、**法改正や最新判例に完全に対応**しています。

3 短答対策だけでなく論文対策にも直結するインプットを実現

論文試験では、**問題文中の事実に評価を加えた上で法的な規範にあてはめて一定の結論を導くという法的三段論法**をする能力の有無が問われます。論文試験に通用する学力を修得するには、**知識のインプットの段階**でも、法的三段論法をするために必要な知識を修得しているということを**意識することが重要**です。矢島の【速修】のテキストは、論文試験で書く重要な論点については、規範と当てはめを区別して記載しており、**講義では規範のポイントや当てはめの際の事実の評価の仕方のコツを分かりやすく説明**しています。講師になってからも論文の答案を書き続けている矢島講師にしかできない質の高いインプット講義を聴いて、**合格に必要な法的三段論法をする能力を身に付けて合格**を確実なものとしてください!

通信スケジュール

科目	回数	教材・DVD発送/Web・音声DL配信開始日
憲法	1	21.6.24（木）
	2	
	3	
	4	
	5	
民法	1	7.15（木）
	2	
	3	
	4	
	5	
	6	
	7	
	8	
刑法	1	8.10（火）
	2	
	3	
	4	
	5	
	6	
	7	
会社法	1	8.16（月）
	2	
	3	
	4	
民訴法	1	8.30（月）
	2	
	3	
	4	
刑訴法	1	9.9（木）
	2	
	3	
	4	
行政法	1	9.21（火）
	2	
	3	
	4	

講師 Message

本講座は、論文試験や短答試験の合格に必要な重要基本知識を確実に身に付けることを目的とした講座です。近年の試験傾向を踏まえてテキストを毎年改訂した上で、講義の内容も次の直近の試験に役立つものとなるようにしています。講義を耳で聴いているだけでも、合格に必要な基本知識を修得できるよう、分かりやすい講義をしていきますので、この講座を利用して効率よく学習して、合格を実現してください。何が何でも合格したいという受験生の期待を裏切らないよう、全力で講座作りをしていきますので、私を信じてついてきてください！

受講料

受講形態	申込形態	回数	講義形態	一般価格	大学生協・書籍部価格	代理店書店価格	講座コード
				税込（10%）			
通学・通信	一括	36	Web※1	112,200円	106,590円	109,956円	通学:LA21408 通信:LB21407
			DVD	145,750円	138,462円	142,835円	
	憲法	5	Web※1	19,250円	18,287円	18,865円	
			DVD	25,300円	24,035円	24,794円	
	民法	8	Web※1	30,800円	29,260円	30,184円	
			DVD	40,150円	38,142円	39,347円	
	刑法	7	Web※1	26,950円	25,602円	26,411円	
			DVD	35,200円	33,440円	34,496円	
	会社法/民訴法/刑訴法/行政法※2	各4	Web※1	15,400円	14,630円	15,092円	
			DVD	19,800円	18,810円	19,404円	

※1音声DL+スマホ視聴付き　※2いずれか1科目あたりの受講料となります

■一般価格とは、LEC各本校・LEC提携校・LEC通信事業本部・LECオンライン本校にてお申込される場合の受付価格です。 ■大学生協・書籍部価格とは、LECと代理店契約を結んでいる大学内の生協、購買会、書店にてお申込される場合の受付価格です。■代理店書店価格とは、LECと代理店契約を結んでいる一般書店（大学内の書店は除く）にてお申込される場合の受付価格です。 ■上記大学生協・書籍部価格、代理店書店価格を利用される場合は、必ず本冊子を代理店窓口までご持参ください。

【解約・返品について】 1.弊社所定書面をご提出下さい。実施済受講料、手数料等を清算の上返金します。教材等の返送料はご負担頂きます（LEC申込規定第3条参照）。
2.詳細はLEC申込規定（http://www.lec-jp.com/kouzamoushikomi.html）をご覧下さい。

教材のお届けについて　通信教材発送日が複数回に分けて設定されている講座について、通信教材発送日を過ぎてお申込みいただいた場合、それまでの教材をまとめてお送りするのに10日程度のお時間を頂いております。また、そのお待ちいただいている間に、次回の教材発送日が到来した場合、その教材は発送日通り送られるため、学習順序と、通信教材の到着順序が前後する場合がございます。予めご了承下さい。＊詳細はこちらをご確認ください。→ https://online.lec-jp.com/statics/guide_send.html

LEC Webサイト ▷▷▷ www.lec-jp.com/

情報盛りだくさん！

資格を選ぶときも、
講座を選ぶときも、
最新情報でサポートします！

最新情報

各試験の試験日程や法改正情報、対策講座、模擬試験の最新情報を日々更新しています。

資料請求

講座案内など無料でお届けいたします。

受講・受験相談

メールでのご質問を随時受付けております。

よくある質問

LECのシステムから、資格試験についてまで、よくある質問をまとめました。疑問を今すぐ解決したいなら、まずチェック！

書籍・問題集（LEC書籍部）

LECが出版している書籍・問題集・レジュメをこちらで紹介しています。

充実の動画コンテンツ！

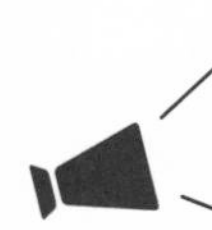

ガイダンスや講演会動画、
講義の無料試聴まで
Webで今すぐCheck！

動画視聴OK

パンフレットやWebサイトを見てもわかりづらいところを動画で説明。いつでもすぐに問題解決！

Web無料試聴

講座の第1回目を動画で無料試聴！気になる講義内容をすぐに確認できます。

スマートフォン・タブレットからはQRコードでのアクセスが便利です。

自慢のメールマガジン配信中！（登録無料）

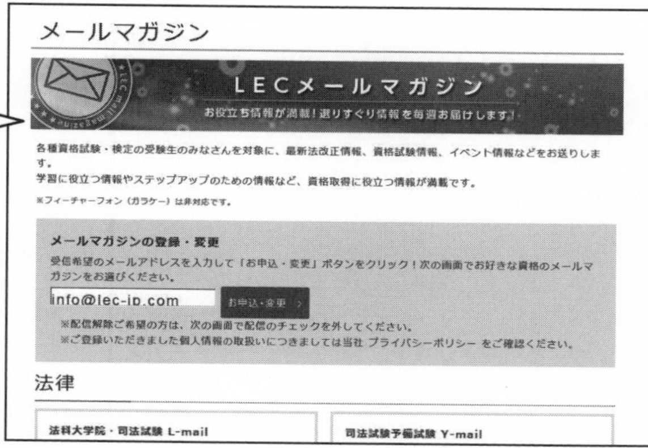

LEC講師陣が毎週配信！　最新情報やワンポイントアドバイス、改正ポイントなど合格に必要な知識をメールにて毎週配信。

www.lec-jp.com/mailmaga/

LEC E学習センター

新しい学習メディアの導入や、Ｗｅｂ学習の新機軸を発信し続けています。また、ＬＥＣで販売している講座・書籍などのご注文も、いつでも可能です。

online.lec-jp.com/

LEC電子書籍シリーズ

LECの書籍が電子書籍に！　お使いのスマートフォンやタブレットで、いつでもどこでも学習できます。

※動作環境・機能につきましては、各電子書籍ストアにてご確認ください。

www.lec-jp.com/ebook/

LEC書籍・問題集・レジュメの紹介サイト **LEC書籍部** **www.lec-jp.com/system/book/**

- LECが出版している書籍・問題集・レジュメをご紹介
- 当サイトから書籍などの直接購入が可能(＊)
- 書籍の内容を確認できる「チラ読み」サービス
- 発行後に判明した誤字等の訂正情報を公開

＊商品をご購入いただく際は、事前に会員登録(無料)が必要です。
＊購入金額の合計・発送する地域によって、別途送料がかかる場合がございます。

※資格試験によっては実施していないサービスがありますので、ご了承ください。

LEC全国学校案内

＊講座のお問合せ、受講相談は最寄りのLEC各校へ

LEC本校

北海道・東北

札　幌本校　☎011(210)5002
〒060-0004 北海道札幌市中央区北4条西5-1　アスティ45ビル

仙　台本校　☎022(380)7001
〒980-0021 宮城県仙台市青葉区中央3-4-12
仙台ＳＳスチールビルⅡ

関東

渋谷駅前本校　☎03(3464)5001
〒150-0043 東京都渋谷区道玄坂2-6-17　渋東シネタワー

池　袋本校　☎03(3984)5001
〒171-0022 東京都豊島区南池袋1-25-11　第15野萩ビル

水道橋本校　☎03(3265)5001
〒101-0061 東京都千代田区神田三崎町2-2-15　Daiwa三崎町ビル

新宿エルタワー本校　☎03(5325)6001
〒163-1518 東京都新宿区西新宿1-6-1　新宿エルタワー

早稲田本校　☎03(5155)5501
〒162-0045 東京都新宿区馬場下町62　三朝庵ビル

中　野本校　☎03(5913)6005
〒164-0001 東京都中野区中野4-11-10　アーバンネット中野ビル

立　川本校　☎042(524)5001
〒190-0012 東京都立川市曙町1-14-13　立川MKビル

町　田本校　☎042(709)0581
〒194-0013 東京都町田市原町田4-5-8　町田イーストビル

横　浜本校　☎045(311)5001
〒220-0004 神奈川県横浜市西区北幸2-4-3　北幸GM21ビル

千　葉本校　☎043(222)5009
〒260-0015 千葉県千葉市中央区富士見2-3-1　塚本大千葉ビル

大　宮本校　☎048(740)5501
〒330-0802 埼玉県さいたま市大宮区宮町1-24　大宮GSビル

東海

名古屋駅前本校　☎052(586)5001
〒450-0002 愛知県名古屋市中村区名駅3-26-8
ＫＤＸ名古屋駅前ビル

静　岡本校　☎054(255)5001
〒420-0857 静岡県静岡市葵区御幸町3-21　ペガサート

北陸

富　山本校　☎076(443)5810
〒930-0002 富山県富山市新富町2-4-25　カーニープレイス富山

関西

梅田駅前本校　☎06(6374)5001
〒530-0013 大阪府大阪市北区茶屋町1-27　ABC-MART梅田ビル

難波駅前本校　☎06(6646)6911
〒542-0076 大阪府大阪市中央区難波4-7-14　難波フロントビル

京都駅前本校　☎075(353)9531
〒600-8216 京都府京都市下京区東洞院通七条下ル2丁目
東塩小路町680-2　木村食品ビル

京　都本校　☎075(353)2531
〒600-8413　京都府京都市下京区烏丸通仏光寺下ル
大政所町680-1 第八長谷ビル

神　戸本校　☎078(325)0511
〒650-0021 兵庫県神戸市中央区三宮町1-1-2　三宮セントラルビル

中国・四国

岡　山本校　☎086(227)5001
〒700-0901 岡山県岡山市北区本町10-22　本町ビル

広　島本校　☎082(511)7001
〒730-0011 広島県広島市中区基町11-13　合人社広島紙屋町アネクス

山　口本校　☎083(921)8911
〒753-0814 山口県山口市吉敷下東 3-4-7　リアライズⅢ

高　松本校　☎087(851)3411
〒760-0023 香川県高松市寿町2-4-20　高松センタービル

松　山本校　☎089(961)1333
〒790-0003 愛媛県松山市三番町7-13-13　ミツネビルディング

九州・沖縄

福　岡本校　☎092(715)5001
〒810-0001 福岡県福岡市中央区天神4-4-11　天神ショッパーズ福岡

那　覇本校　☎098(867)5001
〒902-0067 沖縄県那覇市安里2-9-10　丸姫産業第2ビル

EYE関西

EYE 大阪本校　☎06(7222)3655
〒530-0013　大阪府大阪市北区茶屋町1-27　ABC-MART梅田ビル

EYE 京都本校　☎075(353)2531
〒600-8413　京都府京都市下京区烏丸通仏光寺下ル
大政所町680-1 第八長谷ビル

LEC提携校

＊提携校はLECとは別の経営母体が運営をしております。
＊提携校は実施講座およびサービスにおいてLECと異なる部分がございます。

北海道・東北

北見駅前校【提携校】 ☎0157(22)6666
〒090-0041　北海道北見市北1条西1-8-1　一燈ビル　志学会内

八戸中央校【提携校】 ☎0178(47)5011
〒031-0035　青森県八戸市寺横町13　第1朋友ビル　新教育センター内

弘前校【提携校】 ☎0172(55)8831
〒036-8093　青森県弘前市城東中央1-5-2
まなびの森　弘前城東予備校内

秋田校【提携校】 ☎018(863)9341
〒010-0964　秋田県秋田市八橋鯲沼町1-60
株式会社アキタシステムマネジメント内

関東

水戸見川校【提携校】 ☎029(297)6611
〒310-0912　茨城県水戸市見川2-3092-3

熊谷筑波校【提携校】 ☎048(525)7978
〒360-0037　埼玉県熊谷市筑波1-180　ケイシン内

所沢校【提携校】 ☎050(6865)6996
〒359-0037　埼玉県所沢市くすのき台3-18-4　所沢K・Sビル
合同会社LPエデュケーション内

東京駅八重洲口校【提携校】 ☎03(3527)9304
〒103-0027　東京都中央区日本橋3-7-7　日本橋アーバンビル
グランデスク内

日本橋校【提携校】 ☎03(6661)1188
〒103-0025　東京都中央区日本橋茅場町2-5-6　日本橋大江戸ビル
株式会社大江戸コンサルタント内

新宿三丁目駅前校【提携校】 ☎03(3527)9304
〒160-0022　東京都新宿区新宿2-6-4　KNビル　グランデスク内

東海

沼津校【提携校】 ☎055(928)4621
〒410-0048　静岡県沼津市新宿町3-15　萩原ビル
M-netパソコンスクール沼津校内

北陸

新潟校【提携校】 ☎025(240)7781
〒950-0901　新潟県新潟市中央区弁天3-2-20　弁天501ビル
株式会社大江戸コンサルタント内

金沢校【提携校】 ☎076(237)3925
〒920-8217　石川県金沢市近岡町845-1　株式会社アイ・アイ・ピー金沢内

福井南校【提携校】 ☎0776(35)8230
〒918-8114　福井県福井市羽水2-701　株式会社ヒューマン・デザイン内

関西

和歌山駅前校【提携校】 ☎073(402)2888
〒640-8342　和歌山県和歌山市友田町2-145
KEG教育センタービル　株式会社KEGキャリア・アカデミー内

中国・四国

松江殿町校【提携校】 ☎0852(31)1661
〒690-0887　島根県松江市殿町517　アルファステイツ殿町
山路イングリッシュスクール内

岩国駅前校【提携校】 ☎0827(23)7424
〒740-0018　山口県岩国市麻里布町1-3-3　岡村ビル　英光学院内

新居浜駅前校【提携校】 ☎0897(32)5356
〒792-0812　愛媛県新居浜市坂井町2-3-8　パルティフジ新居浜駅前店内

九州・沖縄

佐世保駅前校【提携校】 ☎0956(22)8623
〒857-0862　長崎県佐世保市白南風町5-15　智翔館内

日野校【提携校】 ☎0956(48)2239
〒858-0925　長崎県佐世保市椎木町336-1　智翔館日野校内

長崎駅前校【提携校】 ☎095(895)5917
〒850-0057 長崎県長崎市大黒町10-10　KoKoRoビル
minatoコワーキングスペース内

沖縄プラザハウス校【提携校】 ☎098(989)5909
〒904-0023　沖縄県沖縄市久保田3-1-11
プラザハウス　フェアモール　有限会社スキップヒューマンワーク内

※上記は2021年9月1日現在のものです。

書籍の訂正情報の確認方法と お問合せ方法のご案内

このたびは、弊社発行書籍をご購入いただき、誠にありがとうございます。
万が一誤りと思われる箇所がございましたら、以下の方法にてご確認ください。

1 訂正情報の確認方法

発行後に判明した訂正情報を順次掲載しております。
下記サイトよりご確認ください。

www.lec-jp.com/system/correct/

2 お問合せ方法

上記サイトに掲載がない場合は、下記サイトの入力フォームより
お問合せください。

http://lec.jp/system/soudan/web.html

フォームのご入力にあたりましては、「Web教材・サービスのご利用について」の
最下部の「ご質問内容」に下記事項をご記載ください。

- 対象書籍名（○○年版、第○版の記載がある書籍は併せてご記載ください）
- ご指摘箇所（具体的にページ数の記載をお願いします）

お問合せ期限は、次の改訂版の発行日までとさせていただきます。
また、改訂版を発行しない書籍は、販売終了日までとさせていただきます。

※インターネットをご利用になれない場合は、下記①～⑤を記載の上、ご郵送にてお問合せください。
①書籍名、②発行年月日、③お名前、④お客様のご連絡先（郵便番号、ご住所、電話番号、FAX番号）、⑤ご指摘箇所
送付先：〒164-0001 東京都中野区中野4-11-10 アーバンネット中野ビル
東京リーガルマインド出版部 訂正情報係

- 正誤のお問合せ以外の書籍の内容に関する質問は受け付けておりません。
また、書籍の内容に関する解説、受験指導等は一切行っておりませんので、あらかじめご了承ください。
- お電話でのお問合せは受け付けておりません。